W0341658

Monika Feth

Randvoll mit Glück

Monika Feth

Randvoll mit Glück

cbj

Bei diesem Buch wurden die durch das verwendete Material und die Produktion entstandenen CO_2-Emissionen ausgeglichen, indem der cbj Verlag ein Projekt zur Aufforstung in Brasilien unterstützt.
Weitere Informationen zu dem Projekt unter:
www.ClimatePartner.com/14044-1912-1001

MIX
Papier aus verantwortungsvollen Quellen
FSC® C014496
FSC
www.fsc.org

Wir produzieren
Klimaneutral
ClimatePartner.com/14044-1912-1001
Druckprodukt

Penguin Random House Verlagsgruppe
FSC® N001967

Sollte diese Publikation Links auf Webseiten Dritter enthalten,
so übernehmen wir für deren Inhalte keine Haftung,
da wir uns diese nicht zu eigen machen, sondern lediglich auf
deren Stand zum Zeitpunkt der Erstveröffentlichung verweisen.

1. Auflage 2022
© 2022 cbj Kinder- und Jugendbuchverlag
in der Penguin Random House Verlagsgruppe GmbH,
Neumarkter Straße 28, 81673 München
Alle Rechte vorbehalten
Umschlaggestaltung: © Geviert GbR, Grafik & Typografie,
unter Verwendung mehrerer Motive von Shutterstock.com
(ViDI Studio, Tatiana Gordievskaia, Romanova Ekaterina)
he • Herstellung: AJ
Satz: KCFG – Medienagentur, Neuss
Druck und Bindung: GGP Media GmbH, Pößneck
ISBN 978-3-570-17915-4
Printed in Germany

www.cbj-verlag.de

»Jeder Mensch sollte etwas in sich finden,
das sich in Glück verwandeln kann.«

Opa

*

SURI

*

* Kapitel 1 *

Manche Ereignisse fingen so harmlos an, dass man später kaum sagen konnte, wann und wie genau sie ins Rollen gekommen waren. Das hatte Suri schon oft erfahren.

»Das Leben ist ein Flickenteppich«, sagte Opa manchmal, wobei er nachdenklich nickte. »Aus den unterschiedlichsten Schnipseln zusammengesetzt.«

Doch er sprach nie darüber, wer diesen Teppich knüpfte. Und wie es bei den Milliarden von Menschen auf der Welt überhaupt möglich war, dass jeder Einzelne seinen eigenen Lebensteppich besaß.

Suri fragte sich, wie ihrer wohl aussehen mochte. Bunt, glaubte sie. In unzähligen strahlenden, zauberschönen, aber auch sanften, gedeckten, dunklen Farben.

Und sie zerbrach sich vergeblich den Kopf darüber, aus welchem Grund dem einen ein großer, prächtiger Lebensteppich zufiel und dem andern ein schmales, blasses, fadenscheiniges Exemplar.

Welche Erklärung gab es dafür, dass der kleine Miro aus der Nachbarschaft mit drei Jahren von einem Auto überfahren wurde, während der alte Herr Schwitters, der in den Abendstunden verwirrt durch die Straßen geisterte, gerade seinen zweiundneunzigsten Geburtstag gefeiert hatte?

Ein Flickenteppich.

Und jede einzelne Situation, jedes noch so unwichtig erscheinende Ereignis wurde darin verwoben.

Jedes.

* * *

Einmal hatten sie beim Essen über ihre Namen geredet.

»Was bedeutet eigentlich Bjarne?«, fragte Bjarne damals aus heiterem Himmel.

»Der Name kommt aus dem Dänischen und Norwegischen«, antwortete Mama geistesabwesend. Auf dem Stuhl neben ihr summte ihr Handy und sie schielte unauffällig auf das Display.

»Cool!«

Bjarne stopfte sich eine halbe Sandwichscheibe in den Mund und kaute wie ein Hamster mit vollen Backen.

»Er bedeutet *Fresssack*«, behauptete Erik grinsend.

Bjarne boxte ihn auf den Arm.

»Erik«, ging Mama dazwischen. »Hör auf, deinen Bruder zu provozieren.«

»Was bedeutet der Name denn wirklich?«, kehrte Bjarne zum Thema zurück.

»*Bär*«, sagte Mama und warf Erik einen warnenden Blick zu. »Außerdem steckt darin *brun*, ein altes deutsches Wort für *Braun*.«

»Brauner Bär.«

Bjarne stopfte sich die zweite Sandwichhälfte in den

Mund. Er schien mit der Erklärung sehr zufrieden zu sein. »Kraft. Größe. Stärke. Wow.«

»Und mein Name?«, erkundigte sich Erik.

»Ist ebenfalls nordisch und heißt *Alleinherrscher.*«

Mama hatte offensichtlich keine Lust auf das Thema. Ihr Handy meldete sich erneut, und sie überflog die Nachricht, was den Kindern während der Mahlzeiten streng verboten war.

Diese beantwortete sie sofort. Ihre Daumen flogen nahezu über die Tasten.

»Das hätte unser Alleinherrscher wohl gerne«, spottete Bjarne. »Dass sich alle beeilen, seinen Befehlen zu gehorchen.«

»Blödmann«, murmelte Erik und widmete sich konzentriert seinem dreistöckigen Leberwurst-Schmierkäse-Ketchup-Sandwich.

Mama beäugte das Kunstwerk und kräuselte angewidert die Lippen. Sie hielt Erik ein Stück Paprika hin, das er mit einem knappen Kopfschütteln ablehnte.

»Und was ist mit meinem Namen?«, fragte Suri neugierig.

Seltsam, dass ihre Vornamen nie Thema gewesen waren.

Mama runzelte nachdenklich die Stirn.

»Warte mal ...«

Klar, dass ihr dazu nichts einfiel. Dass sie erst lange nachdenken musste. Suri hatte nichts anderes erwartet. Trotzdem war sie enttäuscht. Immer ging es um Bjarne und Erik.

Immer, immer, immer.

»Ach«, Mama tippte sich an die Stirn, »natürlich! Jetzt weiß ich es wieder. Mit dir ist das komplizierter.«

»Logisch«, stöhnten Bjarne und Erik wie aus einem Mund.

»In Indien kommt der Name von *Göttin*. Im Arabischen bedeutet er ... Augenblick ... ja, *Sonnenaufgang*, im Persischen *rote Rose* und in Japan – entschuldige vielmals, Schatz – *Taschendieb*.«

Die Brüder wieherten vor Lachen. Mama beugte sich erneut über ihr Handy.

Suri fragte sich, wie man seiner Tochter bloß einen Namen geben konnte, der *Taschendieb* bedeutete.

»Äußerst witzig«, sagte sie und schob ihren Stuhl zurück. »Ein echter Brüller.«

Mama sah abwesend auf.

»Du hast noch nicht zu Ende ...«

»Keinen Hunger.«

Ihr war der Appetit vergangen. Schnell lief sie die Treppe hoch und in ihr Zimmer. Sie warf sich aufs Bett, starrte an die Decke und träumte sich woandershin.

* * *

Suri heißt Sonnenaufgang, hatte sie damals in ihr Tagebuch geschrieben. *Rote Rose. Und Göttin.*

Den *Taschendieb* hatte sie unterschlagen.

* * *

Manchmal fiel ihr alles auf die Nerven. Das ganze Leben, von dem sie sich häufig ungerecht behandelt fühlte.

Bjarne war dreizehn und blödsinnig stolz darauf, der Älteste zu sein. Sie selbst war gerade zwölf geworden, Erik elf.

Ihre Rangordnung innerhalb der Familie war klar: Suri belegte den undankbaren Platz zwischen dem heiß geliebten Erstgeborenen und dem verhätschelten Jüngsten.

Braunbär. Alleinherrscher.

Zwischenkind.

Das sagte doch alles.

* * *

Ab und zu wünschte sie sich, sie könnte ein bisschen sein wie Bjarne und ein bisschen wie Erik. Vielleicht würde sie dann leichter Platz in sich selbst finden. Und glücklicher sein.

Das war sie nämlich schon lange nicht mehr gewesen, glücklich. Genau genommen nicht mehr, seit Papa ausgezogen war.

Nicht mehr *richtig* glücklich.

Nicht mehr so, dass ihr Glück fast überschwappte.

Glück hielt sich nicht lange. Es verging in dem Moment, in dem man es bemerkte. Verglühte wie ein Funke in der Luft.

»Du kannst das Glück nicht festhalten«, hatte Opa einmal gesagt, und er musste es wissen, denn er hatte es verloren, als Oma gestorben war.

Seitdem zitterte die Luft um ihn herum an manchen Tagen vor Traurigkeit.

Auch sein Haus war traurig. Meistens waren die Rollos

runtergelassen und er saß im Dämmerlicht des Wohnzimmers und dachte nach.

»Über Gott und die Welt«, sagte er.

Dabei hatte er die Kirche am Tag von Omas Beerdigung das letzte Mal betreten. Und in die Welt ging er höchstens, um einzukaufen.

Opa war Papas Vater. Er war bei Papas Geburt bereits ziemlich alt gewesen. Mittlerweile hatte er feines weißes Haar, das im Luftzug wehte wie Feenhaar.

Er sprach nie über die Trennung der Eltern und nicht über Mamas Besuche. Das Foto, auf dem Mama unter einem fröhlichen Strohhut in die Kamera lachte, stand immer noch in seinem Regal.

* * *

Wär das Glück geblieben, wenn die Eltern sich nicht hätten scheiden lassen?

Das fragte Suri sich oft.

* * *

»Du bist ein Trauerkloß«, hatte Bjarne ihr vor Kurzem vorgeworfen. Dabei war er selbst nicht halb so lässig, wie er tat. Nachts konnte Suri ihn manchmal in seinem Zimmer schluchzen hören und am Morgen hatten seine Augen rote Ränder.

Denn Papa war nicht nur ausgezogen.

Er hatte auch eine neue Frau. Und die erwartete ein Baby.

Das hatte Suri endgültig die Hoffnung genommen, es würde je wieder sein, wie es früher gewesen war.

»Quatsch«, sagte Bjarne, der nicht bereit war, Papa aufzugeben. »Wer drei Kinder verlässt, kann locker ein viertes verlassen. Und zurückkommen. Wo ist das Problem?«

Suri hielt das für logisch, jedoch nicht für wahrscheinlich.

* * *

Papas neue Frau hieß Miranda. Sie war Yogalehrerin und unterrichtete in einem Studio in der Stadt. Wäre sie nicht Papas neue Frau gewesen, hätte Suri sie vielleicht sogar ganz nett gefunden.

Aber sie *war* Papas neue Frau, und Suri hatte ein hässliches Gefühl in der Magengrube, wenn sie beobachtete, wie zärtlich er Miranda anguckte, wie liebevoll er sie anlächelte und über ihren gewölbten Bauch strich, als wäre es das Selbstverständlichste von der Welt.

Jedes zweite Wochenende sollten Suri, Bjarne und Erik bei ihrem Vater verbringen. Das hatte das Gericht entschieden. Doch es machte ihnen keinen Spaß, weil sie Papa selten für sich allein hatten.

Miranda klebte an ihm wie ein Schatten. Ein paarmal hatte Bjarne schon behauptet, krank zu sein. Bloß, um nicht mitfahren zu müssen.

Erik erwähnte Miranda oder das Baby selten oder nie. Er behielt seine Gedanken meistens für sich. Erik war kein großer Redner. Er steckte die Nase lieber in Bücher über Raumfahrt, das All und die Sterne. Suri wäre nicht überrascht, wenn er einmal Forscher werden und eine zweite Erde entdecken würde.

Und Mama?

Irgendwann hatte das Streiten mit Papa aufgehört. Irgendwann hatte sie angefangen, ab und zu allein auszugehen.

Dann hatte sie sich in Klaas verliebt.

Und ihn nach einiger Zeit zum Abendessen eingeladen, damit er ihre Kinder kennenlernen konnte. Und sie ihn.

Zu fünft hatten sie zusammen in der Küche gesessen. Wie früher. Nur dass der Mann am Tisch nicht Papa gewesen war, sondern ein Fremder.

Keiner hatte viel geredet, außer Mama. Sie hatte unentwegt eine Haarsträhne um ihren Finger gewickelt, was sie immer tat, wenn sie nervös war.

Klaas dagegen war die Ruhe selbst gewesen. Am Kinn hatte er ein lustiges Grübchen und beim Lächeln fächerten sich freundliche Fältchen um seine Augen. Suri hatte ihn auf Anhieb sympathisch gefunden, obwohl sie es niemals zugegeben hätte.

War das nicht so, als würde sie ihren Vater verraten?

* * *

An diesem Abend hatte Klaas den ersten Schritt in ihr Leben getan. Er hatte sogar ein paarmal bei ihnen übernachtet. In dem neuen Bett, das Mama gekauft hatte, nachdem Papa ausgezogen war.

Es gab Tage, an denen Suri vor Sehnsucht nach ihrem Vater fast verrückt wurde. An denen jeder Gedanke an ihn war wie ein Messerstich. An denen sie in einer Blase von Traurigkeit gefangen war, aus der sie keinen Ausweg fand.

* Kapitel 2 *

Heute war einer dieser Tage. Obwohl sie Papa am Abend sehen würden. Es dauerte Suri einfach zu lange bis dahin. Und es würde viel zu bald wieder zu Ende sein.

Die Zeit mit Papa war jedes Mal ein Tropfen auf den heißen Stein.

Die Sonne schien. Der Himmel war von einem tiefen Blau. Am Horizont erhob sich ein watteweißes Wolkengebirge. Bjarne und Erik verbrachten den Nachmittag an der Badekuhle, wo jeder von ihnen sich mit seinen Freunden verabredet hatte.

Suri war nicht mitgefahren. Sie hatte zu gar nichts Lust.

Mama war bei der Arbeit und würde erst am Abend nach Hause kommen. Ein langer Nachmittag breitete sich vor Suri aus. Ein furchtbar langer Nachmittag. Und die trostlose Leere im Haus bedrückte sie.

Als sie es nicht länger aushielt, beschloss sie, Opa zu besuchen.

* * *

Opa war ihr Allheilmittel. Bei ihm fand sie immer Zuflucht.

Er wohnte in einem kleinen Haus, das komplett mit

wildem Wein bewachsen war, der sogar übers Dach kroch. Schon als sie ihr Fahrrad abstellte, hörte Suri die Bienen zwischen den Weinblättern summen.

Früher hatte sie schreckliche Angst vor ihnen gehabt. Bis Opa ihr klargemacht hatte, dass ihr nichts passieren würde, solange sie sich ruhig und bedächtig bewegte.

»Bienen greifen nur an, wenn sie sich bedroht fühlen«, hatte er ihr erklärt.

Seitdem war es nicht gerade eine innige Freundschaft, die sie mit den Bienen verband – sie respektierten einander.

Das Haus war von einem köstlichen Duft erfüllt. Opa hatte Schokokuchen gebacken, als hätte er Suris Besuch erahnt. Er zog eine Packung Smarties und eine Tüte Marshmallows aus dem Schrank, um ihn damit zu verzieren.

»Den hast du oft für uns gebacken«, sagte Suri. »Als wir klein waren.«

»Für Lieblingsgerichte ist man nie zu alt«, brummelte er über die Schulter. »Im Übrigen bezweifle ich, dass es überhaupt sinnvoll ist, erwachsen zu werden.«

Niemand zauberte fantasievollere Kuchen und Torten als Opa.

»An dir ist wirklich ein Konditor verloren gegangen«, hatte Oma häufig gesagt und Opa verliebt angestrahlt. »Weiß der Himmel, warum es dich als Buchhalter in ein Büro verschlagen hat.«

Anfangs hatte Suri geglaubt, ein Buchhalter sei ein Mann, der Bücher hält. Eine lebende Bücherstütze gewissermaßen. Später hatte Opa ihr erklärt, dass er sein halbes Leben lang an einem Schreibtisch gesessen und Zahlen notiert, überprüft und zusammengerechnet hatte.

Mittlerweile war er pensioniert und erledigte nur noch die Aufgaben, die in Haus und Garten anfielen.

Obwohl man das kaum erkennen konnte. In den Zimmern lagen Bücher, Klaviernoten und Briefe verstreut. Mit dem Aufräumen und Putzen nahm Opa es nicht so genau.

»Leben und leben lassen«, pflegte er zu sagen.

Vielleicht galt das auch für die winzigen Staubkörnchen, die in der Sonne tanzten.

Aber er vergaß nie, den Pflanzen auf den Fensterbänken Wasser zu geben. Und denen draußen sowieso.

* * *

Der Garten war märchenhaft verwunschen. Im Laufe der Jahre hatte sich der ursprüngliche Rasen in eine bunte Wiese verwandelt. Obstbäume spendeten kühlen Schatten und zwischen blühenden Sonnenblumen, Hortensien und Lavendelbüschen wuchsen Rhabarber und Zucchini, Tomaten, Himbeeren und Paprika.

Es war Oma, die den grünen Daumen gehabt und alles zum Blühen und Gedeihen gebracht hatte. Es war Opa, der heute dafür sorgte, dass der Garten das Paradies blieb, das Oma geliebt hatte.

Suri trug das Kaffeegeschirr nach draußen und stellte es auf den wackligen Gartentisch unter dem blauen Sonnenschirm. Opa brachte den Kuchen heraus. Während er ein paar Stücke abschnitt, holte Suri seinen Becher, in dem der Kaffee dampfte. Für sich selbst hatte sie ein Glas mit kalter Milch gefüllt.

Sie kam bei Opa an, ohne etwas zu verschütten, und sie saßen da, aßen, tranken und schwiegen und sahen dem Kater zu, der durch das hohe Gras hüpfte wie ein grauer Riesenflummi.

Das Sommerwetter machte ihn verrückt. Die Hummeln, Schmetterlinge, Bienen und Libellen tanzten ihm auf der Nase herum, und er wurde nicht müde, sie zu jagen, obwohl er selten Erfolg damit hatte.

Allerdings war er ein hervorragender Mäusefänger und legte einem die toten Mäuse gern vor die Füße, weil er es genoss, gelobt zu werden.

* * *

»Kummer?«, erkundigte sich Opa schließlich beiläufig.

»Nicht direkt«, antwortete Suri.

Im Teich sprang ein Fisch und glitzerte silbern in der Sonne. Als er mit einem leisen Platschen wieder untertauchte, liefen Wellen in kleinen zitternden Kreisen über das Wasser.

Suri genehmigte sich ein drittes Stück Kuchen.

»Indirekt?«, hakte Opa nach und rückte sich auf seinem Stuhl zurecht.

Suri hob die Schultern.

»Hmm«, machte Opa.

So war das mit ihm. In seiner Gegenwart wurde man still.

Suri hörte das Zwitschern der Vögel. Das Summen der Bienen. Das gemütliche Knarren der Stühle.

»Ich hab's gern, wenn du mich besuchst«, sagte Opa. »Dann atmet das Haus auf und im Garten riecht es nach Sommer.«

»Weil Sommer *ist*«, sagte Suri.

»Seit wann bist du so besserwisserisch?«, fragte Opa.

»War ich schon immer.«

Suri grinste.

»Tatsächlich?« Opa schmunzelte und seine Augen verschwanden in lauter Falten. »Ist mir vorher nicht aufgefallen.«

Sie guckten in den Garten, und Suri kannte keinen Ort auf der Welt, an dem sie in diesem Augenblick lieber gewesen wäre.

»Danke«, sagte sie, als sie sich zwei Stunden später von Opa verabschiedete.

Er drückte sie an sich und strich ihr mit seiner schwieligen Hand übers Haar. Drehte sich um und verschwand im Haus.

* * *

Endlich war der Abend da und Papa holte sie ab. Es war Freitag und das Vaterwochenende stand an. Suri hatte ihren Rucksack längst gepackt, als Papa ihnen mitteilte, dass sie nur bis morgen Abend bleiben konnten.

Miranda war etwas dazwischengekommen.

Bjarne drückte sich wortlos an Suri vorbei, um seine Zahnbürste und sein Handy zu holen.

»Das ist alles?«, fragte Papa, wartete jedoch nicht auf Bjarnes Antwort.

Wahrscheinlich war ihm selbst klar, wie schnell ein einziger kostbarer Abend und ein einziger kostbarer Tag vorübergingen.

* * *

Miranda war noch in ihrem Studio. Freitags gab sie zwei Abendkurse. Als sie gegen neun nach Hause kam, wärmte Papa ihr das Essen auf.

Er hatte Suri und ihre Brüder gebeten, Miranda am Tisch Gesellschaft zu leisten, und so saßen sie in trauter Eintracht in der Küche und guckten ihr beim Essen zu.

Sie war nicht geschickt darin, Spaghetti um die Gabel zu wickeln, weigerte sich aber, einen Löffel zu Hilfe zu nehmen. Deshalb dauerte alles länger als nötig.

Bjarnes Finger trommelten genervt auf seinen Knien. Erik wurden vor Langweile die Augenlider schwer. Einzig Suri riss sich zusammen und redete mit Miranda.

Eigentlich hatte sie keine Lust dazu, doch Miranda entlockte ihr beharrlich jede Information, auf die sie neugierig war.

Wie es in der Schule war. Was sie in ihrer Freizeit machten. Was sie ärgerte, was sie freute und was sie später mal werden wollten.

Suri antwortete für ihre Brüder mit, denn die stellten sich tot.

»Und du?«, lenkte sie Miranda schließlich ab. »Was gibt es bei dir für Neuigkeiten?«

Bjarne zeigte mit einem kaum merklichen Nicken Anerkennung für ihr Ausweichmanöver. Erik drückte unterm Tisch ihre Hand.

Und Miranda fing tatsächlich an zu erzählen. Von Leuten, die keiner von ihnen kannte, von ihrer Arbeit, ihren Freundinnen, der Schwangerschaft.

»Die meisten Übungen kann ich nicht mehr mitmachen«, sagte sie. »Der Bauch ist mir ständig im Weg.«

In ihrer Stimme schwangen Enttäuschung, Überdruss und Vorwurf mit. Als sei sie von dem Baby in ihrem Bauch überrumpelt und ausgetrickst worden.

»Und es wird von Tag zu Tag schlimmer«, jammerte sie. »Bald werde ich aussehen wie ein Walross.«

Bjarnes Gesicht zeigte offene Schadenfreude, als er bemerkte, dass Mirandas Augen in Tränen schwammen. Sie wurde von Erbitterung abgelöst, als Papa sich zu Miranda beugte und tröstend den Arm um ihre Schultern legte.

Suri wusste, dass Frauen während der Schwangerschaft unter Gefühlsschwankungen litten, die von Hormonen ausgelöst wurden. Obwohl sie keine Ahnung hatte, worum es sich bei einem Hormon konkret handelte und wie es funktionierte.

Im Grunde interessierte es sie auch nicht.

Jedenfalls brachten die Hormone schwangere Frauen zum Lachen und zum Weinen, zum Singen und zum Fluchen und sie konnten nichts dagegen tun. Es wurde erst besser, wenn das Baby auf der Welt war.

Suri konnte sich das nicht vorstellen, ein Baby, das ihr

Bruder oder ihre Schwester sein würde. Ein Baby, das ihr Papa vergöttern würde, genau so, wie er es getan hatte, als Erik auf die Welt gekommen war.

Sie war sich nicht sicher, ob sie sich tatsächlich daran erinnerte oder ob Mama es ihr bloß erzählt hatte.

Für lange Zeit würden seine anderen Kinder kaum noch eine Rolle spielen, weil er sich um das Baby kümmern musste. Vielleicht würden sie überhaupt nie wieder eine Rolle spielen.

Womöglich würden Papa und Miranda sogar drei, vier Kinder haben.

Was dann?

In ihrem Kopf fing es an zu summen. Das Summen wurde zu einem Brummen, steigerte sich zu einem Dröhnen. Suri schloss die Augen.

Manchmal half das.

Heute nicht.

Das Klimpern von Mirandas Gabel auf dem Teller, das Geräusch, mit dem die Gläser auf dem Tisch abgesetzt wurden, Mirandas Stimme, Papas Lachen, das Scharren von Stuhlbeinen auf dem Boden, all das stürmte mit plötzlicher Gewalt auf sie ein.

»Suri?« Papas Stimme klang besorgt. »Suri? Was ist los?«

»Kopfschmerzen«, sagte Erik. »Die hat sie ab und zu.«

»Kopfschmerzen? Wieso weiß ich nichts davon?«

»Weil du hier lebst und nicht bei uns«, entgegnete Bjarne ungerührt.

»Sie muss sich hinlegen«, erklärte Erik. »Dann geht es ihr bald besser.«

Papa stützte Suri, als er sie zum Wohnzimmersofa führte, dabei konnte sie trotz Migräne sehr gut allein gehen. Sie benutzte dazu ja ihre Füße und nicht ihren Kopf. Papa breitete fürsorglich eine Decke über ihr aus, obwohl es viel zu warm dafür war.

»Was machst du denn für Sachen, Mäuschen?«

Mäuschen hatte er sie schon lange nicht mehr genannt.

Eigentlich war Suri zu jung für Migräne. Aber sie war auch zu jung, um auf ihren Vater zu verzichten. Zu jung zu sein, half einem bei gar nichts weiter, das hatte sie mittlerweile kapiert. Im Gegenteil. Eher verschlimmerte es die Dinge.

* * *

Als sie sich eben an die Kopfschmerzen gewöhnte, kam die Übelkeit.

Miranda brachte ihr einen Becher Kräutertee. Bei dem Geruch, der Suri mit dem Dampf in die Nase stieg, ballte sich die Übelkeit zu einem harten Klumpen zusammen, und sie konnte sich gerade noch zur Seite drehen, als sich der Inhalt ihres Magens bereits in einem heftigen Schwall auf den schönen Teppich ergoss.

Erik hielt ihr einen Eimer hin, der den nächsten Schwall auffing, doch da war der Schaden längst angerichtet.

Ein Sammelsurium halb verdauter Nahrung sickerte langsam in den hellen Teppichflor, sauer riechend und von rotbrauner Farbe. Wie dünne bleiche Würmer lagen Spaghettifäden darüber hingeschlängelt.

»Mein Gott«, stöhnte Miranda und stürzte aus dem Zimmer.

Bjarne legte Suri ein zusammengefaltetes feuchtes, angenehm kaltes Geschirrtuch auf die Stirn. Erik ließ das Rollo ein Stück herunter, um den Raum abzudunkeln. Wenn Suri diese schlimmen Kopfschmerzen hatte, ertrug sie weder Helligkeit noch laute Geräusche.

Hilflos stand Papa daneben, bis Miranda eine Schüssel mit Seifenlauge auf den Couchtisch stellte und einen Schwamm, ein Tuch, eine Küchenrolle und eine Abfalltüte danebenlegte.

»Ich kann nicht«, sagte sie. »Sorry.«

Und schon war sie weg.

Papa nahm das Erbrochene vorsichtig mit Küchenpapier auf und ließ es in die Tüte fallen. Dann tupfte er die Flüssigkeit aus dem Teppich und bearbeitete den Fleck mit Schwamm und Tuch.

Danach zogen sie sich leise zurück und Suri schlief erschöpft ein.

Sie träumte von Hormonen, die aussahen wie kleine schwarze Holunderbeeren mit winzigen Ärmchen und Beinchen. Sie flitzten in einem Wahnsinnstempo hin und her und stießen mit hauchdünnen Stimmchen helle Rufe aus. Einige von ihnen kletterten an Mirandas Haaren hoch wie an Seilen in einem Kletterpark.

Miranda rückte ihnen mit einer großen Bürste zu Leibe

und sie purzelten zu Boden und rollten protestierend davon.

* * *

Als sie den Teppich später begutachteten, sahen sie, dass ein großer Fleck zurückgeblieben war, der ungefähr die Form von Italien auf der Landkarte hatte.

»Da müssen wir noch mal ran«, sagte Miranda und seufzte. Das gute Stück sah edel aus und hatte wahrscheinlich eine Stange Geld gekostet. »Schade«, jammerte sie in einem fort, »schade, schade, schade.«

»Ist doch bloß ein Teppich«, versuchte Papa sie zu trösten.

Noch so ein Blick wie der, den Miranda ihm zuwarf, und es wären Eisblumen an den Fensterscheiben gesprossen.

* * *

»War's schön?«, fragte Mama, nachdem Papa sie wieder zu Hause abgesetzt hatte.

Er kam selten mit rein.

»Große Klasse«, antwortete Erik mit beißender Ironie.

Bjarne öffnete die Kühlschranktür. Er war ständig hungrig und behauptete steif und fest, das liege an seinen Wachstumsschüben.

»Suri hat den Teppich vollgekotzt«, sagte er.

»Wieder Kopfschmerzen?« Mama legte Suri die Hand auf die Stirn. »Schlimm?«

»Geht schon.«

Suri schob ihre Hand weg. Die Migräne belästigte sie in

letzter Zeit häufiger. Aber jetzt hatte sie nicht die Nerven, lang und breit darüber zu reden.

In ihrem Zimmer holte sie ihr Tagebuch hervor. Das stellte keine neugierigen Fragen und behielt ihre Geheimnisse für sich. Sie konnte ihm bedenkenlos alles anvertrauen.

* * *

Ich strenge mich wirklich an, nett zu Miranda zu sein. Papa zuliebe.

Es ist verflucht schwer, sie zu mögen. Sie ist eine schreckliche Nervensäge.

Und: Sie hat uns Papa weggenommen. Das werde ich ihr in tausend Jahren nicht verzeihen.

✻ Kapitel 3 ✻

In ein paar Tagen begannen die Ferien. Suri freute sich wahnsinnig darauf. Obwohl Mama keinen Urlaub gebucht hatte. Sie wollte spontan entscheiden, wann sie fuhren, wohin und ob überhaupt.

Mama plante nicht gern. Sie musste sich bereits in ihrem Beruf ständig an Termine halten, da hasste sie es, zusätzlich ihre Freizeit damit zu verplempern.

Früher, in der Zeit vor Miranda, waren sie regelmäßig in die Ferien gefahren. Abwechselnd ans Meer und in die Berge.

Sie alle zusammen.

Bei einem Gebrauchtwagenhändler hatte Papa ein altes Wohnmobil aufgetrieben, in das die komplette Familie reingepasst hatte, einschließlich Lulu, bevor sie auf einem Rastplatz von einem Lastwagen überfahren worden war.

Zwei Jahre war das her. Seitdem hatten sie sich nicht überwinden können, einen neuen Hund aus dem Tierheim zu holen.

Nie mehr werde ich einen Hund so lieb haben wie Lulu, hatte Suri damals in ihr Tagebuch geschrieben. *Nie, nie mehr.*

Oft träumte sie von Lulu und am Morgen war ihr Gesicht nass von Tränen.

Das Leben im Wohnmobil war aufregend gewesen. Sie fuhren herum, verbrachten einige Tage auf irgendeinem Campingplatz, der ihnen gefiel, bevor sie wieder abreisten und zum nächsten Ort aufbrachen.

Es gab keine geregelten Schlafens- und Essenszeiten. Sie aßen, wenn sie hungrig waren, und schliefen, wenn sie vor Müdigkeit fast umkippten. Sie hatten lediglich das Nötigste an Kleidung eingepackt, hauptsächlich Shorts, T-Shirts und Badesachen, Zeug, das schnell gewaschen und in der Sonne getrocknet werden konnte.

Mama und Papa waren fröhlich und ausgelassen. Sie liefen barfuß, kuschelten miteinander, lachten und guckten sich mit leuchtenden Augen an, als hätten sie sich eben erst ineinander verliebt.

Alles war gewesen, wie es sein sollte.

Der Streit kam ganz allmählich in ihr Leben geschlichen. Wie ein Einbrecher, der still und leise in ein nächtliches Haus eindrang. Unmerklich nistete er sich in sämtlichen Ecken und Winkeln ein und versprühte heimlich sein Gift.

Suri wusste nicht, was aus dem Wohnmobil geworden war. Sie hatte Papa nicht danach gefragt.

Wahrscheinlich aus Angst davor, dass er sagen könnte, er hätte es verkauft. Denn das würde bedeuten, dass die Trennung der Eltern endgültig war.

* * *

In diesem Jahr hatte Mama ihnen angeboten, mit einer Schülergruppe nach Österreich zu fahren, doch keiner von ihnen konnte sich dafür begeistern.

Suri liebte es, ab und zu allein zu sein.

Sie brauchte das.

Es tat ihr gut.

»Jeder Mensch sollte etwas in sich finden, das sich in Glück verwandeln kann«, sagte Opa. »Besitzt ein Mensch keinen inneren Reichtum, ist er wirklich ein armer Tropf. Dann kann er keine Sekunde mit sich allein sein.«

Suri hatte keine Ahnung, ob sie in ihrem Innern reich war. Vermutlich nicht, denn an manchen Tagen wurde ihr alles zuviel, und es half nur, das Schild *NICHT STÖREN* an ihre Tür zu hängen und sich auszuklinken.

An solchen Tagen nervte sie die Fliege an der Wand. Da ertrug sie nicht mal ihre Brüder. Oder Mama, die sich zum hundertsten Mal besorgt erkundigte, ob sie vielleicht krank war.

An solchen Tagen hätte es geholfen, sich zu Lulu auf den Boden zu legen und sich an sie zu schmiegen. Wie früher.

* * *

Es half aber auch, mit Pam zusammen zu sein. Sie war Suris beste Freundin. Die Schwester, die sie sich oft gewünscht hatte.

Allerdings hatte Pam wenig Zeit. Sie war ausgebucht mit Klavierunterricht, Reitstunden, Gymnastik und Tanz.

Als kleines Kind hatte sie einen schweren Autounfall

gehabt. Danach musste sie lange im Krankenhaus liegen und eine fast ebenso lange Zeit in einer Rehaklinik im Schwarzwald verbringen. Sie musste wieder lernen zu gehen, die Arme und den Kopf zu bewegen, sogar das Sprechen funktionierte nicht wie zuvor.

Die Unterrichtsstunden halfen ihr noch immer.

Klavierspielen hielt ihre Finger geschmeidig und trainierte ihr Gehirn. Reiten und Tanzen stärkten ihr Gleichgewicht. Gymnastik machte sie gelenkig und kräftigte ihre Muskeln.

Suri beschloss, heute einfach unangemeldet bei ihr aufzukreuzen. Sie schickte Mama schnell eine kurze Nachricht – *Bin bei Pam* – und holte ihr Fahrrad aus dem Geräteschuppen.

* * *

Es war nicht weit bis zu dem Haus, in dem Pam mit ihren Eltern wohnte. Und mit Diva, einer bildschönen, verrückten Mischlingskatze, zum Teil Perserdame, zum Teil Hauskatze, mit vielleicht einem Hauch Kartäuser.

Im Vorgarten stand eine weiße Bank, auf der nie jemand saß, obwohl ein romantisches kleines Seerosenbecken dazu einlud. Lediglich Diva lag bisweilen darauf und rekelte sich auch heute genüsslich in der Nachmittagssonne.

Mit lautem Schnurren forderte sie Suri dazu auf, sie zu streicheln – um im nächsten Augenblick blitzschnell die Krallen auszufahren.

»Mistvieh«, schimpfte Suri liebevoll, nachdem sie ihre Hand in Sicherheit gebracht hatte.

Sie hing an Diva, die ihr selbst ein bisschen ähnlich war. Die Zärtlichkeit mehr brauchte als alles andere und sich bei zu großer Nähe urplötzlich fürchtete.

Pam strahlte, als sie die Tür aufmachte und unerwartet Suri vor sich sah. Mit einem Freudenschrei fielen sich die Freundinnen in die Arme. Wenige Minuten später saßen sie mit einem Schoko-Kirsch-Eis im Garten.

Suri merkte, wie sich ein Gefühl von Frieden auf sie herabsenkte.

Sie konnten ohne Punkt und Komma reden. Zwei Stunden nonstop chatten oder am Handy quasseln und ganze Abende lang und komplette Nächte hindurch, wenn sie zusammen übernachteten. Ebenso gut konnten sie schweigen. Nicht jede für sich allein, sondern miteinander.

»Gibt es wohl«, fragte Suri und leckte sich einen klebrigen Finger ab, »gibt es wohl Menschen, die sich ohne ein einziges Wort, ohne Zeichensprache und ohne andere Hilfsmittel unterhalten können? Einfach so?«

»Klar.« Pam hatte einen Schokoladenmund und wirkte vollkommen zufrieden. »Tun wir doch. Dauernd.«

Als wäre das total selbstverständlich.

Pam glaubte fest an Geister, Aliens und fliegende Untertassen. Warum also nicht an Gedankenübertragung?

Diva, der es im Vorgarten langweilig geworden war, ließ sich elegant zwischen ihnen im Gras nieder und begann sich zu putzen.

»Allerdings kann ich das nur mit dir«, sagte Pam. »Und mit Diva.«

Die hob nicht einmal den Kopf, als sie ihren Namen hörte. Sie war völlig in ihre Katzenwäsche versunken und verbog und verrenkte sich mühelos, um jede Stelle ihres Körpers mit der Zunge zu erreichen. Als wären ihre Knochen aus Gummi.

»Mit Lulu konnte ich das auch«, sagte Suri und spürte, wie die Traurigkeit angekrochen kam.

»Mit Lulu sowieso«, bestätigte Pam. »Ruhe in Frieden, lovely old lady.«

Manche Menschen fanden Pam sonderbar, weil sie oft sonderbare Dinge von sich gab. Suri war vor einiger Zeit unfreiwillig Zeugin geworden, als zwei Frauen in der Bäckerei über sie getuschelt hatten.

Altklug hatte die eine sie genannt, und die andere hatte genickt und gemurmelt: *Ja, schrecklich … das arme Kind.*

Pam? Ein armes Kind?

Ihre Eltern waren sogar ziemlich reich. Das Haus war groß und herrschaftlich. In dem prächtigen Garten, der eher ein Park war, gab es einen riesigen Schwimmteich, ein hübsches altmodisches Badehaus und stylishe Sonnenliegen auf einer Holzterrasse.

Pams Eltern beschäftigten eine Reinigungskraft, einen Fensterputzer und einen Gärtner, der das Draußen in Schuss hielt.

Pam war das Gegenteil von einem armen Kind.

Suri berichtete vom letzten Vaterwochenende.

»Du hast den Teppich vollgekotzt?« Pam lachte so laut, dass Diva erschrocken fauchte und sich beleidigt zurückzog. »Hättest du Miranda nicht anders ärgern können?«

»Ich will sie nicht ärgern«, sagte Suri. »Ich will, dass sie sich in Luft auflöst.«

Pam hörte abrupt auf zu lachen.

»Und wenn wir sie verfluchen?«, fragte sie mit gedämpfter Stimme, obwohl niemand in der Nähe war.

»Verfluchen?«

»Genau. Wir müssen bloß rausfinden, wie das geht.«

»Mit Kröteneiern, Rattenbärten und Blutegelschleim«, schlug Suri vor. »Dazu eine Prise Pferdemist und einen frisch geschnittenen Zehennagel von Mirandas linkem Fuß.«

»Musst du immer alles ins Lächerliche ziehen?«, ereiferte sich Pam. »Es gibt wirklich Zauberer und Hexen, selbst heute noch. Nur hängen sie es nicht unbedingt an die große Glocke.«

»Man kann auch mit dem Fahrrad zum Mond fliegen«, entgegnete Suri mit einem breiten Grinsen.

Pam ging nicht darauf ein.

»Meine Mutter kennt einen Schamanen«, sagte sie und warf einen raschen Blick über die Schulter, als hätte sie Angst, jemand könnte sie belauschen.

»Einen was?«

»Schamanen haben magische Fähigkeiten und können Kontakt mit der Geisterwelt aufnehmen.«

Mitten im hellsten Sommersonnenschein rieselte es Suri kalt über den Rücken.

»Sie können kranke Menschen heilen.« Wieder blickte Pam sich verschwörerisch um. »Wieso sollten sie nicht ebenso das Gegenteil können: gesunde Menschen krank werden lassen?«

Suri musterte das Gesicht der Freundin.

»Woher weißt du das?«

»Der Schamane meiner Mutter hat sie von ihren ewigen Rückenschmerzen geheilt.«

Suri setzte sich kerzengerade hin.

»Und du meinst, er könnte Miranda …«

»Er soll sie ja nicht gleich umbringen«, sagte Pam nachdenklich. »Vielleicht schafft er es, dass sie sich in einen anderen Mann verliebt und deinen Vater verlässt.«

Suri war wie elektrisiert.

Im nächsten Moment sackte sie in sich zusammen.

»Und das Baby?«

»Bleibt bei Miranda und besucht deinen Vater regelmäßig. Wie ihr es heute tut.«

Pams Überlegungen hatten was. Warum sollte Suri sich über ein ungeborenes Baby den Kopf zerbrechen? Mit dem brauchte sie kein Mitleid zu haben. Außerdem – wer bemitleidete denn sie und ihre Brüder?

Nicht mal Papa.

»Sobald ich rausgekriegt habe, wo der Schamane wohnt«, schlug Pam vor, »suchen wir ihn auf. Einen Rückzieher können wir immer noch machen.«

Wenn sie sich etwas in den Kopf gesetzt hatte, hatte sie es sich in den Kopf gesetzt, und *Rückzieher* war bloß ein

Wort. Deshalb versuchte Suri gar nicht erst, Pam von der Idee abzubringen.

Außerdem klang sie zu vielversprechend, um es nicht zu versuchen.

* Kapitel 4 *

Es fiel Suri schwer, das Geheimnis für sich zu behalten. Bei den Mahlzeiten vermied sie es, ihre Brüder anzugucken, damit ihr Gesicht nichts verriet.

Fünf Seiten hatte sie in ihrem Tagebuch vollgeschrieben. Und vorsichtshalber erneut das Versteck gewechselt. Sie glaubte zwar nicht, dass ihre Brüder sich für das interessierten, was sie ihrem Tagebuch anvertraute, aber man konnte ja nie wissen.

Nachdem Papa ausgezogen war, hatte es in Suri kaum Worte gegeben, um ihren Gefühlen Ausdruck zu verleihen. Es war, als hätte die Traurigkeit die ganze Welt mit ihren grauen, klebrigen Netzen umsponnen.

All seine Sachen waren verschwunden. Nur ab und zu stieß man noch auf etwas, das ihm gehörte. Einen Pulli. Eine Zeitschrift. Einen Kugelschreiber. Ein Feuerzeug.

Mama hatte sämtliche Gegenstände aus dem Haus verbannt, die sie an Papa erinnerten. Zumindest hatte Pam das so erklärt.

Pam wollte Pianistin werden. Tierpflegerin. Oder Psychologin, wie Frau Hirsch. Sie hatte sich bisher nicht entschieden.

Neben den Ärzten war es hauptsächlich Frau Hirsch gewesen, die sie in der schweren Zeit nach dem Unfall gerettet hatte. Damals, sagte Pam, hatte sie viel über die Arbeit einer Psychologin gelernt.

»Psychologen«, sagte sie, »versuchen zu verstehen, warum Menschen tun, was sie tun. Und aus welchem Grund manche mit ihrem Leben nicht zurechtkommen.«

Suri wollte später vielleicht Häuser bauen. Oder Bundeskanzlerin werden. Warum ihre Mutter tat, was sie tat, wollte sie gar nicht wissen. Erst recht nicht, was Bjarne und Erik antrieb, wenn sie sich aufführten wie Neandertaler.

Sie wollte begreifen, wie es passieren konnte, dass Papa sich in eine andere Frau verliebt hatte und Mama in einen anderen Mann.

Ein Psychologe konnte das möglicherweise erklären.

Ändern konnte er es nicht.

* * *

An ihrem freien Nachmittag spendierte Mama ein Eis. Das kam zu selten vor, als dass Suri nicht misstrauisch geworden wäre. Auch Bjarne witterte einen Hinterhalt in dem spontanen Ausflug.

Sie fuhren mit den Rädern zu *Leonardo*, der Eisdiele im Nachbarort, wo es das beste Eis im weiten Umkreis gab.

Erik, der den Weg bestimmt dreimal zurücklegte, weil er ständig ein Stück vorausfuhr, umkehrte und wieder vorausfuhr, strich sich das schweißnasse Haar aus der Stirn und klappte die Karte auf.

Jeder durfte sich einen Eisbecher aussuchen. Jeder versenkte sich in den Anblick der Hochglanzfotos, bei dem einem das Wasser im Mund zusammenlief. Und schließlich nahm jeder, was er immer nahm.

Erik bestellte ein Spaghetti-Eis, Suri einen Erdbeerbecher, Bjarne entschied sich für ein Bananensplit, Mama für Joghurteis mit Früchten.

»Sollten wir öfter machen«, sagte Bjarne und leckte sich Sahne aus den Mundwinkeln.

Erik nickte. Er verschlang sein Eis in einem olympiaverdächtigen Tempo.

Mama antwortete nicht. Gedankenverloren stocherte sie in ihrem Becher herum, in dem das Eis langsam zerschmolz.

Okay, dachte Suri. Sag es halt.

Denn dass ihre Mutter sie nicht ohne Grund ausgeführt hatte, war sonnenklar. Suri hatte keine Ahnung, worum es ging, spürte jedoch, dass sich etwas Unangenehmes anbahnte. Sie besaß Antennen für Schwingungen und ahnte oft, was jemand sagen würde, bevor er es tatsächlich aussprach.

Oder sag es lieber nicht, dachte sie so inbrünstig, dass es fast war wie ein Gebet. *Lass uns einfach hier sitzen und unser Eis genießen.*

Eine Erdbeere hüpfte ihr vom Löffel und landete auf Mamas weißer Leinenhose, wo sie eine rote Spur über den Oberschenkel bis zum Knie zog.

Wie Blut, dachte Suri, fing die Erdbeere auf, bevor sie auf die Erde fallen konnte, und steckte sie in den Mund.

Mama regte sich nicht auf.

Das war ein Alarmsignal.

Suri schluckte die Erdbeere halb zerkaut runter und hielt die Luft an.

»Was haltet ihr davon, mit Klaas zusammenzuziehen?«, ließ Mama die Bombe platzen und zwirbelte eine Haarsträhne um ihren Zeigefinger.

Augenblicklich war Stille.

Das eifrige Geklimper der Löffel in den Gläsern verstummte.

Suri hörte Erik trocken schlucken.

In ihren Ohren begann es zu rauschen.

»Wir verstehen uns doch alle gut«, unterbrach Mama das unheilvolle Schweigen. »Wäre es da nicht schön, uns nicht nur ab und zu sehen zu können?«

»Ab und zu ist für mich absolut ausreichend.« Bjarne löffelte zögernd weiter, den Blick starr auf sein Eis gerichtet.

»Für mich auch«, schloss Erik sich an.

Mittlerweile war Mamas Eis zu einer unappetitlichen Pampe geworden. Sie schob die Schale beiseite, winkte dem Kellner und bestellte sich einen Kaffee.

»Suri?«

Angespannt beugte sie sich vor.

Was zur Hölle erwartete sie? Dass wenigstens ihre Tochter zustimmte? Sich sogar noch freute?

Okay, Klaas schien ein netter Mensch zu sein. Aber mit ihm *zusammenleben*?

»Und was ist mit Papa?«, fragte Suri.

»Papa? Was soll mit ihm sein?«

Der Kellner servierte den Kaffee und eilte davon. Mama nestelte an dem Döschen mit der Kaffeesahne. Es rutschte ihr aus der Hand und landete mit einem sachten Platschen in ihrem Kaffee. Leise fluchend angelte sie es heraus.

»Mein Gott, Suri! Er wohnt nicht mehr bei uns.«

»Und wenn er zurückkommt?«, fragte Erik.

»Erik ...«

Mama sah plötzlich ziemlich erschöpft aus.

»Und wenn er zurückkommt?«

Erik war laut geworden. Die anderen Gäste drehten sich nach ihnen um.

»Euer Vater kommt nicht zurück.«

Mama rührte so heftig in ihrem Kaffee, dass er überschwappte. Sie beseitigte die Überschwemmung mit ihrer Serviette und stellte die Tasse wieder ab, ohne zu trinken.

»Woher willst du das wissen?«

Erik sprang auf und umklammerte die Tischkante mit beiden Händen. Speicheltröpfchen spritzten aus seinem Mund.

»Setz dich hin«, bat Mama ihn.

Er sank auf seinen Stuhl. Sein Gesicht war blass und verzerrt. Seine Augen sprühten Funken und seine Hände zitterten.

»Erik ...«, sagte Mama. »Papa ist vor über einem Jahr ausgezogen. Wir sind geschieden und Miranda erwartet ein Baby. Außerdem hat Klaas nicht vor, die Stelle eures Vaters einzunehmen. Darauf gebe ich euch mein Wort.«

Wutschnaubend sprang Erik auf, schnappte sich sein Mountainbike und raste davon.

Mama rief den Kellner herbei, um zu zahlen. Der Nachmittag war gelaufen. Wortlos radelten sie nach Hause zurück.

* * *

Nach dem Abendessen rief Klaas an. Mama ging mit ihrem Handy in ihr Zimmer und schloss die Tür. Erik und Bjarne nutzten die Gelegenheit und verdünnisierten sich.

Suri schob die Brotkrümel auf ihrem Teller mechanisch von der einen auf die andere Seite. Hin und her. Hin und her.

Vaterseelenallein.

✻ Kapitel 5 ✻

Beim Frühstück fing Mama wieder damit an. Es war Samstag, und sie hatte Brötchen geholt, die einen herrlichen Duft in der Küche verbreiteten.

»Klaas ist ein ganz besonderer Mensch«, sagte sie lächelnd und reichte den Brotkorb herum. »Und er mag euch sehr. Gebt ihm eine Chance.«

Sie zerteilte ein Kürbiskernbrötchen und bestrich die Hälften dünn mit Magerquark und zuckerreduzierter Aprikosenmarmelade. Mama hatte sich vorgenommen zwei, drei Kilo abzuspecken, obwohl Suri keinen Grund dafür erkennen konnte. Am Aussehen ihrer Mutter war rein gar nichts auszusetzen.

Erik tat gelangweilt, doch Suri bemerkte, wie ruhelos seine Hände waren.

»Ich finde, es wär einen Versuch wert«, fuhr Mama fort. »Wenn sich jeder von uns ein bisschen anstrengt, kriegen wir das hin.«

»Und ich finde, es ist gut, wie es ist«, widersprach Bjarne. »Never change a winning team. Meine bescheidene Meinung.«

»Stimmt.« Erik biss in sein Brötchen.

»Welches Zimmer würde Klaas denn bekommen?«, erkundigte sich Suri.

Einerseits, um Gesprächsbereitschaft zu signalisieren, andrerseits, weil sie gar keinen Raum übrig hatten.

In Papas Zimmer standen jetzt nämlich ein Crosstrainer, ein Laufband und ein kleines Trampolin, ein zweiter Fernseher, ein Bügelbrett und eine Staffelei, die Mama ziemlich oft benutzte, seit sie mit ihrem Malkurs begonnen hatte.

Außerdem hatten sie hier ein Meerwasseraquarium eingerichtet, ein Geschenk an Erik, der davon träumte, Meeresbiologe zu werden.

Da war für einen neuen Mann wirklich kein Platz.

»Tja …« Mama wurde rot und beschäftigte sich auffallend intensiv mit ihrem Frühstücksei, obwohl sie in der Regel zuerst das Marmeladenbrötchen und danach das gekochte Ei aß. »Da gibt es noch was …«

Sie säbelte dem Ei den Kopf ab und piddelte hingebungsvoll an der braunen Schale. Eindeutig, um Zeit zu gewinnen.

Suri wechselte einen erschrockenen Blick mit Bjarne.

»Nein!«, rief Erik, sprang auf, schoss aus der Küche und die Treppe rauf.

Oben knallte er seine Tür zu. Mit einem endgültigen Knirschen drehte sich der Schlüssel im Schloss.

Bjarne starrte Mama an.

»Ist es das, was ich denke?«

Mama tunkte den Löffel zu rasch in das weiche Eidotter,

das über die Ufer trat, an ihren Fingern und am Eierbecher runterlief und sich auf dem Teller zu einem goldgelben Minisee sammelte.

»Verdammt!« Sie eilte zur Spüle und drehte den Wasserhahn auf. »Warum muss in diesem Haus jede, aber wirklich *jede* Kleinigkeit zu einem Problem werden?«

Kleinigkeit?

Um ein Haar hätte Suri sich verschluckt.

Als Mama die Hände abgetrocknet hatte und sich zu ihnen umdrehte, hatte sie sich wieder gefangen. Sie tauschte ihren Teller gegen einen frischen aus und setzte sich, um weiterzufrühstücken.

Über Eriks Abgang verlor sie kein Wort.

Als hätte sie sich nicht gerade verraten. Es konnte nur einen Grund für ihre Nervosität geben: Die Entscheidung war bereits gefallen.

Und das war nicht alles.

»Klaas wird nicht bei *uns* einziehen«, sagte Bjarne und starrte Mama aus zusammengekniffenen Augen an. »Was du uns verklickern willst, ist, dass wir bei *ihm* einziehen werden, stimmt's? Du brauchst unsere Zustimmung überhaupt nicht. Du hättest sie nur gerne. Um dich besser zu fühlen. Dabei ist das längst beschlossene Sache.«

Mama betrachtete ihn stirnrunzelnd. Dann gab sie sich einen Ruck.

»Und? Wäre das ein solches Drama?« Sie nippte an ihrem Orangensaft. »Man sollte doch meinen, es gibt Schlimmeres, als in einem Schloss zu wohnen.«

* * *

»In dem Moment, in dem wir ausziehen«, sagte Erik kurz darauf, als sie in ihrem Baumhaus saßen und beratschlagten, »kappen wir die letzte Verbindung zu Papa.«

Ihr Vater war es gewesen, der den Garten angelegt und gepflegt und dieses Baumhaus gebaut hatte. Der geflucht hatte, wenn etwas schiefgelaufen war, und seinen berühmten Tarzanschrei ausgestoßen hatte, wenn ihm etwas außergewöhnlich gut gelungen war.

Er hatte jeden Nagel selbst eingeschlagen, jede Schraube eigenhändig im Holz versenkt. Und obwohl sie das Baumhaus längst nicht mehr so häufig nutzten wie früher, war es noch immer der beste Ort für Gespräche, die nicht belauscht werden sollten.

»Und was ist mit unserem Baumhaus?«, fragte Bjarne da auch schon. »Das lässt sich nicht transportieren, außer man zerlegt es in seine Einzelteile. Davon abgesehen … es gehört hierhin. Woanders kann ich es mir einfach nicht vorstellen.«

Suri erinnerte sich nicht daran, wann sie zuletzt – bei aller Wut, Verzweiflung und Hoffnungslosigkeit – ähnlich einträchtig zusammengesessen hatten.

Sie verfielen in Schweigen.

Nur Bjarne murmelte unentwegt ein und dasselbe Wort vor sich hin.

»Scheiße, Scheiße, Scheiße.«

* * *

Von oben beobachteten sie, wie ihre Mutter das Auto aus

der Garage holte. Und wegfuhr, ohne ihnen zu sagen, wie lange sie wegbleiben würde.

Sie warteten, bis der Wagen außer Sichtweite war, und kehrten ins Haus zurück.

Auf dem Küchentisch lag ein Zettel mit einem einzigen Satz.

Wenn was ist, ruft an.

Erik zerknüllte ihn und warf ihn in den Mülleimer.

In diesem Moment begriff Suri, dass etwas zu Ende gegangen war.

* Kapitel 6 *

Was können wir tun, um uns zu wehren?, fragte Suri ihr Tagebuch.

Natürlich ohne eine Antwort zu erwarten.

Aber oft war es so, dass sie eine Frage stellte und beim Niederschreiben von allein über die Antwort stolperte. Dann war das Tagebuch wie ein Spiegel, vor dem sie sich mit sich selbst unterhielt.

Uns weigern, unsere Sachen zu packen?

Einen Sitzstreik veranstalten, bis die Möbelpacker uns mit dem ganzen Kram aus dem Haus tragen?

Zum Jugendamt gehen und um Hilfe bitten?

Uns einen Anwalt suchen, um unsere Eltern zu verklagen?

Papa hatte sie kläglich im Stich gelassen. Mama hatte ihn zu einem Familiengespräch eingeladen, und er hatte seinen Kindern auseinandergesetzt, er finde die Idee großartig, mit Klaas zusammenzuziehen.

Es würde aus ihnen eine richtige Patchworkfamilie machen, hatte er gesagt.

Das wäre doch spannend.

Er hatte sie daran erinnert, wie leidenschaftlich gern

Oma genäht hatte. Insbesondere ihre legendären Patchworkdecken, von denen einige sogar in Kunstausstellungen gezeigt worden waren.

Solche Decken wurden aus den unterschiedlichsten Stoffteilen und Materialien zusammengefügt. Nicht anders, als es bei ihnen der Fall sei, hatte Papa erklärt. Bei Mama und ihm. Bjarne. Erik. Suri. Miranda. Dem ungeborenen Baby. Klaas. Und seiner Tochter. Zusammen bildeten sie eine große Patchwork …

Seiner TOCHTER!

Mamas warnender Blick war zu spät gekommen, denn längst war das schreckliche Wort durch die Luft geschwirrt wie ein vergifteter Pfeil.

Und hatte Suri mitten ins Herz getroffen.

* * *

KLAAS HAT EINE TOCHTER!!! Und wäre es Papa nicht aus Versehen rausgerutscht, wüssten wir es noch immer nicht. Lügner! Sie sind Lügner! Ich werde ihnen nie wieder ein einziges Wort glauben!!!

* Kapitel 7 *

»Wir sollten unbedingt an der Idee mit dem Schamanen festhalten«, sagte Pam. »Wenn er Miranda aus eurem Leben verschwinden lassen kann, warum dann nicht auch Klaas und seine Tochter? Wie heißt sie eigentlich?«

»Amy.«

Suri fand den Namen schön. Sie hasste sich dafür, weil sie absolut nicht dazu bereit war, *irgendwas* an diesem Mädchen schön zu finden.

»Wie alt ist sie?«

»Zwölf. Genau wie wir.«

»Ein Schloss …« Pam stieß einen kleinen Seufzer aus. »Die komplette Schule würde dich beneiden.«

»Pam!«

»Reg dich nicht auf. Ich mein ja nur …«

Die Aussicht, in einem Schloss zu leben, änderte nichts an Suris Einstellung. Mama hätte höchstens Erik damit umstimmen können, der sich für Geschichte, Burgen und Schlösser im Allgemeinen und das Leben der Ritter im Besonderen interessierte.

Wäre Erik nicht unbestechlich gewesen.

Doch das war er.

»Wieso besitzt Klaas überhaupt ein Schloss?«, fragte Pam. »Hast du gewusst, dass er so reich ist?«

Suri schüttelte den Kopf.

»Er ist nicht reich. Er ist bloß der Schlossverwalter. Das ist im Grunde alles, was wir über ihn wissen.«

»Weil ihr ihn bei seinen Besuchen abblitzen lasst.«

Suri hatte Pam jedes Mal brühwarm von den Begegnungen mit Klaas berichtet. Ebenso davon, dass sie es bisher erfolgreich vermieden hatten, mit ihrer Mutter mehr als die nötigsten Worte über ihn zu wechseln.

Das war nicht klug gewesen, wie sie jetzt einsah.

* * *

Suri und Pam kannten das Schloss. Als sie noch die Grundschule besuchten, hatten sie es mit ihrer Klasse bei einem Ausflug besichtigt. Suri erinnerte sich gut an die prachtvollen Räume mit den dunklen Möbeln, den zart schimmernden Tapeten und den goldgerahmten Gemälden, auf denen hauptsächlich herausgeputzte Frauen, vornehm gekleidete Männer und grausame Jagdszenen abgebildet waren.

Sie erinnerte sich an den Geruch nach jahrhundertealtem Holz. Und daran, dass die Fenster mit verstellbaren Lamellen abgedunkelt waren, damit starkes Sonnenlicht dem kostbaren Mobiliar nichts anhaben konnte.

Einige der einstmals farbenfrohen schweren Brokatvorhänge und Wandteppiche waren im Lauf der Zeit stark ausgeblichen und auch die kunstvollen Holzfußböden hatten schon gelitten.

Aus diesem Grund hatten sie bei der Besichtigung in bereitgestellte Filzpantinen schlüpfen müssen und waren kichernd hinter der Museumsführerin hergeschlittert, die ihnen jedes Detail erklärt hatte, bis manche von ihnen vor Langeweile fast eingeschlafen waren.

Es gab eine alte Küche, in der urige Kellen, Löffel und Siebe an den Wänden hingen und riesige Töpfe und Pfannen auf groben Holztischen gestapelt waren. Sie hatten prunkvolle Betten und schmale Schlafkojen besichtigt, den Thronsaal und eine festlich gedeckte Tafel für mindestens dreißig Personen.

Sogar eine kleine Kapelle war da, mit schlichten Heiligenfiguren und verblassten Wandmalereien an den buckligen Wänden. Die wenigen Bänke waren mit dunkelrotem, fadenscheinigem Samt bezogen. Auf dem Altar stand eine bauchige Vase mit einem üppigen Blumenstrauß. Durch die hohen Fenster fiel buntes Licht herein und tanzte auf dem Steinfußboden.

Suri hatte sich vorgestellt, wie es wohl damals für die Kinder gewesen sein mochte, in dieser kalten Düsternis aufzuwachsen. Sie hatte an die strengen, freudlosen Mienen der Erwachsenen auf den Gemälden denken müssen und war froh gewesen, dass sie nicht zu jener Zeit gelebt hatte.

Und dann war ihr klar geworden, dass all die Menschen, die hier ihr Leben verbracht hatten, längst tot waren.

Seitdem verband sich für sie mit den Gedanken an das Schloss stets eine leise Traurigkeit.

* * *

»Hey! Hörst du mir zu?« Pams empörte Stimme holte sie zurück. »Ich quassle mir die Seele aus dem Leib und du bist ganz woanders. Woran denkst du?«

»An das Schloss«, sagte Suri. »Und wie wir es besichtigt haben. Weißt du noch?«

»Brrr …« Pam schüttelte sich. »Wie schummrig und unheim…« Sie verstummte. »Entschuldige. Ich wollte nicht … bestimmt gibt es auch gemütliche Plätzchen, wo ihr … ach, tut mir leid, Suri. Wie blöd von mir. Ich halte am besten den Mund.«

Zu spät, dachte Suri.

Jetzt hatte sie die Bilder im Kopf.

Endlos lange, einsame Gänge. Leere Säle, in denen die Stimmen zwischen den hohen Wänden hallten. Dicke Mauern. Staubige Kachelöfen in den Ecken.

Das würden kalte Winter werden.

»Ihr könnt mit den Rädern vom Ostflügel in den Westflügel düsen«, flachste Pam, die doch nicht still sein konnte. »Und umgekehrt. Schneller als die Geister. Obwohl die ja«, überlegte sie mit einem Grinsen, »normalerweise überall und jederzeit aus dem Nichts erscheinen.«

Geister …

Trieben die nicht in jedem Schloss und jeder Burg ihr Unwesen?

»Aber wahrscheinlich gibt es da nur eine Handvoll friedlicher Schlossgespenster«, fügte Pam gutmütig hinzu, als sie Suris zweifelnden Gesichtsausdruck bemerkte.

Suri hatte bereits von etlichen Geistern gehört, die nicht von der netten Sorte waren. Echten Geistern. Nicht denen aus harmlosen Kindergeschichten. Verlorene Seelen, die keinen Frieden fanden und ruhelos in der Welt der Lebenden umherirrten.

Wieder musste sie an die verdrossenen Gesichter der Leute auf den alten Gemälden denken. Die Härchen an ihren Armen stellten sich auf.

»Habt ihr Amy eigentlich schon kennengelernt?«, wechselte Pam nicht sehr geschickt das Thema.

Suri schüttelte den Kopf.

»Dann wird es ja höchste Zeit, wenn das mit dem Zusammenwohnen klappen soll.«

Suri bedachte die Freundin mit einem flehenden Blick.

»Kann man uns überhaupt zwingen, mit wildfremden Menschen unter einem Dach zu wohnen?«

»Ist Klaas denn wirklich so schrecklich?«, fragte Pam.

»Er ist nicht unser Vater.«

Pam nickte ernst. Sie hing selbst sehr an ihren Eltern und hatte geschworen, dass sie abhauen würde, sollten sie sich je trennen.

Für Suri war das keine Lösung. Sie hatte nie von einem Fall gehört, in dem drei Geschwister gemeinsam abgehauen wären.

Ein Kind, das allein unterwegs war, konnte sich viel leichter verstecken. Und es kam viel länger mit dem Geld aus, das es aus der Haushaltskasse hatte mitgehen lassen.

Drei Kinder hingegen fielen auf wie bunte Hunde.

Suchte die Polizei mit Fahndungsplakaten nach ihnen, mussten die Leute nicht mal genau hingucken.

Drei Kinder?

Auf einer einsamen Landstraße?

Oder in einem dieser kleinen Supermärkte, die es in Dörfern gab?

Wo jeder jeden kannte und die Wände Augen und Ohren hatten?

Auch eine größere Stadt war für drei Ausreißer ungeeignet. Da war es zwar leichter unterzutauchen, jedoch erheblich schwerer, an ein Nachtquartier zu gelangen. Und es war gefährlicher.

In einer Fernsehreportage hatte Suri vor Kurzem gesehen, dass in den Städten unzählige Obdachlose unterwegs waren und dass unter ihnen oft heiße Kämpfe um die Schlafplätze entbrannten.

Kinder, die von zu Hause getürmt waren, hätten bei denen nichts zu lachen.

Und was, wenn das Geld verbraucht war und sie sich nichts zu essen kaufen konnten? Würden sie es fertigbringen, vor den Läden zu betteln? Konnten sie irgendwo Arbeit finden?

Was, wenn sie krank wurden oder sich verletzten? War es möglich, einfach in eine Arztpraxis zu spazieren oder in ein Krankenhaus? Würde man da nicht sofort Verdacht schöpfen und die Polizei rufen?

»Okay«, sagte Pam. »Ich hab den Schamanen gegoogelt. Er lebt in Aschenhausen.«

Suri fühlte ein leises Flattern in ihrem Innern, wie von einem flügelschlagenden Insekt.

Die Sommerferien standen vor der Tür. Bald würde Pam mit ihren Eltern zu dem Ferienhaus in Norwegen aufbrechen, in dem sie jedes Jahr Urlaub machten.

Bis dahin musste alles erledigt sein.

* Kapitel 8 *

Die Ferien begannen mit strahlendem Sonnenschein und durchwachsenen Zeugnissen. Erik durfte mit seinen Noten megazufrieden sein. Er war der Überflieger der Familie, ohne sich im Geringsten dafür anstrengen zu müssen. Im Gegenteil. Meistens langweilte er sich im Unterricht zu Tode.

Die Eltern erfüllten ihm den Wunsch, keine Klasse zu überspringen, obwohl seine Lehrer seit Jahren dazu rieten. Es war ihnen wichtig, dass er im Kreis seiner Freunde blieb. Aber er nahm an Extrakursen teil, die von der Schule angeboten wurden, um hochbegabte Schüler zu fördern.

Außerdem war Erik einem Schachclub beigetreten und Mitglied der Freiwilligen Feuerwehr geworden, und er besuchte neuerdings einen Experimentierkurs in Chemie an der Uni der Nachbarstadt und lernte Chinesisch, einfach, weil ihm die Schriftzeichen gefielen.

Bjarnes Zeugnis dagegen war eine einzige Katastrophe, und er war lediglich versetzt worden, weil seine Englischlehrerin beide Augen zugedrückt hatte.

Mama hatte ihm eine Standpauke gehalten. »Es ist fünf

Minuten vor zwölf«, hatte sie zum Schluss gesagt. »Nimm das bitte sehr, sehr ernst.«

Dabei fiel Bjarne das Lernen gar nicht schwer. Er hatte bloß keine Lust darauf.

Das Einzige, was ihn dazu veranlasste, wenigstens ein bisschen für die Schule zu tun, war seine Angst davor, die Klasse wiederholen zu müssen und von seinen Kumpels getrennt zu sein.

Suri und Erik wussten das. Wie sie fast alles voneinander wussten. Sie waren eine eingeschworene Gemeinschaft, selbst wenn sie sich häufig zofften. Sobald Ärger drohte, hielten sie zusammen wie Pech und Schwefel.

Bjarne hatte Mamas Ausraster ausgesessen, wie er das immer tat. Hatte ein betroffenes Gesicht zur Schau gestellt und seine wirklichen Gefühle für sich behalten. Als der Sturm sich gelegt hatte, war er in seinem Zimmer verschwunden und hatte sich die nächsten Stunden vorsichtshalber nicht blicken lassen.

Suris Zeugnis hatte die Wogen geglättet.

Gegen die Dauervier in Mathe mit deutlicher Tendenz zu einer Fünf würde sie mit Nachhilfeunterricht angehen müssen. Dafür hatte sie eine glatte Zwei in Deutsch und Englisch und eine Eins in Kunst.

»Es ist mir allerdings ein Rätsel, wie man es schafft, eine Vier in Ethik hinzukriegen«, hatte Mama am Ende säuerlich angemerkt.

Suri hatte sich ein Seufzen verkniffen. Jemand, der nicht selbst Stunde um Stunde im Unterricht von Herrn

Wollenweber ausharren musste, wusste eben nicht, was Leiden hieß.

* * *

Ferien. Endlich.

Bjarne hing an den Nachmittagen mit seinen Freunden rum. Sie genossen das schöne Sommerwetter und waren mit den Rädern unterwegs oder machten die Badekuhle unsicher.

Auch Erik kam und ging, wie es ihm gefiel. Blieb er zu Hause, zog er sich mit seinen Büchern ins Baumhaus zurück, oder er saß wie festgetackert am Laptop.

Bjarne und Suri besaßen inzwischen ihren eigenen Laptop. Erik sollte zu seinem zwölften Geburtstag einen bekommen. Bis dahin durfte er den von Mama benutzen.

Mittlerweile hatte der jedoch bei ihm Wurzeln geschlagen, und es war Mama, die ihn sich auslieh, wenn sie ihn benötigte.

Suri verbrachte die Tage hauptsächlich mit Pam, die ausnahmsweise frei von Terminen war. Der Klavierunterricht und die Reitstunden fielen in den kommenden sechs Wochen aus, ebenso wie das Tanzen und die Gymnastik.

Mama hatte viel zu tun. Als Papa ausgezogen war, hatte sie ihre Halbtagsstelle als Goldschmiedin gegen eine Ganztagsstelle eingetauscht. Ihr neuer Chef war der angesagteste Juwelier der Umgebung und sie schätzte ihn sehr. Sie liebte es, ungewöhnliche Schmuckstücke zu entwerfen und anzufertigen.

Suri, Bjarne und Erik hatten absolut kein Problem mit den mutterlosen Nachmittagen. Im Notfall war Opa in der Nähe, aber es hatte noch keine bedrohliche Situation gegeben, die sie nicht allein bewältigt hätten.

Erik hatte sich einmal die linke Hand verknackst, als er aus dem Baumhaus gestürzt war. Ein andermal hatte Bjarne sich beim Schnitzen fast eine Fingerkuppe abgesäbelt, die im Krankenhaus genäht werden musste. Und Suri hatte letztes Jahr beim Durchschwimmen der Badekuhle einen Wadenkrampf bekommen und wäre beinah ertrunken.

Sie hatten all das überlebt.

Die wichtigsten Telefonnummern waren in ihren Handys gespeichert.

Polizei. Feuerwehr. Hausarzt. Mama. Papa. Opa.

Wahrscheinlich würde Mama demnächst vorschlagen, zusätzlich die Nummer von Klaas zu speichern, doch dagegen würde Suri sich wehren.

Klaas wäre der Letzte, an den sie sich in einer Notsituation wenden würde.

* * *

Am zweiten Ferientag klingelte Pam kurz nach dem Frühstück, um Suri abzuholen. Erik saß bei offener Tür in seinem Zimmer an Mamas Laptop. Man hörte eine Frauenstimme, die chinesische Worte vorsprach, und Erik, der sie wiederholte.

Für Suris Ohren hörte sich das perfekt an. Pam blieb stehen und lauschte.

»Wahnsinn«, sagte sie beeindruckt. »Und das lernt er freiwillig?«

»Sogar mit Begeisterung.«

Suri hatte sich gerade ihren Rucksack geschnappt, als Bjarne die Treppe herunterschlappte.

»Wohin geht's?«, fragte er.

»Wir fahren bloß ein bisschen rum«, schwindelte Suri.

Neben ihr nickte Pam. Vielleicht eine Spur zu eifrig, denn Bjarne schien Verdacht zu schöpfen. Breitbeinig stellte er sich vor die Haustür und versperrte ihnen den Weg.

»Ohne Scheiß?«

Suri hatte die Erfahrung gemacht, dass es oft unnötig war, sich eine Lüge auszudenken, weil die Menschen die Wahrheit sowieso nicht glaubten.

»Wir besuchen einen Schamanen«, gab sie deshalb zu und versuchte vergeblich, Bjarne aus dem Weg zu schieben.

»Jaaa, jaaa«, feixte Bjarne. »Und ich bin der Kaiser von China.« Er runzelte die Stirn. »Einen *was*?«

»Schamanen verfügen über magische Kräfte«, erklärte Erik, der gemächlich die Treppe herunterkam. »Sie können Kontakt zum Jenseits herstellen und zwischen den Lebenden und den Toten vermitteln. Manche sind Heiler und …«

»Danke, Professor«, spottete Bjarne. »Nett, dass du von deinem Thron herabsteigst zu uns normalen Menschen.«

»Ihr kennt einen Schamanen?«, erkundigte sich Erik neugierig, ohne Bjarne zu beachten.

»Mann!« Suri verlor die Geduld. »Ihr nervt!«

»Was wollt ihr bei dem Typen?«, fragte Bjarne, dessen Gesicht deutlich zeigte, dass ihm sämtliche Schamanen der Welt herzlich gleichgültig waren und er nicht mal an sie glauben würde, wenn er einen leibhaftig vor sich sähe. »Geister beschwören?«

»Quatsch«, sagte Pam. »Er ist kein Quacksalber.«

»Sondern?«

»Pams Mutter kennt ihn«, erklärte Suri, die zutiefst bereute, den Schamanen erwähnt zu haben. »Wir sollen ihm was bringen.«

Ein Mädchen, das mit zwei Brüdern gestraft war, durfte jederzeit zu Notlügen greifen, davon war Suri fest überzeugt. Sie waren notwendig, um zu überleben.

Bjarnes Interesse erlosch. Wortlos gab er die Tür frei und schlurfte in die Küche.

»Ihr kennt nicht wirklich einen Schamanen.« Erik feixte. »Ihr wolltet Bjarne bloß hochnehmen, stimmt's?«

Suri nickte.

»Sag's nicht weiter, Bruderherz.«

»Logisch. Wofür hältst du mich?«

Das möchtest du nicht wissen, dachte Suri und verbiss sich ein Grinsen.

* * *

Die Fahrt dauerte eine knappe Stunde. Als Suri vom Rad stieg, fühlten sich ihre Beine wacklig und kraftlos an. Auch Pam lief wie auf Eiern.

Suri setzte die Wasserflasche an die Lippen und trank

durstig. Ihre Wangen waren erhitzt. Sie schob sich die Sonnenbrille ins Haar und sah sich um.

Zwischen den Wiesen.

Ein sonderbarer Name für eine Straße. Die gar keine richtige Straße war. Eher ein Weg mit rissigem Asphalt, der sich an manchen Stellen gehoben hatte. Er führte aus dem kleinen Ort hinaus und einen seichten Hügel hinauf.

Zu beiden Seiten standen kräftige Bäume, deren Äste sich in etwa drei Meter Höhe berührten und ein flirrendes grünes Dach bildeten. Zu ihren Füßen wuchsen dichte dunkle Sträucher.

Unscheinbare Blumen mit zierlichen weißen Sternenblüten säumten den Weg, als hätte die Natur für Suri und Pam ihren schönsten Teppich ausgerollt.

Sie kamen an zwei Häusern vorbei, die einander gegenüberstanden wie Zwillinge, die man getrennt hatte. Beide lagen im lichten Schatten weißer Birken und die Dachziegel waren von Flechten und Moos gefleckt.

»Was glaubst du«, fragte Pam leise, »wohnt da noch jemand?«

»Keine Ahnung«, gab Suri zurück.

Sie fühlte sich seltsam unbehaglich und erwartete insgeheim, dass jeden Moment irgendwas Gefährliches aus den Häusern stürmte, um sie anzugreifen.

Ab und zu hörten sie den Warnschrei eines Vogels, raschelte es im Gebüsch. Aber sie entdeckten keine Menschenseele, nicht mal eine Katze oder einen streunenden Hund.

Oben endete die kurze Allee, und der Weg führte durch blühende Wiesen, die nach Sommer dufteten und in denen es wisperte und summte. Schmetterlinge tanzten in der Luft, die sich schon vor der Mittagszeit rekordverdächtig aufheizte.

Das einzige Haus, das sich hier unter hohe Tannen duckte, musste das des Schamanen sein. Es war noch ein gutes Stück entfernt, trotzdem beschlossen Suri und Pam, die Räder weiterhin zu schieben.

Auf diese Weise konnten sie sich langsam und vorsichtig nähern und beim leisesten Anzeichen von Gefahr die Flucht ergreifen.

* * *

Sie hatten sich nicht überlegt, wie sie vorgehen wollten. Sie hatten sich im Grunde herzlich wenig überlegt. Sie hatten lediglich die Website des Schamanen studiert und dort ein Foto von ihm gefunden, das ihnen Mut eingeflößt hatte.

Er sah nicht aus wie einer, der nach Belieben zwischen der realen und der Geisterwelt hin und her switchte. Er wirkte wie ein Mann, dem man auch auf der Straße hätte begegnen können.

Blaue Augen. Rotblondes Haar, das im Nacken zu einem dünnen Pferdeschwanz gebunden war. Dunkler Bart. Jeans und Sneakers. Schwarzes T-Shirt.

Er war zweiundvierzig Jahre alt und hatte früher ein beliebtes Café in der Nachbarstadt geführt. Bis ihm bewusst geworden war, dass er über außergewöhnliche Fähigkeiten verfügte.

So war er Schamane geworden.

Von Schritt zu Schritt wurde Suri unheimlicher zumute.

»Was, wenn er uns ohne Anmeldung nicht reinlässt?«, fragte sie.

»Meinst du ernsthaft, der hätte einen Termin mit uns vereinbart?« Pam rollte mit den Augen. »Du weißt doch, wie das ist. In unserem Alter brauchen wir für alles eine Erlaubnis von den Eltern, sonst läuft gar nichts.«

Jetzt, wo sie ihrem Ziel immer näher kamen, hätte Suri gern auf dem Absatz kehrtgemacht. Ihr Kopf war wie leer gefegt.

Was sollten sie sagen?

Wie sprach man einen Schamanen an?

Auf einmal erschien ihr der ganze Ausflug absolut blödsinnig. Einen Schamanen bitten, Miranda aus ihrem Leben verschwinden zu lassen? Wie absurd das klang. Ein Schamane war ein Heiler, kein Zauberer.

Sie lehnten die Räder gegen den weiß gestrichenen Lattenzaun, und Suri drückte die Klinke des Törchens hinunter, bevor sie es sich anders überlegen konnte.

»Braves Mädchen«, hörte sie Pams Stimme hinter sich.

* * *

Der Vorgarten war ein verunglücktes Blütenmeer. Unzählige rote, gelbe und weiße Blüten bedrängten einander gegenseitig, dazwischen leuchteten vereinzelte Kleckse von Violett und Blau. Die Pflanzen waren dünn und hochgeschossen im verzweifelten Versuch, sich im Überlebenskampf durchzusetzen und ans Licht zu gelangen.

Opa hätte bei dem Anblick die Krise gekriegt.

Ein Schild wies den Weg zum Atelier des Schamanen, das sich hinter dem schönen alten Backsteinhaus in einer ehemaligen Scheune befinden musste. Im Garten liefen gackernde bunte Hühner umher, die eifrig nach Nahrung pickten. Ein großer honiggelber Hund lag im Schatten eines Kirschbaums, hob träge den Kopf und ließ ihn wieder sinken.

Auf einer angrenzenden Wiese grasten Pferde, die ebenfalls kaum Notiz von den Besucherinnen nahmen. Suri hielt Pam am Arm fest, damit sie nicht hinlief und vergaß, aus welchem Grund sie hier waren.

»Oh«, flüsterte Pam andächtig. »Wie schön sie sind.«

Dann schüttelte sie Suris Hand ab und marschierte energisch den schmalen Weg zum Atelier entlang.

* * *

Die Scheune besaß, ebenso wie das bescheidene Wohnhaus, ein hübsches Reetdach, unter dem Schwalbennester klebten. In das hohe zweiflügelige Tor waren Sprossenfenster eingelassen. Es war weit geöffnet und gab den Blick ungehindert frei in einen weiten, kargen Raum mit wenigen Möbelstücken.

Ockerfarbene Sitzkissen waren auf dem schönen Holzfußboden verteilt. In einer Ecke stand ein schwarzer Kaminofen, an den Wänden hingen Masken unterschiedlicher Kulturen und Instrumente, von denen Suri einige noch nie gesehen hatte.

Sie erkannte Flöten, Rohrpfeifen und Kastagnetten und

in einer anderen Ecke eine Sammlung von Trommeln, nach Größe geordnet, sicherlich zwanzig an der Zahl.

Eine schwarze und eine weiße Katze lagen dekorativ hingestreckt auf einem Sonnenfleck bei der Tür. *Schneeweißchen und Rosenrot*, dachte Suri. *Black and White. Yin und Yang*. Sie war sich sicher, dass nichts in diesem Raum zufällig ausgewählt worden war.

Alles hatte seinen Sinn.

Auch das glänzende schwarze Klavier, das einsam vor einer hohen weißen Wand stand und seine Melodien hütete. Suri wünschte, jemand würde die Tasten befreien und auf ihnen spielen.

Die Töne würden an den Wänden emporklettern und im Raum tanzen, bevor sie sich im Kopf der Zuhörer niederließen und sie glücklich machten oder traurig oder einfach still.

Es gab kein Bücherregal, keinen Schrank, keine Kommode, keinen Tisch. Nichts wies darauf hin, dass hier wirklich einer *wohnte*. Niemand hatte seine Spuren hinterlassen, ein Glas, eine Tasse vielleicht, einen Teller, ein Buch mit eingestecktem Lesezeichen oder eine aufgeschlagene Zeitung.

Die Katzen beobachteten die Besucherinnen aus schrägen, halb geschlossenen Augen. Als wollten sie sagen: Ihr gehört nicht hierher.

»Lass uns abhauen«, flüsterte Pam, die plötzlich ziemlich kleinlaut wirkte.

Doch dazu war es zu spät.

* Kapitel 9 *

Als sie Schritte hörten, drehten sie sich um.

Der Schamane trug Jeans, ein dunkelblaues Hemd mit aufgekrempelten Ärmeln und schwarze Leinenschuhe. Er entsprach dem Foto auf seiner Website, dennoch hatte Suri gedacht, er wäre bei der Arbeit komplett weiß gekleidet.

War gute Magie nicht weiße Magie?

Der gelbe Hund, der vor ihm herlief, hatte keine Ähnlichkeit mehr mit dem apathischen Wesen, das sie bei ihrer Ankunft unter dem Kirschbaum gesehen hatten. Jetzt war er alles andere als träge. Er schnellte hoch und schnappte nach einer Hummel, ohne sie zu erwischen, drehte sich ausgelassen um sich selbst, wälzte sich knurrend im Gras und schoss wieder los, um mit seinem Herrn Schritt zu halten.

»Kann ich euch helfen?«, fragte der Schamane lächelnd.

Seine Schneidezähne standen etwas schief, was Suri ein wenig von ihrer Befangenheit nahm. Vielleicht, weil er durch diesen kleinen Makel nicht ganz so perfekt wirkte, wie sie ihn sich vorgestellt hatte, nicht ganz so – unnahbar.

Sie nickte. Die Stimme war ihr irgendwie abhandengekommen. Auch Pam war ungewöhnlich still.

»Habt ihr angerufen?«, fragte er.

»Nein«, antwortete Suri zögernd. »Wir wollten …«

»… euch zuerst ein bisschen umsehen.«

Gedanken lesen konnte er schon mal.

»Die meisten Menschen wollen das«, sagte er, und sein Lächeln vertiefte sich. »Bevor man unbekanntes Gelände betritt, hat man das Bedürfnis, sich ein Mindestmaß an Sicherheit zu verschaffen. Deshalb erscheinen viele meiner Patienten ein paar Minuten vor ihrem Termin. Um das Umfeld zu erkunden und sich ein Bild von dem zu machen, was sie erwartet.«

»Ich möchte Sie um Hilfe bitten«, wagte Suri einen mutigen Vorstoß. »Ich weiß allerdings nicht, ob ich genug Geld habe, um Sie zu bezahlen.«

Der Schamane blickte sie nachdenklich an.

»Darüber unterhalten wir uns später«, sagte er. »Ich bin Mattheo. Und wie heißt ihr?«

Sie nannten ebenfalls nur ihre Vornamen. Es war besser, wenn er sie nicht mit Pams Mutter in Verbindung brachte. Das würde garantiert eine Reihe von Schwierigkeiten nach sich ziehen.

Als er nach ihrem Alter fragte, antworteten sie ehrlich und mogelten sich nicht älter.

Mattheo.

Der Name passte zu ihm. Er klang warmherzig, zuverlässig. Und unkompliziert.

Wie der Mann, der ihn trug.

Eine Last fiel von Suris Schultern. Auch Pam wirkte befreit.

Drinnen wies Mattheo einladend auf die Sitzkissen und ließ sich selbst geschmeidig auf einem nieder. Der Hund streckte sich auf der Türschwelle aus, nah bei den Katzen, doch nicht zu nah.

»Also?«

Suri durchstöberte ihren Kopf nach den richtigen Worten.

»Wir … ich meine, ich … äh …«, stotterte sie und sah Hilfe suchend zu Pam.

»Wir möchten eine Person verschwinden lassen«, übernahm Pam das Ruder.

»Sie soll nicht wirklich verschwinden«, erklärte Suri rasch.

»Nur aus Suris Leben«, erläuterte Pam. »Ihr Name ist Miranda«, fuhr sie fort, als Mattheo nicht reagierte. Seine Miene war unbewegt. Er ließ nicht erkennen, was in seinem Kopf vorging. »Sie ist die neue Frau von Suris Vater.«

»Und sie ist schwanger«, ergänzte Suri. »Wird die Sache dadurch komplizierter?«

Allmählich wurde seine Zurückhaltung beunruhigend. Suri hätte sie zu gern mit einem Redeschwall überdeckt. Dennoch schwieg sie. Wie sagte Opa immer?

Man kann sich um Kopf und Kragen reden.

Mattheos Schweigen wurde drückend wie die Schwüle vor einem Gewitter. Selbst der Hund schien es als unbehaglich zu empfinden. Er hob den Kopf und schaute sich verwirrt um.

»Wie stellt ihr euch das vor?«, fragte Mattheo schließlich. »Hokuspokus Fidibus – und Miranda löst sich in Luft auf?«

Suri hatte keine konkrete Vorstellung. Das wurde ihr jetzt klar. Blindlings hatte sie den Strohhalm ergriffen, den Pam ihr hingehalten hatte, als sie den Schamanen erwähnte.

»Nicht direkt«, sagte Pam. »Aber Schamanen verfügen über starke Kräfte, hab ich gelesen.«

»Dann hast du sicher auch gelesen, dass sie diese Kräfte positiv einsetzen. Sie heilen. Sie verletzen nicht.«

»Miranda hat damit leider kein Problem«, entgegnete Pam. »Sie hat Suri und ihren Brüdern den Vater weggenommen.«

»Was ist mit deiner Mutter?«, wandte Mattheo sich an Suri. »Will sie ebenfalls, dass Miranda verschwindet?«

Die Frage traf Suri unvorbereitet. Sie hatte sich das nie überlegt. War einfach davon ausgegangen, dass ihre Mutter Papa zurückhaben wollte. Und dass die Geschichte mit Klaas sich erledigt hätte, sobald die Eltern wieder ein Paar wären.

Und Papa?

Würde er überhaupt zurückkehren wollen?

»Sie hat einen Freund«, antwortete sie widerstrebend.

»Deine Brüder«, erkundigte sich Mattheo, »warum haben sie euch nicht begleitet?«

»Sie … wissen gar nicht …«

Es war falsch. Sie hatte nicht das Recht, für ihre Brüder zu sprechen, die keine Ahnung hatten, dass sie hier war und wieso.

Mattheo sah ihr offenbar an, welchen Kampf sie mit sich ausfocht. Seine Augen hielten ihren Blick fest. Sie spürte eine Kraft, die sie umhüllte wie ein weiches Tuch.

»Menschen verändern sich«, sagte Mattheo. »Sie verlieben sich, gründen eine Familie, leben miteinander, und eines Tages bemerken sie vielleicht, dass sich ein unbekannter Weg vor ihnen auftut. Manchmal muss man das Wagnis eingehen, diesen fremden, geheimnisvollen Weg zu betreten. Das bedeutet nicht, dass man die Menschen, die man liebt, hinter sich lässt. Man muss nur eine neue Form des Miteinanders finden.«

»Das heißt, wir sind umsonst gekommen?«, fragte Pam enttäuscht.

Suri hörte einen leisen Vorwurf in ihrer Stimme. Als fühlte die Freundin sich von Mattheo verraten.

»Nichts ist umsonst«, widersprach Mattheo. »Sämtliche Handlungen eines Menschen zusammengefasst ergeben ein Ganzes. Wie bei einem Puzzle. Man erkennt es bloß nicht auf Anhieb.«

»Jeder hat seinen eigenen Lebensteppich«, murmelte Suri.

Als sie Mattheos Verwunderung bemerkte, wurde ihr bewusst, dass sie ihren Gedanken laut ausgesprochen hatte.

Nein, sie waren nicht umsonst gekommen. Dieser Besuch war notwendig gewesen, damit Suri etwas Wesentliches begriff: Ihre Eltern hatten sich längst in einem Leben ohne einander eingerichtet und niemand konnte das ändern.

Sie ertrank in einer Flut an Gefühlen.

Enttäuschung. Trauer. Hoffnungslosigkeit. Wut.

Und mit erschreckender Klarheit erkannte sie, dass sie Miranda und Klaas akzeptieren musste.

»Du brauchst meine Hilfe nicht«, sagte Mattheo sanft. »Ihr könnt euch selbst helfen.« Er schenkte ihr ein ermutigendes Lächeln. »Wenn deine Brüder ähnlich stark sind wie du, werdet ihr das hinkriegen.«

Suri stand auf. Sie musste hier raus. Weg von diesem Mann, der ihre Schwäche mit Stärke verwechselte. Oder sie nicht wahrnehmen wollte. Raus aus dieser Situation, die sich so übel gedreht hatte.

Sie war hergekommen, um Hilfe zu erfahren. Und nun redete der Typ die Trennung der Eltern auch noch schön.

»Wie viel ... ich meine ...«

Sie zog ihr Erspartes aus der Tasche ihrer Jeans.

»Lass stecken«, sagte Mattheo. »Geht aufs Haus.«

Der gelbe Hund begleitete Suri und Pam bis an das Tor. Dort setzte er sich ins Gras und guckte ihnen mit traurigen Augen nach. Wahrscheinlich mochte er Abschiede nicht.

In diesem Moment schloss Suri ihn ins Herz. Und bedauerte, dass sie ihn nicht gestreichelt hatte.

* * *

»Ich hatte mehr von dem Besuch erwartet«, sagte Pam frustriert. »Tut mir leid, dass es nicht geklappt hat.«

Sie schoben die Räder ein Stück, damit sie sich dabei unterhalten konnten.

»War eine Schnapsidee«, antwortete Suri. »Worauf haben wir denn gehofft?«

»Dass es ihm gelingt, Miranda zu beeinflussen.« Pam schien nicht so ohne Weiteres dazu bereit, ihren Plan im Nachhinein in Zweifel zu ziehen. »Er hätte doch erreichen können, dass sie sich in einen anderen Mann verliebt. Zum Beispiel.«

»Es ist zu spät«, sagte Suri.

»Zu spät? Wie meinst du das?«

»Wenn meine Eltern noch etwas füreinander empfinden würden, hätten sie die Trennung längst rückgängig gemacht. Das haben wir nicht bedacht.«

»Du gibst auf?« Pam blieb stehen und sah Suri in die Augen. »Einfach so?«

»Man muss wissen, wann man verloren hat«, murmelte Suri und wich Pams forschendem Blick aus.

Dann kamen ihr die Tränen.

* Kapitel 10 *

In den folgenden Tagen entwickelte Pam weitere Pläne. Sie schlug vor:

Klaas zu ignorieren.

Das Sprechen einzustellen.

Die Hausaufgaben zu verweigern.

Nicht nur an den *Fridays for Future*-Streiks teilzunehmen, sondern überhaupt nicht in die Schule zu gehen.

In einen Hungerstreik zu treten.

Und – das Wichtigste – sich mit Bjarne und Erik zu verbünden.

* * *

Suri fing mit dem letzten Vorschlag an. Sie verabredete ein Geschwistertreffen im Baumhaus, zu dem sie auch die Freundin einlud.

Erik war schon da, als sie die Leiter hochkletterten. Bjarne trudelte, wie meistens, reichlich verspätet ein. Schließlich saßen sie im Schneidersitz um die Obstkiste herum, die ihnen als Tisch diente, und Suri berichtete von dem Besuch bei Mattheo.

»Krass.« Gutmütig ging Erik darüber hinweg, dass seine Schwester ihm ihren Plan nicht nur verschwiegen, sondern ihn auch kaltblütig angeschwindelt hatte. »Ihr traut euch was …«

Bjarne hingegen starrte die Mädchen an, als hätten sie den Verstand verloren.

»Sinnlos«, sagte er, nachdem Suri fertig war. »Mama wird sich von Spielchen nicht beeindrucken lassen.«

»Bist du sicher?« fragte Suri. »Der Plan, mit Klaas zusammenzuziehen, verliert ziemlich schnell seinen Reiz, wenn ihm echter Widerstand entgegenschlägt.«

»Vielleicht ist seine Tochter auch dagegen«, warf Erik ein. »Dann könnten wir uns mit ihr verbünden.«

»Wir wissen nichts über sie«, widersprach Bjarne. »Wahrscheinlich lehnt sie uns genauso ab, wie wir sie ablehnen. Da wird es mit dem Verbünden schwierig.«

»Wär das nicht ein guter Grund, sie endlich kennenzulernen?«, mischte Pam sich ein. »Bei wem wohnt sie? Bei ihrer Mutter oder ihrem Vater?«

»Bei ihrer Mutter«, sagte Erik und überraschte sie alle damit. »Ich habe Mama danach gefragt und nicht lockergelassen, als sie mir ausweichen wollte.«

»Bei ihrer Mutter?«, fragten Suri und Bjarne gleichzeitig. »Wo?«

»In Orfen«, antwortete Erik, als sei es das Selbstverständlichste von der Welt, solche Dinge zu wissen.

Orfen lag um die Ecke, keine zwanzig Kilometer entfernt.

»Wieso hast du uns nichts davon erzählt?«, fragte Bjarne mit vorwurfsvoller Miene.

»Ihr habt nicht gefragt.«

Manchmal war Erik so verschlossen, dass Suri es kaum glauben konnte. In diesem Punkt war er wie Opa.

»Sie haben eine Regelung wie wir«, plauderte Erik unerwartet aus dem Nähkästchen. »Jedes zweite Wochenende verbringt sie bei Klaas.«

»Du weißt nicht zufällig, wann sie das nächste Mal bei ihm ist?«, erkundigte sich Suri. »Dann könnten wir eventuell Kontakt mit ihr aufnehmen.«

Erik schüttelte den Kopf.

»Mama hat ziemlich schnell das Thema gewechselt, als sie gemerkt hat, dass ich sie ausfragen wollte. Schräg, was?«

»Oberschräg«, bestätigte Suri. »Wie soll das mit der Patchworksache denn funktionieren, wenn man sich vorher nie gesehen hat?«

»Seid ihr überhaupt sicher, dass sie zu ihrem Vater ziehen wird?«, fragte Pam.

Das waren sie tatsächlich nicht. Suri notierte es in Gedanken als eine der Fragen, die sie ihrer Mutter stellen mussten.

* * *

Der Anfang war gemacht – sie würden sich gemeinsam gegen Mamas Pläne wehren. Das war ein großer Schritt nach vorn. Über Pams weitere Vorschläge wollte Suri erst in Ruhe nachdenken.

Klaas zu ignorieren, keine Hausaufgaben zu machen und die Schule zu schwänzen würde ihnen allen leichtfallen. Ein Hungerstreik wäre schwerer durchzuziehen, besonders für Bjarne, dessen Leben untrennbar mit Kühlschrank und Vorratskammer verknüpft war.

Und auf das Sprechen zu verzichten? Das konnte Suri sich nicht mal *vorstellen*. Das würde wohl bloß Erik nichts ausmachen.

* * *

Am nächsten Wochenende mistete Mama ihren Kleiderschrank aus.

Was zu schäbig geworden war, um es weiter zu tragen, stopfte sie in einen Müllsack, während sie die Kleidungsstücke, die in Ordnung waren, ihr jedoch nicht mehr passten oder gefielen, für die Altkleidersammlung zurechtlegte.

Sie tat das einmal im Jahr, allerdings erinnerte Suri sich daran, dass das letzte Mal höchstens ein halbes Jahr her war.

Das ließ sie misstrauisch werden.

Wie die auffällige Fröhlichkeit ihrer Mutter. Sie hatte ewig nicht so glücklich vor sich hin geträllert.

Das Ausmisten war eine Vorbereitung auf den Umzug, da war Suri sich plötzlich sicher. Immerhin musste bei einem Umzug gründlich bedacht werden, was man ins neue Zuhause mitnehmen wollte und was nicht, und es erschien ihr durchaus logisch, dass ihre Mutter bei diesen Überlegungen mit lauter unauffälligen Dingen wie Kleidung anfing.

Um keine schlafenden Hunde zu wecken.

Noch war das Zusammenziehen mit Klaas ja keine abgemachte Sache.

Noch …

Was würde als Nächstes drankommen?

Müssten sie bald all die lieb gewonnenen Erinnerungsstücke weggeben, aus denen sie, wie Mama behauptete, *herausgewachsen* waren?

Was war mit den Bilderbüchern, die Suri heiß und innig geliebt hatte? Zerfleddert vom ständigen Anfassen, mit verblassten Schokoladenflecken und steinharten Kaugummiresten auf den Seiten, bewahrten sie zuverlässig den Geruch von damals auf, als Mama und Papa daraus vorgelesen hatten.

Was war mit Emmy, Suris haarloser Lieblingspuppe, die nur noch mit einem Auge klimpern konnte? Und ihrem Teddy Frido, den ihre jahrelange Zärtlichkeit das halbe Fell gekostet hatte?

Und würden einige der vertrauten Möbelstücke dran glauben müssen, die Suri und ihre Brüder umgaben, seit sie auf der Welt waren?

Suri wollte dieses Haus nicht verlassen.

Es war ein Nest, in dem sie sich geborgen fühlte.

Dass ihre Mutter einen Freund hatte, konnte sie notfalls verkraften. Sie hatte sich schließlich auch mit Miranda irgendwie arrangiert. Aber von hier fortzugehn und nie wieder das Haus zu betreten, in dem sie jeden Winkel kannte und liebte … das war unvorstellbar.

»Ist was?«, fragte Mama.

Nach kurzem Zögern faltete sie die rote Bluse zusammen, die Suri immer an eine große, samtene Mohnblüte erinnerte, und legte sie auf den Stapel für die Altkleidersammlung.

»Nö.« Suri lehnte an der Wand des Schlafzimmers. »Ich wundere mich bloß. Hast du nicht erst neulich Sachen aussortiert?«

»Ein Umzug ist eine gute Gelegenheit, gründlich Ordnung zu schaffen«, erklärte Mama.

Ein Umzug?

Sie gab es offen zu!

Der Umzug war also wirklich beschlossene Sache. Sie redete nicht mal drum herum.

»Ich will nicht umziehen«, sagte Suri.

»Manche Dinge …«, Mama zog eine dunkelblaue Leinenhose vom Bügel und hielt sie prüfend ins Licht, »… muss man akzeptieren. Ob sie einem angenehm sind oder nicht.« Sie hängte die Hose in den Schrank zurück.

»Bjarne und Erik wollen auch nicht«, sagte Suri.

Mama stopfte eine ausgeleierte Jogginghose in den Abfallsack. Sie wischte sich erschöpft mit dem Handrücken über die Stirn.

»Du kannst dich doch mit Klaas treffen, sooft du willst. Wieso müsst ihr unbedingt zusammenziehen? Und was ist übrigens mit seiner angeblichen Tochter? Wird die mit uns einziehen?«

Ihre Mutter ließ sich von Suris Hartnäckigkeit nicht in die Enge treiben.

»Das ist noch nicht ganz klar«, murmelte sie und wandte sich einem Stapel T-Shirts zu.

»Was heißt das?«

»Dass es noch nicht ganz klar ist.«

»Was genau ist denn unklar?« Suri blieb beharrlich. »Wir haben eine Regelung mit Papa. Warum ist bei Klaas und seiner Frau ...«

»Hör auf, Suri! Siehst du nicht, dass dieser Moment denkbar ungeeignet ist, um die Geschichte zu besprechen?«

Wie um ihre Worte zu unterstreichen, wedelte sie mit ihrem zartgrünen Angorapulli vor Suris Nase herum. Dem Pulli, den Suri von all ihren Pullis am liebsten mochte, der jedoch trotzdem den Weg auf den Altkleiderstapel fand.

Okay, dachte sie. Soll sie jedes Teil wegschmeißen, das mir gefällt. Und die Möbel gleich mit. Bis nichts mehr von dem da ist, was mir lieb und wichtig ist.

Sie hatte das Gefühl, gegen eine Gummiwand anzurennen, die sie bei jedem Aufprall sachte zurückstieß, ohne im Geringsten nachzugeben.

Suri merkte, wie es in ihr zu brodeln begann. Um einen Ausbruch zu verhindern, atmete sie tief ein und behielt die Luft so lange in der Lunge, wie sie konnte. Dann ließ sie sie langsam durch den Mund entweichen.

Den Trick hatte Opa ihr verraten. Und er wirkte.

Sie hatte sich wieder im Griff.

»Wir wollen nur wissen, woran wir sind«, erklärte sie in ruhigem Ton. »Und wir möchten nicht wie kleine Kinder behandelt werden.«

Ihre Mutter knautschte einen bunt geblümten Rock zusammen und sank auf das Bett. Den Rock drückte sie sich wie einen Schutzwall an den Bauch.

Suri ließ sich neben ihr nieder.

Sie hatte das Gefühl, als seien ihre Rollen für einen kurzen Augenblick vertauscht: Plötzlich war sie die Mutter und Mama war das Kind.

Der Eindruck verflog schnell.

Als Mama sie ansah, war da wieder der Erwachsenenblick, dem nichts entging. Der sogar in Suri hineinschauen konnte.

»Es gibt Entscheidungen, die nicht von Kindern getroffen werden können. Klaas und ich haben uns ineinander verliebt und möchten zusammenleben. Und da es unmöglich ist, euch hier zurückzulassen, werdet ihr euch fügen müssen.«

»Klaas könnte zu uns ziehen. Das Haus ist groß genug.«

»Als Schlossverwalter muss er an seinem Arbeitsplatz wohnen.«

»Wieso?«

»Wahrscheinlich, damit er im Notfall direkt vor Ort ist.«

»Das Schloss ist doch nicht weit von hier und Klaas hat ein schnelles Auto.«

»Schluss jetzt, Suri.« Mama stand auf und hängte den Rock in den Schrank zurück. Wenigstens das. Er stand ihr nämlich sehr gut. »Ich sehe keine andere Möglichkeit.«

»Und wenn Bjarne, Erik und ich ohne dich hierbleiben? Opa könnte zu uns ziehen und auf uns aufpassen.«

Mama nickte.

»Genau. Lässt das Haus verlottern und verwandelt den Garten in einen Dschungel. Das kriege ich ja nie mehr bewohnbar.«

Sie übertrieb schamlos, was Suri in Rage brachte.

»Opas Haus ist nicht verlottert. Es ist … ungewöhnlich. Und sein Garten ist der schönste der Welt.«

Ein elektrisierender Gedanke schoss ihr durch den Kopf.

»Und wenn wir … zu Opa ziehen?«

»Suri! Bitte!«

»Es ist nicht fair, dass andauernd *du* bestimmst!«, schleuderte Suri ihrer Mutter ins Gesicht. »Du behandelst uns, als wären wir dein Eigentum, und wir haben keine Möglichkeit, uns zu wehren.«

»Tut mir leid.« Mama wandte sich ungerührt dem Schrank zu. »Das sind die Regeln.«

Regeln!

Hinter dieses Wort zogen Erwachsene sich zurück, sobald ihnen die Argumente ausgingen und sie sich einfach durchsetzen wollten.

Mit diesem Wort wurden Widersprüche glattgebügelt, Gespräche abgebrochen und Fakten geschaffen.

»*Eure* Regeln«, sagte Suri mit einem bitteren Geschmack im Mund. »Nicht unsere.«

»Himmel noch mal, Suri!« Der schwarze Pulli, den sie hervorgekramt hatte, rutschte Mama aus der Hand, und sie erwischte ihn gerade noch am Ärmel. Der Rest schleifte über den Boden und wischte Wollmäuse auf, die sie wütend abzupfte und angewidert anstarrte, bevor sie sie fallen ließ. »So ist das Leben. Daran kann man nichts ändern.«

»Doch«, widersprach Suri. »Du und Klaas, ihr könntet fair sein.«

»Und was ist mit euch? Da gilt Fairness nicht?«

In diesem Moment erkannte Suri, dass sie verloren hatten. Sie konnten in einen Hungerstreik treten, die Schule schwänzen, die Hausaufgaben verweigern, das Sprechen einstellen, Klaas nicht zur Kenntnis nehmen – der vermaledeite Umzug würde stattfinden, ob sie wollten oder nicht.

Sie stand auf und verließ wortlos das Zimmer.

* Kapitel 11 *

Pam fuhr mit den Eltern in die Ferien, und Mama, die mit ihren Klamotten fertig war, mistete die übrigen Schränke aus.

Suri, Bjarne und Erik erhielten die Anweisung, ebenfalls in ihren Sachen Ordnung zu schaffen und für die Altkleidersammlung oder den Sperrmüll herauszusuchen, was sie nicht mehr benötigten.

Mama hatte dafür einen Samstag eingeplant, der bereits mit schlechter Laune bei allen Beteiligten begann. Bjarne ärgerte sich, weil er ein Treffen mit seinen Kumpels absagen musste. Erik behauptete, von der geplanten Aktion bereits vor dem Frühstück Kopfschmerzen bekommen zu haben.

Suri war einfach sauer.

Widerstrebend öffnete sie ihre Schranktüren und zog die Schubladen der Kommode auf. Sie kramte in den Sachen, die auf ihrem Schreibtisch lagen, durchwühlte die Kisten mit dem gesammelten Spielzeug der letzten Jahre, durchforstete das Bücherregal.

Das hier war ihr Leben.

Das hier war sie.

Wie sollte sie sich bloß von irgendetwas trennen können?

Bei Erik sah es ähnlich aus, ebenso bei Bjarne.

»Ihr müsst euch schon ein bisschen Mühe geben«, meckerte Mama beim Mittagessen, einer dünnen Suppe aus Tiefkühlgemüse, lustlos zusammengekocht, weil selbst Mama, die den ganzen Vormittag im Keller gewerkelt hatte, vom Ausmisten allmählich die Nase voll zu haben schien.

Bjarnes Gesicht sprach Bände. Zwei Löffel und er schob den Teller weg.

»Mann«, beschwerte er sich. »Das ist echt ungenießbar.«

Erik löffelte tapfer weiter. Er war hart im Nehmen.

Mama machte keinen Hehl daraus, dass Kochen nicht zu ihren Lieblingsbeschäftigungen gehörte.

»Wenn Gott gewollt hätte, dass Frauen kochen«, pflegte sie zu sagen, »gäbe es keine Fertiggerichte, keine Restaurants und keinen Lieferservice.«

Aber als Suri Bjarnes Beispiel folgte und ihren Teller beiseiteschob, holte sie die Wassermelone aus dem Kühlschrank, die für den Nachtisch gedacht war. Begeistert fielen sie darüber her.

Nachdem sämtliche Melonenscheiben bis auf die Schale abgenagt waren, kam Mama wieder auf das Problem zu sprechen.

»Ich möchte euch einen Vorschlag unterbreiten«, sagte sie, als wären sie Geschäftsleute an einem Verhandlungstisch. »Was haltet ihr davon, zu Klaas zu ziehen und uns ein halbes Jahr Zeit zu nehmen, um zu sehen, ob unser Zusammenleben funktioniert?«

»Und wenn das halbe Jahr vorbei ist«, fragte Erik, »und es funktioniert nicht?«

»Dann kehren wir in unser Haus zurück.«

»Du willst es nicht verkaufen?«

»Das hatte ich nie vor.«

»Und nicht vermieten?«

»Nur, falls wir gemeinsam beschließen sollten …« Mama legte eine kleine Pause ein, in der sie ihnen nacheinander in die Augen sah. »Nur, falls wir gemeinsam beschließen sollten, bei Klaas zu bleiben.«

»Eher versumpfen die Meere«, brummte Bjarne.

»Haben wir einen Deal?«, fragte Mama, ohne darauf einzugehen.

Schweigen breitete sich aus zwischen ihnen. Suri spürte die Gedanken förmlich, die in den Köpfen ihrer Brüder hin und her sprangen.

Sie war wie betäubt. Niemals hätte sie damit gerechnet, dass Mama verhandeln würde. Und dabei hatten sie nicht mal gestreikt.

»Wo ist der Haken?«, fragte sie leise.

Es konnte nicht anders sein. Es *musste* einen Haken geben.

Wenn Erwachsene sich zu einem Kompromiss bereit erklärten, gab es garantiert irgendwo eine Falle, in die man tappte, sobald einen die Erleichterung über den vermeintlichen Sieg unvorsichtig werden ließ.

»Was habe ich dir getan, Suri?« Mama lehnte sich enttäuscht auf ihrem Stuhl zurück. »Womit habe ich dieses Misstrauen verdient?«

In Suris Kopf ratterte es. Ihr Gehirn listete unaufgefordert eine Reihe von Gründen auf, den mütterlichen Vorschlag mit Skepsis zu genießen. Schließlich lief es doch bei den meisten ihrer Auseinandersetzungen darauf hinaus, dass Mama ihren Willen eisern durchboxte und es hinterher geschickt so aussehen ließ, als hätte sie sich überzeugen lassen.

Mama erhob sich seufzend.

»Denkt darüber nach«, sagte sie und verließ die Küche. »Ich bin im Keller«, rief sie von der Treppe aus. »Falls ihr mich braucht.«

* * *

»Wo ist der Haken?«, wiederholte Suri, als sie mit ihren Brüdern allein war.

»Sie hofft, dass wir uns schleichend an das Zusammenleben mit Klaas gewöhnen und unser Haus irgendwann nicht mehr vermissen«, vermutete Bjarne.

»Ich werde nie aufhören, unser Haus zu vermissen«, murmelte Erik.

»Wenn es regnet«, sagte Suri, »klopfen die Tropfen auf meine Fensterbank. Das ist wie Musik. Und an sonnigen Tagen wecken mich die Lichtstreifen, die durch die Ritzen im Rollo fallen.«

Tapfer blinzelte sie die aufsteigenden Tränen weg.

»Ist im Schloss wahrscheinlich ähnlich«, versuchte

Bjarne sie auf seine ruppige Art zu trösten. Er schob eine Hand über den Tisch und zog sie, kurz bevor sie Suris Hände erreichte, verlegen zurück. »Falls das überhaupt Fensterbänke besitzt.«

»Wir werden nicht direkt im Schloss wohnen«, sagte Erik.

»Sondern wo, du Klugscheißer?«, fuhr Bjarne ihn an.

»In einem der Nebengebäude«, antwortete Erik ungerührt.

»Sag mal ...« Bjarne richtete den Zeigefinger auf Erik, als wollte er ihn erschießen. »Woher weißt du das eigentlich alles? Machst du gemeinsame Sache mit Mama und Klaas?«

»Hör auf«, hielt Suri ihn zurück. »Es hat keinen Sinn, sich gegenseitig an die Gurgel zu gehen.«

»Ist aber doch merkwürdig«, ereiferte sich Bjarne. »Er ist uns immer einen Schritt voraus. Mit dieser Amy war es genauso. Kaum erfahren wir, dass Klaas eine Tochter hat, weiß Erik, dass die bei ihrer Mutter lebt.«

Er setzte seinem Bruder den Finger auf die Brust.

»Was weißt du noch? Wie viel verheimlichst du uns?«

»Ich verheimliche gar nichts.« Erik schlug Bjarnes Hand weg. »Ab und zu schnappe ich irgendwas auf, das ich in dem Augenblick eventuell nicht für wichtig halte. Im richtigen Moment erzähle ich es euch schon.«

Das war typisch Erik.

Er wohnte auf einem fernen Planeten.

»Lass ihn«, sagte Suri zu Bjarne. »Wir sollten uns lieber

darüber unterhalten, wie wir auf Mamas Vorschlag reagieren sollen.«

Das taten sie.

Eine ganze Stunde lang.

Sie redeten sich die Köpfe heiß, ohne zu einem Ergebnis zu gelangen. Es war schließlich Erik, der die Dinge auf den Punkt brachte.

»Es gibt keinen anderen Weg, als auf den Vorschlag einzugehen«, sagte er. »Damit behalten wir die Möglichkeit, nach einem halben Jahr wieder nach Hause zurückzukehren. Tun wir das nicht, wird Mama uns sowieso dazu zwingen, ins Schloss zu ziehen. Ohne Deal ist die Sache dann endgültig gelaufen.«

»Falls es Mama mit ihrem Vorschlag tatsächlich ernst ist«, sagte Bjarne. »Was ich stark bezweifle.«

Suri glaubte ebenfalls nicht wirklich daran.

In brütendem Schweigen betrachteten sie ihre Situation noch einmal jeder für sich. Bjarne saß rittlings auf seinem Stuhl, den Kopf auf die Arme gelegt, und wandte ihnen den Rücken zu. Erik starrte aus dem Küchenfenster, reglos wie eine der Statuen im Museum. Suris Gedanken waberten ungeordnet in ihrem Kopf herum.

Ihre Erfahrungen hinderten sie daran, sich über Mamas Entgegenkommen rückhaltlos zu freuen. Andrerseits konnte sie beim besten Willen keinen Haken an der Sache erkennen. Mama schien wahrhaftig zu einem echten Kompromiss bereit zu sein.

»Wir sollten akzeptieren«, sagte Professor Erik.

Bjarne drehte sich umständlich zu ihnen um. Er sah ein bisschen zerknautscht aus, als seien ihm beim Nachdenken die Augen zugefallen.

»Ich geb dir ungern recht«, maulte er, »aber in dieser Sache bleibt mir nichts anderes übrig.«

Beide guckten Suri an.

»Okay«, sagte sie.

Noch nie hatte sie sich ihren Brüdern so nah gefühlt, ohne glücklich darüber zu sein.

»Einer für alle«, sagte Erik feierlich.

»Alle für einen«, entgegneten Suri und Bjarne.

In diesem Moment fing es an zu regnen.

Dicke Tropfen schlugen gegen das Fenster.

Als wollten sie sämtliche Bedenken wegwischen.

AMY

* Kapitel 12 *

Amys Eltern sagten immer, sie sei ein besonderes Kind. Das fand Amy auch. Nur besondere Menschen wohnen in einem Schloss.

Obwohl sie nicht dauernd in diesem Schloss wohnte, sondern bloß an den Tagen, an denen sie Papa besuchte. Was viel zu selten der Fall war.

Meistens an den Wochenenden.

Und genau genommen wohnte sie dann auch nicht im Schloss selbst, sondern in einem der Gebäude, in denen früher das Gesinde gelebt hatte. So bezeichnete man vor Hunderten von Jahren die Dienerschaft.

Schloss Henriettenburg.

Papa hatte Amy schon mehrmals erklärt, warum das Schloss so hieß. Aber in manchen Augenblicken fiel es Amy schwer, richtig zuzuhören. Dann machten ihre ungeduldigen Gedanken sich selbstständig und flatterten wie neugierige Vögel in sämtliche Richtungen davon.

Schloss Henriettenburg war ein kleines Schloss, keins, das Amy mit seiner pompösen Größe Angst machte. Ein Glück, denn so war nur eine überschaubare Zahl von Angestellten hier beschäftigt.

Viele Menschen auf einmal verwirrten Amy. Dann zog sie sich wie eine Schnecke zurück in ihr Häuschen und wartete ab, bis es wieder ruhiger zuging und sie es wagte, vorsichtig die Fühler auszustrecken.

* * *

Papa war Schlossverwalter und kümmerte sich um alles.

Er rief Handwerker an, wenn etwas repariert werden musste. Besprach die Pflegearbeiten im Park mit den Gärtnern. Die Verwaltungsarbeiten mit den Büroangestellten. Plante die Veranstaltungen, die hier stattfanden – in der Regel im Schlosssaal, bei schönem Wetter im Schlosshof oder im Park.

Manchmal war es ein Konzert, manchmal eine Ausstellung. Manchmal lasen Schriftsteller aus ihren Büchern vor oder ein Hochzeitspaar ließ sich trauen. Dann wimmelte es von Menschen, die gut angezogen waren, Sekt tranken, plauderten, lachten und mit spitzen Fingern appetitliche Häppchen verzehrten.

Für all das und einiges mehr war Papa verantwortlich.

Ab und zu durfte Amy ihn begleiten. In sein Büro, das sich im Verwaltungstrakt befand. In den Turm hinauf, von dem aus man bis zum Horizont gucken konnte. In die Stallungen, in denen die schönsten Pferde der Welt ihr Zuhause hatten.

Und natürlich ins Schloss.

Papa wohnte in einem der Nebengebäude. Oben hatte er ein Zimmer für Amy eingerichtet. Es war komplett anders als ihr Zimmer in Mamas Wohnung. Es war nicht vollgestopft mit Spielzeug, Büchern und allem möglichen Krimskrams, sondern war im Gegenteil ziemlich leer. Es roch anders und fühlte sich anders an.

Vom Bett aus konnte Amy nachts die Sterne sehen. Hier war der Himmel weitaus klarer als in der Stadt mit ihren unzähligen Schornsteinen und Autos, die die Luft verpesteten. Jeden Abend versuchte Amy, die Sterne zu zählen – und schlief jedes Mal dabei ein.

Glücklicherweise wurde sie nach zwei, drei Stunden wieder wach, schälte sich aus der Bettdecke, schlüpfte in Pulli und Jogginghose und wanderte herum.

Sie war ein Nachtkind.

Immer schon gewesen, so weit sie zurückdenken konnte. Sie liebte die Nacht. Den schwarzen Himmel. Das Funkeln der Sterne. Die absolute Stille. Das Wissen, dass die meisten Menschen schliefen.

Außer denen natürlich, die nachts arbeiteten. Den Ärzten und Schwestern in den Krankenhäusern. Den Polizisten, die auch in der Nacht Verbrechen verhindern mussten. Den Rettungssanitätern und Feuerwehrleuten.

Aber die sah man in der Regel nicht.

Die Nacht breitete ihre schwarzen Tücher aus und ließ die Welt verschwinden. Wie eine Zauberin verwandelte sie die Häuser und Bäume in graue Gespenster.

In der dunklen Stille fühlte Amy sich geborgen. Nichts beunruhigte, nichts verwirrte sie, nichts brachte sie aus der Fassung. Es gab nur sie selbst und die Lautlosigkeit und die ruhigen Gedanken in ihrem Kopf.

Die sonst ziemlich laut sein konnten. Und sich oft schrecklich verhedderten. Die der Grund dafür waren, dass Amy andere Menschen häufig nicht verstand und mit ihnen aneinandergeriet.

Manchmal lief sie nachts zu den Pferden, unterhielt sich leise mit ihnen und schlief ab und zu bei ihnen ein. Worüber Papa sich ärgerte, sooft er sie in den Stallungen fand. Weil er glaubte, dass es gefährlich war.

Was, wenn ein Pferd sie verletzte?

Dabei war es viel gefährlicher, in einem der bösen Träume verloren zu gehen, die Amy zu Tode erschreckten. Doch das verriet sie ihm nicht. Sie wollte nicht, dass er plötzlich anfing, rund um die Uhr auf sie aufzupassen.

Anfangs hatte er sie im ganzen Haus gesucht, bevor er auf die Idee gekommen war, in den Ställen nachzuschauen. Mittlerweile ersparte er sich die Suche und ging sofort zu den Pferden hinüber.

Wie gut sie einander kannten. Deshalb hatten sie auch ihr spezielles Vater-Tochter-Ritual, das sie gewöhnlich nach einem kleinen Streit ausführten:

Papa fragte: »Was sind wir?«

Amy antwortete: »Ein Team.«

Papa fragte: »Was für ein Team?«

Amy entgegnete: »Ein tolles Team.«

Und dann klatschten sie sich ab.

Sie waren die zwei Musketiere. Für jetzt und gleich und ewig.

Morgens wurde Amy vom Gesang der Vögel geweckt, die lange vor den Menschen aufwachten. Und spätestens, wenn der erste Sonnenstrahl den Weg zu ihrem Gesicht fand, sprang sie aus dem Bett und lief runter in die Küche.

Um nur ja nichts zu verpassen.

Meistens hatte Papa schon das Frühstück zubereitet. Man stand früh auf hier draußen auf dem Land. Und das Müsli, das Brot, die Eier und die Milch schmeckten umwerfend. Als hätten die saubere Luft und die Sonne den Dingen ein süßeres Aroma gegeben.

Mit dem Tagesbeginn kam das Glücksgefühl.

Amy hatte Lust, die ganze Welt zu umarmen.

Weil das nicht möglich war, führte ihr erster Weg sie zu den Pferden. Sie streichelte ihren Hals und schmiegte das Gesicht an die weichen, zärtlichen Nüstern. Atmete den warmen Stallgeruch ein. Begrüßte Marius, der sich um die Pferde kümmerte. Und manchmal nahm er sich die Zeit, um mit ihr auszureiten.

Amy hatte das Reiten früh gelernt. Anfangs hatte es ihr große Mühe gemacht, das Gleichgewicht zu halten und sich den Bewegungen des Pferds anzupassen, und es fiel ihr noch immer nicht leicht. Allerdings war es mit den Jahren deutlich besser geworden.

Solange sie auf dem Pferderücken saß, bemerkte niemand, dass ihre Zunge beim Sprechen gern über die Wörter stolperte. Dass ihr Körper ihr nicht selbstverständlich gehorchte. Und dass sie in fast allem langsamer war als die meisten Kinder.

Die Pferde waren ihr Ein und Alles.

* * *

Während der Woche vermisste Amy ihren Vater heftig. Ihn. Die Pferde. Und Marius. Sie wünschte sich sehnlichst, jeden einzelnen Tag bei ihnen verbringen zu dürfen.

Warum konnten ihre Eltern nicht weiterhin zusammen in einem Haus wohnen, wie sie es früher getan hatten?

Wieder eine Familie sein. Wenigstens ein bisschen.

Sie wünschte sich das zu Weihnachten, zu Ostern und zu den Geburtstagen.

Es war der einzige Wunsch, den die Eltern ihr nicht erfüllten.

* * *

Amy ging gern zur Schule. Sie wollte lernen, was andere Kinder lernten. Lesen, Schreiben, Rechnen. Sie wollte wissen, was andere Kinder wussten.

Sein, wie andere Kinder waren.

Aber sie begriff, dass ihr das nicht gelingen würde, denn sie war nicht wie sie.

Das hatte sie bereits früh an der Art und Weise erkannt, wie die Leute auf der Straße sie anguckten. Und wie sie rasch wegschauten, wenn ihre Blicke sich trafen.

Den Grund dafür hatte sie bald herausgefunden.

Es hing mit ihrem Äußeren zusammen.

Sie sah anders aus als die meisten Kinder. Amy war kleiner, hatte ein runderes Gesicht und leicht schräg gestellte Augen. Ihre Lider waren dicker und verengten die Augen beim Lachen zu schmalen Schlitzen.

Alle schienen das seltsam zu finden.

Bis auf Mama und Papa.

»Du bist so hübsch«, sagte Mama oft und bedeckte Amys Gesicht mit Küssen. »Du hast das schönste, fröhlichste, ansteckendste, zauberhafteste Lachen auf der ganzen Welt.«

Und Amy musste lachen, weil die Küsse kitzelten.

* * *

Es gab Menschen, die Amy für behindert hielten. Doch das stimmte nicht. Es war nicht wie bei einer Krankheit oder Behinderung, bei denen den betroffenen Menschen etwas fehlte.

Amy fehlte nichts.

Im Gegenteil.

Sie besaß etwas *zu viel*, nämlich ein Chromosom.

Amy hatte nie etwas von Chromosomen gehört und sie sich absolut nicht vorstellen können. Da hatte Papa ihr welche am Computer gezeigt. Sie hatten ausgesehen wie lustige bunte Stäbchen, die ungefähr in der Mitte miteinander verbunden waren.

Wie Chromosomenliebespaare.

Papa hatte ihr erklärt, dass es bei einem Menschen insgesamt sechsundvierzig Chromosomen gibt, die immer zu zweit auftreten, also dreiundzwanzig Paare bilden.

Dann hatte er ihr gezeigt, wie die Chromosomen bei Amy verteilt waren, und sie hatte gesehen, dass beim einundzwanzigsten Chromosomenpaar ein drittes Chromosom hinzugekommen war.

Dieses zusätzliche Chromosom war dafür verantwortlich, dass Amy sich von der Mehrzahl der Menschen unterschied. Dass sie manche Dinge weniger schnell begriff. Sich beim Lernen mehr anstrengen musste als andere Kinder.

Und auf der Straße angestarrt wurde.

Man nannte diese Besonderheit *Trisomie 21* oder *Downsyndrom.*

* * *

»Hab Geduld mit dir«, sagte Mama, wenn Amy ausrastete, weil wieder irgendwas nicht funktionierte, wie sie es wollte. »Lass dir Zeit. Das Leben ist kein Wettkampf, den man gewinnen muss.«

Mama fiel Amy oft auf die Nerven mit ihren Vorschriften, ihrer Strenge und ihren ständigen Zurechtweisungen. Aber manchmal konnte sie ein Engel sein.

Das mit der Geduld war allerdings leicht gesagt.

* Kapitel 13 *

Nachdem Amy auf die Realschule gekommen war, hatte sich vieles für sie geändert. Die Lehrer waren andere gewesen, die Klassenzimmer hatten anders ausgesehen, es hatte auf den Fluren anders gerochen und sich anders angehört, und es hatte von Kindern nur so gewimmelt.

Die meisten Schüler waren Amy fremd gewesen. Selbst in ihrer Klasse war sie auf Kinder gestoßen, die sie nicht kannte, weil sie andere Grundschulen besucht hatten.

Frau Karottke, die Klassenlehrerin, hatte gleich zu Anfang allen erklärt, warum Frau Birkenwein im Unterricht neben Amy am Tisch saß und ihr beim Aufpassen und beim Lernen half.

Frau Birkenwein war eine Sonderpädagogin. Sie unterstützte Amy bei sämtlichen Schwierigkeiten, die in der Schule auftauchten.

Anfangs hatten die Kinder das misstrauisch beäugt und einige hatten sich darüber lustig gemacht. Schließlich jedoch hatten sie sich daran gewöhnt.

Frau Birkenwein hatte Amy bereits in der Grundschule begleitet und Amy hatte Vertrauen zu ihr. Sie mochte ihre ruhige, gelassene Art, zu sprechen und sich zu bewegen.

Vor allem mochte sie ihre Augen, in denen immer ein kleines Lächeln steckte.

Oft war es, als könnte Frau Birkenwein Amys Gedanken lesen. Sie wirkte selten überrascht von etwas, das Amy sagte oder tat. Als hätte sie insgeheim damit gerechnet.

Einmal war Frau Birkenwein krank gewesen und eine Kollegin hatte sie vertreten. Mit der war Amy nicht zurechtgekommen. Sie hatte sich mit Händen und Füßen gegen sie gesträubt und schließlich hatte die Frau während der Stunden hinten in der Klasse gesessen und Amy in Ruhe gelassen.

Als Frau Birkenwein gesund geworden war, hatte Amy sich leichter gefühlt als eine Feder. In den Pausen hatte sie gesungen und war kreuz und quer über den Schulhof geflitzt, damit sie nicht platzte vor lauter Glückseligkeit.

Endlich war alles wieder gewesen, wie es sein sollte.

* * *

Amy liebte Überraschungen, aber sie mochte keine Veränderungen. Das war ein ulkiger Widerspruch, denn ohne Veränderung waren Überraschungen ja gar nicht möglich.

Schon ein Möbelstück an einer anderen Stelle konnte Amy aus der Fassung bringen. Sie wusste gern, wo sich die Sachen befanden, und wenn eine Kommode an einer bestimmten Stelle stand, gehörte sie dorthin, möglichst für immer.

Deshalb liebte sie Papas Wohnung, in der selten umgeräumt wurde.

»Dazu bin ich viel zu faul«, behauptete Papa immer.

Dabei war er überhaupt nicht faul. Im Gegenteil. Er arbeitete so viel, dass er nach dem Abendessen häufig auf dem Sofa einnickte. Und Amy holte eine Decke, breitete sie über ihn und guckte ihm beim Schlafen zu.

Bis sie unruhig wurde und Hände und Füße nicht länger still halten konnte. Und noch für eine Weile zu den Pferden ging.

Die Pferde füllten ihren Kopf mit Ruhe. Die leisen Geräusche, die sie machten, waren in Amys Ohren die schönste Musik, die es gab. Sie rollte sich auf dem Stroh zusammen und hörte den wohligen Lauten zu, die sich mit der Stallwärme mischten und sie umhüllten wie ein schützendes Tuch.

Hatte sie Glück, wurde Papa erst am nächsten Morgen wach und sie durfte die ganze Zeit bei den Pferden bleiben.

Wachte er in der Nacht auf, kam er in den Stall, hob Amy hoch und trug sie ins Haus. Er legte sie in ihr Bett, wie sie war, in Jeans und T-Shirt, deckte sie fürsorglich zu und schlich auf Zehenspitzen hinaus.

* * *

Das Leben bei Papa war komplett verschieden von dem bei Mama. Das Schloss stand allein in einem Park, der so riesig war, dass Amy sich anfangs in ihm verlief. Weite Rasenflächen. Künstliche Seen. Beleuchtete Springbrunnen. Ein Labyrinth aus mächtigen Buchenhecken. Darin verträumte Nischen mit steinernen Bänken zum Ausruhen und alten, überlebensgroßen Steinskulpturen zum Betrachten.

All das umrahmt von einem Wald, in dem Feen, Elfen, Einhörner und Zauberer hausten, davon war Amy überzeugt.

Ihr Vater widersprach ihr nicht. Er versuchte niemals, ihr etwas auszureden, das sie sah oder spürte oder von dem sie einfach *wusste*, dass es da war. Weil er selbst Dinge sah, spürte und wusste, an die andere nicht glaubten.

»Es gibt Dinge, die muss man in seinem Herzen bewahren«, hatte er Amy einmal erklärt. »Die sind nur für einen selbst bestimmt.«

Amy bewahrte Tausende von Dingen in ihrem Herzen auf. Es war ein Wunder, dass so vieles in einem einzigen Herzen Platz fand.

Dass sie den Mond singen hörte. Dass manche der Wolken verkleidete Vogelschwärme waren. Dass man die Dunkelheit anfassen konnte. Oder dass jeder Mensch seine eigene Farbe hatte, die ihn wie eine zweite Haut umgab. Blau. Rot. Grün. Gelb. Violett. Golden.

Sogar regenbogenfarben.

Sie hatte sich daran gewöhnt, dass die meisten über diese Dinge nichts wussten. Daran, dass Mama beim abendlichen Vorlesen nicht zu spüren schien, wie von ihrem Körper ein Strom von Wärme ausging, der Amy umfloss und schläfrig machte.

Sie hörte anscheinend auch nicht, dass Amys Gedanken manchmal knisterten und summten wie alte Stromleitungen.

Niemand hörte es.

Irgendwann hatte Amy begriffen, dass es kein Unglück war, Dinge wahrzunehmen, die kaum jemand sonst bemerkte. Irgendwann verstand sie, dass es sie zu dem Mädchen machte, das sie war.

* * *

Der Schlosspark war umgeben von Feldern. Erst danach kamen die ersten Häuser. Die Straßen. Die Autos. Busse und Motorräder. Die Geschäfte. Und die Leute, die in ihnen einkauften.

Hinter dem Schlosspark fing die Welt an, in der Amy lebte, wenn sie nicht gerade das Wochenende oder einen Teil der Ferien bei ihrem Vater verbrachte.

Diese Welt war bloß ein paar Kilometer weit weg – und unendlich weit entfernt.

* * *

In Orfen gab es hohe Häuser, einen Bahnhof und vier Kinos. In dem Straßengewirr und Menschengewimmel fand Amy sich mittlerweile gut zurecht. Dennoch war sie froh, mit ihrer Mutter am Stadtrand zu leben, im oberen Stock eines Vierfamilienhauses.

Der Lärm der Stadt reichte bis hierher. Man hörte das immerwährende Raunen der Autobahn, das Sirenengeheul der Rettungswagen, die zu einer der beiden Kliniken rasten, die Flugzeuge, die auf dem nahe gelegenen Flughafen starteten und landeten.

In den Nächten war es ruhiger. Guckte man aus dem Fenster, sah man über der Stadt eine flimmernde Glocke aus Licht.

Eine wirklich schwarze Nacht gab es hier nie.

Und nie war es vollkommen still.

***

Amy hatte sich an die beiden unterschiedlichen Leben gewöhnt, das bei Mama und das bei Papa. Als kleines Kind hatte sie sich gewünscht, zaubern zu können. Um ihre Eltern wieder zusammenzuhexen.

Doch die einzigen Zauberkunststücke, die sie beherrschte, verdankte sie einem Zauberkasten, den sie zu ihrem sechsten Geburtstag geschenkt bekommen hatte.

Babyfuzzikram.

Damit konnte sie höchstens kleine alberne Vorführungen veranstalten, nicht aber den Riss zwischen den Eltern kitten.

***

Und nun hatte Papa sich in eine andere Frau verliebt. Das hatte er schon mehrmals getan, nur schien es diesmal für länger zu sein.

Womöglich sogar für immer.

Wenn er von Theo sprach, leuchteten seine Augen, und seine Stimme wurde warm und weich.

Theo hieß eigentlich Theodora. Weil sie den Namen nicht mochte, hatte sie ihn abgekürzt. Das war das Erste, was Amy an ihr gefallen hatte.

Das Zweite war Theos Herzlichkeit gewesen. Amy hatte vom ersten Moment an das Gefühl gehabt, diese Frau zu kennen. Obwohl sie einander nie zuvor begegnet waren.

Und dann war da Theos Beruf. Der hatte Amy umgehauen.

Theo war Goldschmiedin.

Kurz nach dem Kennenlernen hatte sie Amy in die Werkstatt mitgenommen, um ihr zu zeigen, wie sie arbeitete. Im Laden war ausnahmsweise kein Kunde gewesen, und Amy hatte andächtig die in Glaskästen ausgestellten Schmuckstücke betrachtet, die im hellen Licht der Lampen glitzerten und funkelten.

Es war gewesen wie in Tausendundeiner Nacht. Schimmerndes Gold. Kühl glänzendes Silber. Rubine. Smaragde. Opale. Saphire. Diamanten. Perlen.

Ein sanftes Feuerwerk an Farben.

Kurz darauf hatte die Dame hinter der Verkaufstheke Amys Aufmerksamkeit erregt. Sie hatte so vornehm gewirkt, dass Amy nicht anders gekonnt hatte, als sie anzustarren.

Sie trug einen engen schwarzen Rock mit einer strahlend weißen Bluse und die randlose Lesebrille vorn auf ihrer Nase hing an einer Goldkette mit lauter blitzenden Diamanten. Ihre Hände waren lang und schmal, die Fingernägel dunkelrot lackiert. Die silbrigen Haare umgaben ihr Gesicht wie ein Helm. Kein Windstoß der Welt hätte sie durcheinandergebracht.

Lächelnd hatte sie Amy erlaubt, sich eine kleine Tüte mit Gummibärchen aus einer Keramikschale zu fischen, die Amy sich alle gleichzeitig in den Mund gesteckt hatte.

* * *

Theo arbeitete an einem alten Holztisch mit unzähligen Sachen. Amy hatte selten ein solches Durcheinander gesehen. Zangen. Scheren. Lupen. Ein Gerät mit Aufsätzen zum Schleifen und Polieren. Pinzetten und Stifte in sämtlichen Größen. Kleine Schrauben und winzige Schräubchen.

Sie hatte Theo zugehört, die ihr erklärte, wie ein Bunsenbrenner und eine Lötlampe funktionieren. Sie hatte sich die Schutzbrille zeigen lassen, die Theo bei manchen der Arbeiten trug, damit sie sich die Augen nicht verletzte. Und sie durfte die Lupenbrille aufsetzen, die selbst das winzigste Häkchen riesenhaft vergrößerte.

Staub vom Sägen, Schleifen und Hämmern hatte sich, zusammen mit schorfigen, dunklen Brandflecken, tief in das Holz des Tisches eingefressen. Staunend war Amy mit den Fingern über die Landschaft der Einkerbungen und Erhebungen gefahren.

Sie hatte ein Wohlbehagen und eine Ruhe empfunden wie sonst nur bei den Pferden. Eine innere Stille, die sie schwer und satt machte und gleichzeitig leicht wie einen Luftballon.

Eine Weile hatte sie Theo beim Arbeiten zusehen dürfen.

Theo hatte einen Ring poliert, einen breiten silbernen Ring mit einem großen Edelstein, der durchsichtig war wie klares Eis.

Ein Bergkristall, hatte Theo gesagt, und in Amys Vorstellung war ein hoher, schmaler, schneebedeckter Berg erschienen, auf dem vor winterblauem Himmel das Kristallschloss einer Eisprinzessin stand.

»Gefällt dir der Stein?«, fragte Theo lächelnd, den Ring prüfend gegen das Licht haltend, das durch das hohe Fenster fiel.

Amy nickte stumm. In dem ganzen Staunen und Glücklichsein waren keine Worte vorhanden.

»Mir auch«, verriet Theo. »Der Bergkristall ist mein Lieblingsstein.«

Von diesem Moment an hatte Amy gewusst, dass sie Theo vertrauen konnte.

Da war Theo, da waren die Eltern, und Amy stand genau in der Mitte des Dreiecks. Gehörte zu Mama, zu Papa – und ein bisschen bereits zu Theo.

Sie wünschte sich, sie wären eine Familie, doch das war unmöglich. Mama und Papa zusammen, das war vorbei. Jeder von ihnen wohnte woanders, und Amy bewegte sich zwischen ihnen wie ein Papierschiffchen, das auf dem Wasser trieb.

Mal dahin, mal dorthin.

»Warum können wir nicht gemeinsam hier wohnen?«, fragte sie Papa trotzdem an einem ihrer Wochenenden. »Du, Mama, Theo und ich?«

Papa schüttelte den Kopf.

»Magst du Mama nicht mehr?«

»Ich mag sie sogar sehr und werde nie aufhören, sie zu

mögen. Aber das mit dem Zusammenleben kriegen wir nicht hin. Hast du vergessen, wie oft wir uns gestritten haben?«

»Versöhnt euch einfach.«

»Amy … Liebes …«

Sie verstand es nicht. Wollte es nicht verstehen. Sie hatte es gern, wenn die Dinge geordnet und vertraut waren und sich nicht veränderten.

Mamas Wohnung – Papas Wohnung.

Die Stadt – das Land.

Das Mietshaus – das Schloss.

Die Grundschule – die Realschule.

So viel. So viel. Und alles durcheinander und fremd.

»Das Schloss ist groß genug«, beharrte Amy eigensinnig. »Da ist Platz für eine Fußballmannschaft.«

Sie saßen draußen. Frühlingsblüten sprenkelten die Bäume im Park, die schon von einem zarten grünen Schimmer umhüllt waren. Der Blick reichte in die Ebene hinunter und bis ans Ende der Welt.

Das hatte Amy zumindest früher geglaubt, als sie noch klein und dumm gewesen war.

Inzwischen wusste sie natürlich, dass die Welt nicht da zu Ende war, wo der Blick aufhörte. Dass es hinter dem Horizont weiterging. Weiter und weiter. Denn die Erde war eine Kugel.

Auf Papas Schreibtisch stand ein Globus, auf dem man das gut erkennen konnte. Darauf war alles geordnet: die Meere, die Wüsten und Berge, die Erdteile, die Länder.

»Hey. Wo bist du mit deinen Gedanken?«, fragte Papa.

Es war oft so. Dass Amys Gedanken auf Reisen gingen. Und sie vergessen ließen, was kurz vorher gewesen war oder worüber sie sich gerade unterhalten hatte.

Die Erde war eine Kugel.

Für den Augenblick war das allein wichtig.

Kapitel 14

Doch warum hatte sie das Gefühl, ihren Vater bei einer Lüge ertappt zu haben? Dabei, ihr etwas zu verschweigen, was ja auch eine Art Lüge war?

Für einen winzigen Moment hatte sie Unsicherheit in seinem Gesicht bemerkt. Er war ihrem Blick ausgewichen, hatte zuerst aus dem Fenster geguckt und dann auf seine Uhr.

Dass Amys Gedanken wieder umhergesprungen waren, hatte ihm dabei geholfen, sie vom Thema abzulenken.

Hey. Wo bist du mit deinen Gedanken?

»Heute hier, morgen da, übermorgen in Amerika«, sang Amy kurz darauf flüsterleise in Karlottas Ohr.

Karlotta war ihre Lieblingsstute, aber das ließ Amy die übrigen Pferde nicht spüren, um ihnen nicht wehzutun.

»Heute hier, morgen da …«

Karlottas Ohr zuckte. Davon wurde Amy aus irgendeinem Grund traurig, obwohl sie es sonst lustig fand. Karlotta spürte das sofort. Sie gab ein tröstendes Schnauben von sich und stupste sie aufmunternd an.

Amy musste grinsen.

Die Pferde heiterten sie immer auf. Sie schafften es

sogar, die Kopfschmerzen verschwinden zu lassen, die sie ab und zu quälten.

Jeder Mensch, dachte Amy, sollte ein Pferd haben. Jeder.

* * *

»Hol deine Jacke«, sagte Papa eine Woche später nach dem Samstagsfrühstück. »Beeil dich.«

»Warum?«, fragte Amy. »Wieso? Weshalb? Was ist los?«

So, wie Papa sie ansah, handelte es sich bestimmt um eine Überraschung. Aufregung und Vorfreude blubberten in ihrem Innern. Es war kaum auszuhalten. Sie warf die flatternden Hände in die Luft.

»Wir machen einen Ausflug«, erklärte Papa.

»Einen Ausflug?« Amy stand da und drehte die Hände wild hin und her. »Wohin?«

Ein Blick aus dem Küchenfenster zeigte ihr, dass der Jeep draußen stand. Papa musste ihn bereits vor dem Frühstück aus der Garage geholt haben.

»Verrate ich nicht.«

Amys Arme bewegten sich jetzt wie Windmühlenflügel. Schnell und schneller. Sie konnte einfach nicht still halten und ihre Jacke nicht holen. Sie musste die Arme durch die Luft sausen lassen, weiter und weiter, konnte nicht aufhören.

Papa, der den Tisch abgeräumt hatte, trat auf sie zu und hielt sie sanft an den Handgelenken fest.

»Amy«, sagte er leise. »Amy.«

Vielleicht wäre sie aus dem Fenster gesegelt und hätte

sich wie ein Adler in die Lüfte erhoben, wenn er sie nicht zurückgeholt hätte. Vielleicht wär sie auf und davon geflogen.

Nirgendwohin.

Ins Weite.

Amy war froh, dass er das nicht zugelassen hatte.

»Komm.«

Papa nahm ihre Jacke vom Garderobenhaken, doch Amy war längst draußen, beim Auto. Es war nicht abgeschlossen. Hier war selten etwas abgeschlossen. Meistens standen Fenster und Türen offen.

Nur die vom Schloss nicht.

Alles, was sich im Schloss befand, war kostbar und musste geschützt werden.

Amy setzte sich auf den Beifahrersitz. Sie schnallte sich an, und ihre Hände malten aufgeregte Zeichen in die Luft, die keiner lesen und niemand verstehen konnte, nicht einmal sie selbst.

* * *

Schon als sie auf den Parkplatz fuhren, hörten sie das vielstimmige Hundegebell, und Amy musste nicht erst das Wort entziffern, das in Großbuchstaben auf einem Schild am Zaun prangte, um zu wissen, wo sie sich befanden.

TIERHEIM.

Sie stieg aus und hüpfte auf einem Bein hin und her. Die Sonne schien aus Leibeskräften. Eine einsame weiße Wolke hing am blauen Himmel. Sie hatte einen bauschigen Rand und sah hübsch aus. Wie eine Frisur ohne Gesicht.

Amy mochte Wolken. Keine Wolke war wie die andere. Es war wie bei den Menschen. Die waren auch verschieden. Amy sagte sich, dass gerade keine Zeit für Wolken war. Das Kläffen der Hunde zog sie magisch an.

Im Zoo war sie oft gewesen, in einem Tierheim dagegen noch nie. Sie schob ihre Hand in die von Papa, die sich warm und stark anfühlte und ihr endlich half, mit dem Herumhüpfen aufzuhören.

* * *

Die Welpen wuselten und kugelten durcheinander. Es war schwer zu erkennen, wo das eine Tier anfing und das andere aufhörte.

Amy setzte sich auf den Fußboden und schaute ihnen zu.

»Die Kleinen sind inzwischen alt genug«, erklärte die Frau vom Tierheim, die Frau Kluge hieß.

Ihre Augen waren rot gerändert. Vielleicht war sie erkältet. Oder sie hatte schlecht geschlafen. Oder war überarbeitet. Bei Papa war das häufig der Fall.

»Sehr gut«, sagte er lächelnd.

Alt genug? Wofür? Und warum war das sehr gut?

»Sie sind bei uns geboren worden. Die Mutter kümmert sich rührend um sie. Bloß werden sie allmählich flügge und höllisch anstrengend, wie Sie sehen. Deshalb achten wir darauf, dass die Hündin ab und zu eine Weile für sich sein kann, um sich von den Strapazen zu erholen. Im Augenblick ist sie mit einer Mitarbeiterin im Garten.«

Einer der Welpen löste sich aus dem Knäuel und startete

eine Erkundungstour. Er hatte kakaobraunes Fell und je einen niedlichen weißen Fleck auf Brust und Stirn. Seine Geschwister folgten ihm, einer nach dem andern. Im Nu hatten sie sich im gesamten Raum verteilt.

Der Fußboden war gelb gefliest. Es gab keine Möbel, lediglich ein paar zusammengewürfelte Sessel mit angenagten Armlehnen, ein abgeschabtes graues Sofa und mehrere mit Decken und Tüchern gepolsterte Schlafkörbe.

Überall lag Spielzeug verstreut. Plüschtiere. Hartgummibälle. Zerfetzte Kartons. Zerbissene Pantoffeln. Schnuffeltücher.

Ein richtiges Hundekinderzimmer.

Amy wusste nicht, wohin sie zuerst gucken sollte. Man konnte die Knirpse unmöglich gleichzeitig im Blick behalten. Sie griff nach einem kleinen roten Ball und versetzte ihm einen Stoß.

Drei Welpen stürzten sich darauf und balgten sich knurrend darum. Zwei andere zerrten an einem kaputten Stofftier, das einmal ein Elch gewesen sein musste. Der sechste – der mit den beiden weißen Flecken – sah ihnen eine Weile unschlüssig zu, näherte sich dann Amy und beäugte sie mit schräg geneigtem Kopf.

Amy verhielt sich absolut still. Sie wagte kaum, Luft zu holen.

Tollpatschig kletterte er über ihre im Schneidersitz gekreuzten Beine, leckte ihr mit seiner winzigen rauen Zunge über die Hand, rollte sich seufzend in ihrer Kniebeuge zusammen und schlief auf der Stelle ein.

* * *

So etwas hatte Amy noch nie gefühlt. Sie war plötzlich ganz ruhig, hatte nicht das Bedürfnis, aufzuspringen und loszurennen, wollte nicht reden, nicht singen, nicht schreien, nicht lachen.

Sie wollte nur hier sitzen und diesen Winzling betrachten.

Er schlief tief und fest, schnarchte sogar ein bisschen. Vorsichtig streichelte Amy seinen Rücken.

Wie warm er sich anfühlte!

Wie schmetterlingsleicht er atmete!

Und wie gut er roch!

Jetzt wurden seine Geschwister aufmerksam und versuchten, ihn mit Bellen und Winseln zu locken. Er ruckelte sich ein bisschen zurecht, legte den Kopf auf Amys Bein und blieb, wo er war.

»Du hast eine Eroberung gemacht«, sagte Frau Kluge schmunzelnd. »Er mag dich.«

Er mochte sie.

Freude rieselte in Amys Bauch und breitete sich wohlig darin aus. Am liebsten wäre sie ewig hiergeblieben.

Was natürlich nicht möglich war.

Sie blickte zu ihrem Vater auf.

»Können wir ab und zu herkommen, Papa? Und ihn besuchen?«

»Dazu gibt es keinen Grund«, sagte er und wechselte einen Blick mit Frau Kluge.

Amy merkte, wie ihre Augen sich mit Tränen füllten.

»Bitte«, flüsterte sie.

Dabei wäre sie am liebsten aufgesprungen, hätte Papa ordentlich durchgerüttelt und *Doch, doch, doch!* gebrüllt. *Es gibt einen Grund! Und was für einen! Der Grund ist schokoladenbraun und hat einen weißen Fleck auf der Stirn und einen auf der Brust!*

Papa ging neben ihr in die Hocke und kraulte das müde runde Hundeköpfchen behutsam mit den Fingerspitzen.

»Dazu gibt es deshalb keinen Grund, weil wir ihn mitnehmen können«, sagte er. »Falls du das willst.«

Zwei Tränen liefen über Amys Gesicht, und sie leckte sie auf, weil ihre Hände nicht frei waren. Der Hund hatte sie zu seinem Schlafplatz auserkoren, alle viere von sich gestreckt.

MITNEHMEN?

Falls sie das WOLLTE?

MITNEHMEN?

»Für immer?«, fragte sie.

Obwohl sie die Antwort kannte, bevor Papa nickte.

* * *

Zu Hause sah sie, dass Papa heimlich sämtliche Vorbereitungen getroffen und alles besorgt hatte, was nötig war, wenn ein junger Hund einzog. Ein Körbchen. Eine weiche Decke. Spielzeug. Futter. Fressnäpfe. Und eine Transporttasche.

Marius hatte die Sachen in der Zwischenzeit aus dem Versteck geholt und in die Küche gebracht. Er hatte von Papas Plan gewusst und nichts verraten.

Kein Sterbenswort.

»Du bist ein alter Lügner«, sagte Amy glücklich. »Und ein Betrügner.«

Sie merkte selbst, dass mit dem letzten Wort etwas nicht stimmte. Es passierte oft, dass sie die Buchstaben nicht ganz korrekt zusammensetzte.

Heute war es ihr schnurzpiepegal.

Marius drückte sie an sich und lachte. Er roch nach den Pferden und nach Stall, und zum ersten Mal bat Amy ihn nicht, mit ihr auszureiten.

Sie hatte keine Zeit.

Sie musste sich um ihren Hund kümmern.

***

Nachdem er überall herumgeschnüffelt und jeden Raum und jeden Winkel erkundet hatte, legte er sich auf die Decke, die Amy ihm in der Küche ausgebreitet hatte. Er war so erschöpft, dass er sofort einschlief.

Papa hatte unterwegs Brötchen gekauft und ihr köstlicher Duft lag einladend in der Luft. Sie deckten den Tisch und versuchten, nicht zu laut mit dem Geschirr zu klappern.

»Er braucht einen Namen«, sagte Papa, als sie einander am Tisch gegenübersaßen.

Daran hatte Amy noch gar nicht gedacht. Namen ratterten durch ihre Gedanken. Tim. Benno. Hugo. Sam. Charly. Bobby. Kasimir.

»Was meinst du«, fragte Papa, »wonach sieht er aus?«

Er war der Kleinste unter den Geschwistern gewesen.

Und der Moppeligste. Vielleicht war er der gutmütige, gemütliche Typ, der einen gutmütigen, gemütlichen Namen verdiente.

»Kügelchen?«, schlug Amy vor.

»Passt tatsächlich.« Papa schmunzelte. »Aber irgendwann wird er erwachsen und verliert seinen Babyspeck. Dann passt *Kügelchen* nicht mehr.«

»Glaubst du, er wird ein großer Hund?«

»Wahrscheinlich«, antwortete Papa. »Seine Mutter ist ziemlich groß. Und schau dir seine Pfoten an. Die sind breit und kräftig. Auch das spricht dafür, dass er groß werden wird.«

»Also muss er einen großen Namen haben«, beschloss Amy. »Einen, in den er reinwachsen kann.«

Papa gab ihr einen Kuss auf die Wange. Sie erwiderte ihn flüchtig.

Schwierig, das mit den Namen. Sie würde sich da richtig reinknien müssen.

In der Nacht wurde Amy wach. Sterne funkelten am Himmel und der Mond war fast rund und goss sein kaltes Licht auf die Erde. Amy war sich nicht sicher, ob sie den Mond mochte. Manchmal, wenn sie ihn lange betrachtete, wurde er ihr unheimlich, und sie fing an zu frieren. Sogar im Sommer.

Er gab ihr das Gefühl, allein zu sein. Allein in ihrem Bett. Allein im Haus.

Allein auf der Welt.

Sein Licht erhellte ihr Zimmer, sodass sie alles darin erkennen konnte, ohne die Nachttischlampe anzuknipsen. Sie rollte sich auf die Seite und warf einen Blick auf den Holzfußboden.

Nein. Es war kein Traum gewesen.

Es war Wirklichkeit. Neben ihrem Bett stand der Hundekorb, aus dem leise Schnarchgeräusche drangen.

»Nicht ins Bett!«, hatte Papa dem neuen Mitbewohner eingeschärft, als er ihm und Amy Gute Nacht gesagt hatte. »Verstehst du, kleiner Mann? Hunde – Gehören – Nicht – Ins – Bett!«

Über den *kleinen Mann* hatte Amy sich halb totgelacht. Und sie hatte gedacht, dass *Kleiner Mann* ein super Name wäre, falls der Winzling winzig bleiben würde.

Sie hatte einen Arm aus dem Bett hängen lassen, damit er nicht das Gefühl hatte, allein zu sein, und war eingeschlafen

Sie wurde davon wach, dass er sich regte und suchend den Kopf drehte. Er fiepte leise, und Amy wusste, dass er seine Mutter und die Geschwister vermisste. Sie konnte seine Angst und seine Einsamkeit spüren. Erst recht bei diesem Mondlicht überall.

Sie glitt aus dem Bett und streichelte ihn.

»Pscht … pscht …«

Neben dem Korb streckte sie sich aus und schlief wieder ein.

Gegen Morgen merkte Amy, dass der Kleine aus seinem

Korb geklettert war und sich an ihren Bauch geschmiegt hatte. Ihr war kalt und der Rücken tat ihr vom Liegen auf dem harten Holzfußboden weh.

Da hob sie den Kleinen auf und kroch mit ihm ins Bett.

* * *

»Okay«, sagte Papa, als er sie am Morgen weckte. »Vielleicht habe ich mich ja geirrt und kleine Hunde gehören doch ins Bett.«

Er meinte das nicht wirklich ernst, und eigentlich mochte Amy es nicht, wenn jemand etwas anderes sagte, als er dachte. Es brachte sie durcheinander. Doch diesmal fand sie es in Ordnung, denn es bedeutete, dass ihr Bett nicht länger verbotene Zone für Hundebabys war.

»Ich weiß jetzt seinen Namen«, verkündete sie beim Frühstück.

»Tatsächlich?«

Neugierig beugte Papa sich vor. In seinem Mundwinkel hing ein bisschen Joghurt von seinem Müsli. Er leckte ihn auf, als wär er selbst ein Hund. Oder ein Kater. Oder ein anderes Tier mit einer langen Zunge.

»*Teddy*«, sagte Amy, bevor ihre Gedanken weiter auf Wanderschaft gingen.

»*Teddy*?«

»So sieht er aus, findest du nicht?«

Papa warf einen prüfenden Blick auf den Hund, der sich auf seiner Decke ausgestreckt hatte und zufrieden an den Fransen nagte.

»Der Name ist wie ein Umhang«, erklärte Amy. »Darin hat er noch als ausgewachsener Hund Platz.«

»In *Teddy*?«

Begriffsstutzig sah Papa sie an.

Amy rutschte hibbelig auf ihrem Stuhl hin und her. Warum kam er nicht darauf? Lag es nicht klar und deutlich auf der Hand?

»Natürlich nicht! Später nennen wir ihn *Ted.*«

Papa beugte sich vor und zog sie in die Arme. Dann ließ er sie los und schob sich einen übervollen Löffel Müsli in den Mund.

Amy hätte wetten mögen, dass Tränen in seinen Augen glitzerten.

Sie verstand andere Menschen oft nur mit Mühe oder überhaupt nicht. Aber dass sie Papa nicht verstand, kam selten vor. Sie hatte Teddys Namen gefunden – das war doch kein Grund für Tränen.

✻ Kapitel 15 ✻

Teddy war der Anlass dafür, dass die Eltern sich am Telefon in die Haare gerieten. Als Mama Amy am darauffolgenden Wochenende zu Papa brachte, fingen sie wieder an zu streiten. Mama kam dazu nicht ins Haus, sondern blieb draußen vor der Tür stehen wie eine wildfremde Besucherin.

Sie mussten ziemlich laut sprechen, denn Teddy verbiss sich fiepend, bellend und knurrend in sämtliche Hosenbeine, weil er nicht wusste, wohin mit seiner Freude.

Mama versuchte, ihn abzuwehren, was kompliziert war, da sie vermeiden wollte, ihn anzufassen. Sie hatte eine Allergie gegen Hunde- und Katzenhaare und hustete und nieste, sobald ein Hund oder eine Katze bloß in ihre Nähe kam.

»Kluger Plan, mein Lieber. Du weißt genau, dass Amy jetzt dauernd hier sein möchte.« (Mama)

»Das war kein Plan. Ich wollte schon immer einen Hund.« (Papa)

»Haha! Wer's glaubt, wird selig.« (Mama)

»Hör endlich auf mit deinen ewigen Vorwürfen.« (Papa)

Amy hatte keine Lust, ihren Eltern weiter beim Streiten zuzuhören. Sie lief in den Park und Teddy folgte ihr. Hier gab es weiches Gras und kuschliges Moos und sie warfen sich auf den Boden und wälzten sich hin und her.

»Scheiße«, sagte Amy schließlich und rappelte sich auf. Sie wischte sich Blätter und kleine Zweige von der Hose und kickte einen Stein in die Gegend, dem Teddy kläffend nachjagte. »Scheißekackepisse!«

Ihre Eltern mochten es nicht, wenn sie fluchte.

Na und?

Amy mochte nicht, wenn sie stritten.

In ihren Ohren begann es zu sausen. Ihre Hände gerieten in Bewegung und ihre Füße fingen ganz von allein an loszurennen.

Erst als sie bemerkte, dass Teddy nicht mit ihr Schritt halten konnte, gelang es ihr wie durch ein Wunder stehen zu bleiben und auf ihn zu warten.

Sie nahm ihn hoch und wanderte unter den hohen Kronen der Bäume davon. Weg vom Schloss. Irgendwohin, wo es ruhig und friedlich war.

»Scheiße«, fluchte sie vor sich hin. Leise, um Teddy nicht zu erschrecken. »Scheiße. Scheiße. Scheiße.«

Das war enorm befreiend und von Schritt zu Schritt wurde ihr leichter zumute.

* * *

Oft versuchte Amy, den Leuten zu erklären, was sie verärgerte, verunsicherte, traurig machte oder wütend. Es war nicht einfach, denn sie tat sich schwer mit den Wörtern.

Mit Teddy war das anders. Es brauchte keine Worte, damit er verstand. Er *spürte*, wie sie sich fühlte. War sie traurig, leckte er ihr tröstend übers Gesicht. Das brachte sie zum Lachen und die Traurigkeit löste sich in Luft auf.

Als sie aus dem Park zurückkehrten, stand Mamas Auto nicht mehr auf dem kleinen Parkplatz für die Angestellten. Sie hatte es offenbar eilig gehabt, vor dem Streit zu fliehen.

Amy guckte im Stall vorbei, wo Marius der Tierärztin zur Hand ging, die regelmäßig alle paar Wochen die Pferde durchcheckte. Teddy blieb draußen und fläzte sich gähnend in die Sonne.

Die großen Pferde waren ihm unheimlich. Kein Wunder, klein und jung, wie er war.

Obwohl es Amy vorkam, als wäre er in der Woche, in der sie ihn nicht gesehen hatte, ein bisschen gewachsen. Sicher war sie sich nicht. Wie denn auch, wo sie gezwungen war, die meiste Zeit getrennt von ihm zu verbringen.

Mama hatte recht – am liebsten wäre Amy jeden Tag bei Papa, Teddy, Marius und den Pferden gewesen. Doch die Eltern waren stur und weigerten sich hartnäckig, über die Möglichkeit, vielleicht erneut zusammenzuziehen, wenigstens *nachzudenken*.

Dabei besaß das Schloss eine Reihe von Nebengebäuden. Mama und Papa mussten deshalb nicht unbedingt beide im selben Haus wohnen.

Amy überlegte gerade, ob sie ihren Vater noch mal darauf ansprechen sollte, als er den Stall betrat.

»Da bist du ja«, sagte er und umarmte sie. »Fast habe ich mir Sorgen um dich und Teddy gemacht.«

Amy war dankbar für das *fast*. Sie konnte allein auf sich aufpassen. Sie brauchte keinen Beschützer und keinen Bewacher. Mit beinah dreizehn war sie schließlich kein Kind mehr. Deshalb tat es ihr gut, dass die Eltern allmählich aufhörten, sie wie ein Kind zu behandeln.

»Du, Papa …«, begann sie.

Er unterbrach sie freudestrahlend.

»Ich habe eine Überraschung für dich.«

Wieder eine Überraschung? Amy trippelte vor Ungeduld auf der Stelle. Gespannt sah sie Papa an.

»Theo kommt heute Nachmittag zu Besuch.«

Theo. Die hatte Amy bei ihren Überlegungen völlig vergessen.

»Sie hat versprochen, einen Kuchen mitzubringen. Und sie ist schrecklich neugierig auf unseren neuen Mitbewohner.«

Erst im zweiten Anlauf wurde Amy klar, dass er Teddy meinte.

In ihrem Innern mischten sich die Freude auf einen Nachmittag mit Theo und der Wunsch, sie möge aus Papas Leben verschwinden.

Ein leichter Schmerz drückte auf ihre Schläfen. Nicht lange, und er würde zu einem Monster anwachsen, das sich hinter ihrer Stirn austobte, bis Amy das Gefühl hatte, ihr Kopf würde gleich platzen, wie eine Melone, die auf dem Boden zerschellt.

* * *

Der Kuchen war kein gewöhnlicher Kuchen. Er bestand aus lauter aneinanderhängenden Zimtschnecken, deren betörender Duft Amy das Wasser im Mund zusammenlaufen ließ.

Als sie am Tisch saßen, legte Theo einen kleinen roten Seidenbeutel auf Amys Teller und lächelte sie erwartungsvoll an.

Es dauerte einen Moment, bis es Amys neugierigen Fingern gelang, die winzige Schleife zu lösen, mit der der Beutel verschlossen war.

»Sachte, Schatz«, mahnte Papa. »Du hast alle Zeit der Welt.«

Als der Gegenstand aus dem Beutel in ihre Hand fiel, konnte Amy es kaum glauben. Theo schenkte ihr einen Edelstein, klar wie ein Wassertropfen.

»Ein Bergkristall«, flüsterte sie und hielt ihn staunend gegen das Licht.

Es schien, als wären winzigste Teile einer federleichten Wolke in dem Stein eingeschlossen. Und jedes dieser Teilchen fing an, in Amys Kopf eine Geschichte zu erzählen.

Im nächsten Moment war sie draußen und rannte durch den Park, dass ihr der Wind um die Ohren pfiff. Sie hatte nicht daran gedacht, sich bei Theo zu bedanken, hatte sogar vergessen, Teddy mitzunehmen.

Es gab eine Freude, die sie nur aushalten konnte, indem sie vor ihr davonlief. Bis sie so aus der Puste war, dass es ihr glückte.

* * *

An diesem Nachmittag fasste Amy sich ein Herz.

»Wir könnten doch zusammen hier wohnen«, sagte sie zu Theo.

Die ließ überrascht die Kuchengabel sinken.

»Papa, Mama, ich und du«, fuhr Amy fort.

Ich und du, Müllers Kuh, Müllers Esel, das bist du, sang es in ihr, *Müllers Kuh, ich und du, Müllers Esel, das bist du.*

»Amy …«

Wenn Papa ihren Namen so in die Länge zog, signalisierte er ihr, dass sie im Begriff war, etwas Falsches zu sagen oder zu tun. Es war der Versuch, sie aufzuhalten, ohne es direkt auszusprechen.

»Und natürlich Teddy«, fügte sie hinzu.

Sie wollte sich nicht bremsen lassen und redete schnell und schneller, damit sie loswurde, was sie sich überlegt hatte, bevor Papa eingreifen konnte.

»Hier ist Platz genug. In den vielen Gebäuden wohnt ja keiner außer uns und den Pferden. Nicht mal Marius. Er kommt jeden Morgen extra aus der Stadt, obwohl das ziemlich umständlich ist und außerdem …«

»Amy …?«

Das war keine Frage. *Amy* mit einem scharfen Fragezeichen bedeutete Warnstufe Orange. Danach wurde es ungemütlich.

»… außerdem gehört er ja zu uns. Und du doch auch fast schon …«

Sie konnte nicht aufhören. Wenn Papa sie nicht verstand, dann vielleicht Theo. Einen Versuch war es wert. Sie sah Theo bittend an.

»Findest du nicht?«

»Amy!«

Warnstufe Rot.

Amy kämpfte gegen das Bedürfnis an, in Tränen auszubrechen.

Theo rettete sie.

»Das ist kompliziert«, sagte sie sanft und nahm Amys Hand.

Kompliziert war schlecht. Kompliziert war schwierig. Kompliziert war … eben kompliziert. Eigentlich war immer alles kompliziert. Das ganze Leben.

»Ich habe Kinder«, sagte Theo.

Sie hatte Kinder!

Daran hatte Amy überhaupt nicht gedacht. Es war gut, dass Theo Kinder hatte. Das brachte zwar Amys Plan durcheinander, trotzdem war es wunderbar. Sie könnte mit den Kindern spielen, quatschen, ausreiten oder einfach rumhängen.

»Wie viele?«, erkundigte sie sich.

Zehn wären gut. Die Zehn war eine runde Zahl. Amy liebte Zahlen und die Zehn liebte sie besonders. Danach kamen Hundert, Tausend, Zehntausend, Hunderttausend und eine Million.

Und natürlich die Siebzehn.

Amy konnte sich nicht erklären, warum. Es war einfach

so, dass die Siebzehn mit einem unsichtbaren Schlüssel ihr Herz aufschloss.

Aber siebzehn Kinder waren unwahrscheinlich. Niemand, den Amy kannte, hatte siebzehn Kinder.

»Drei« antwortete Theo. »Zwei Söhne und eine Tochter.«

Zwei Söhne und eine Tochter!

»Bjarne ist dreizehn Jahre alt, Erik elf…«

»Nur ein Jahr mehr als meine Lieblingszahl«, unterbrach Amy sie glücklich. »Das ist nämlich die Zehn.«

Theo drückte ihre Hand.

»Und Suri ist zwölf, wie du.«

Das waren Neuigkeiten!

»Wieso soll das kompliziert sein?«, fragte Amy. »Ist doch super, wenn sie mit einziehen. Hier könnten locker Dutzende von Leuten wohnen.«

»Amy…«

Papa konnte sie schlecht fragen: *Möchtest du nicht ein bisschen in dein Zimmer gehen? Oder zu den Pferden? Oder Teddy Gassi führen?* Um sie für eine Weile aus dem Weg zu schaffen.

Denn sie saßen am Küchentisch, der hübsch gedeckt war mit Servietten, einer Kerze und einem bunten, in der Sonne leuchtenden Blumenstrauß. In der Mitte stand die Backform mit den Zimtschnecken und Amys Kakao duftete mit dem Kaffee in Papas und Theos Tassen um die Wette.

Da konnte man ein aufmüpfiges Kind nicht aus dem

Zimmer schicken. Nicht, bevor es etwas von dem Kuchen abgekriegt hatte.

»Meine Kinder wollen nicht umziehen«, sagte Theo.

»Hast du sie mal gefragt?«

Theo nickte.

»Frag sie noch mal. Vielleicht haben sie es sich inzwischen anders überlegt.«

Theo wechselte mit Papa einen seltsamen Blick. Als teilten sie ein Geheimnis.

»Würdest du dich darüber freuen?«

»Ich würde verrückt werden vor Freude!«

Amy konnte nicht anders, sie musste kurz eine Runde durch die Küche drehen. Teddy sprang von seiner Decke auf und lief hinter ihr her. Er hatte sich genug gelangweilt.

Als Amy sich wieder hinsetzte, leckte er sich enttäuscht die Pfoten.

»Was ist mit deinem Mann?«

Fast hätte sie vergessen, danach zu fragen.

»Amy!«

Mit dem Kuchenmesser löste Papa vorsichtig eine der Zimtschnecken aus der Backform und legte sie Amy auf den Teller. Die zweite bekam Theo. Die dritte nahm er sich selbst.

»Wir leben nicht mehr zusammen.«

»Er kann auch …«

»Jetzt ist es genug«, warnte Papa, dem sichtlich unbehaglich zumute war.

»Er hat eine neue Familie«, sagte Theo.

Amy schnappte Papas drohenden Blick auf.

Meinetwegen, dachte sie und schnupperte an der Zimtschnecke, bevor sie herzhaft davon abbiss. *Aufgeschoben ist nicht aufgehoben.*

Das sagte Marius oft, wenn er einen Plan nicht sofort ausführen konnte, sondern auf die passende Gelegenheit warten musste. Später kam er dann darauf zurück.

Sie würde es genauso machen. Haargenau so.

* * *

Obwohl ihr das schwerfiel. Sie war kein Genie im Planen. Gestern und Morgen waren weit entfernt. Nur im Heute fühlte sie sich einigermaßen sicher.

Als Papa sie nach dem Wochenende bei Mama ablieferte (wie ein Paket, dachte Amy manchmal), fing das Heimweh bereits an, bevor sie sich von ihm verabschiedet hatte. Ihr fehlte alles. Das Schloss. Der Park. Die Pferde. Papa. Marius.

Besonders Teddy.

Amy sehnte sich nach seiner Fröhlichkeit. Seiner Anhänglichkeit. Und danach, dass er so ungestüm sein konnte. Sie vermisste seine Tollpatschigkeit. Seine unbeholfene Zärtlichkeit. Und die Liebe in seinen dunklen, glänzenden Augen. In denen sie, wenn sie sich weit vorbeugte, ihr Spiegelbild sah.

Bald fingen die Ferien an. Das war ihr einziger Trost.

* Kapitel 16 *

»Warum darf ich nicht die ganzen Ferien bei Papa verbringen?«, fragte sie ihre Mutter, als sie die Einkäufe in der Vorratskammer verstauten.

Gestern war der letzte Schultag gewesen und ihr Zeugnis war gar nicht schlecht ausgefallen. Sie hatte es verdient, denn sie hatte sich angestrengt.

»Amy ...«

Mama wirkte genervt. In ihrem Zimmer war das Chaos ausgebrochen, wie üblich, wenn sie an einem Projekt arbeitete und unter Zeitdruck geriet. Sie war Illustratorin und malte Bilder für Kinderbücher.

Das allererste überhaupt hatte sie Amy gewidmet:

Für Amy, meine wunderbare Tochter.

Darüber hatte sie ein blaues Einhorn mit Flügeln gezeichnet. Damals hatte Amys Liebe zu Pferden begonnen.

»... wir wollen doch ins Sauerland fahren.«

Amy verzog den Mund. Eigentlich wanderte sie gern und sie mochte das Sauerland mit seinen Hügeln, Wäldern und Seen. Vor allem die kleinen Orte mit den hübschen Fachwerk- und Schieferhäusern gefielen ihr.

Sie machten die Touren meistens in einer größeren

Gruppe, die aus Erwachsenen und Kindern bestand. Es gab tolle Picknicke auf idyllischen Lichtungen, von wo aus man einen weiten Blick über irgendein Tal hatte.

Die Erwachsenen nutzten die Pausen, um sich zu unterhalten, während die Kinder die Umgebung erforschten.

Einmal hatten sie eine Höhle gefunden und sich darin versteckt und waren erst wieder rausgekrochen, als die Rufe der Erwachsenen vor Sorge schrill geworden waren.

Amy hatte Mamas Angst unbekümmert weggelacht. Schließlich waren sie nicht eine Sekunde lang in Gefahr gewesen.

»Ich habe schon die Zimmer gebucht. Wir werden jeden Tag in einem anderen Hotel übernachten. Das wird bestimmt schön.«

Amy sank auf einen Stuhl, zog die Knie an, umschlang sie mit beiden Armen und schaukelte vor und zurück. Das tat ihr gut. Sie verkroch sich vollkommen in sich selbst, um nur die Bewegung zu spüren, nichts sonst.

»Das zweite Hotel heißt *Zum Brüllenden Affen*«, sagte Mama mit einem Schmunzeln. »Ist das nicht im wahrsten Sinne des Wortes zum Brüllen?«

Hahaha.

Als ob Brüllen etwas Lustiges wär. Bei Affen vielleicht. Ab und zu. Im Zoo. Obwohl Amy immer froh war, durch eine dicke Glasscheibe von den Tieren getrennt zu sein, die oft völlig unerwartet aufeinander losgingen.

Unberechenbar.

Wie die Kinder auf dem Schulhof.

»Wer beobachtet hier eigentlich wen?«, hatte Papa Amy gefragt, als sie das stickige Affenhaus zuletzt besichtigt hatten. »Wir die Affen? Oder die Affen uns?«

Er hatte sich köstlich über seine eigene Frage amüsiert. Amy jedoch hatte nachdenklich auf einen Schimpansen gestarrt, der reglos auf einem Ast gehockt und zurückgestarrt hatte. Als überlegte er, wie er die Glasabtrennung austricksen könnte.

»In jedem Hotel gibt es ein üppiges Frühstücksbuffet«, schwärmte Mama. »Brot und Brötchen, Müsli, Obst, Käse, Kuchen, Wurst. Und Eier in sämtlichen Variationen. Gekochte Eier, Spiegeleier, Rühreier. Die backen dir sogar einen Pfannkuchen. Das reinste Schlaraffenland.«

Amys Magen regte sich. Er liebte Pfannkuchen. Doch wie sollte sie zwei Wochen ohne Teddy überstehen?

Vierzehn endlose Tage.

Und würde er sie nicht ebenfalls schrecklich vermissen?

Amy reiste sowieso nicht gern. Sie brauchte es, ihre Straßen, Häuser und Menschen um sich zu haben. Es fiel ihr schwer genug, zwischen Mama und Papa hin und her zu pendeln.

Es war wie bei einer jungen Pflanze. Wenn man sie ständig ausbuddelte und umsetzte, konnte sie keine Wurzeln entwickeln.

Sie schaukelte heftiger.

»Du weißt, wie die andern sich auf dich freuen.«

Amys Herz hing an der Wandergruppe. Sie wollte sie ebenso wenig enttäuschen wie ihre Mutter, die sich große

Mühe gab, die Reise vorzubereiten. Und dabei rund um die Uhr arbeitete, damit die Bilder für das neue Buch rechtzeitig fertig wurden.

Spätestens am Tag vor der Abreise waren die Rucksäcke gepackt und die Pflanzen auf den Fensterbänken gegossen. Die Wohnung war sauber wie der ausgeschaltete und ausgewaschene Kühlschrank, dessen Tür Mama offen ließ, damit er nicht anfing zu müffeln.

Die Nachbarin bekam den Wohnungsschlüssel. Für den Notfall. Der Gott sei Dank noch nie eingetreten war.

So würde es auch diesmal sein.

Wär Teddy bloß ein paar Monate älter und Mama nicht allergisch gegen seine Haare. Dann könnten sie ihn mitnehmen.

Amys Augen füllten sich mit Tränen.

Mama umarmte sie.

»Ist gut«, murmelte sie. »Ist ja gut ...«

Aber mit dem Weinen war es wie mit dem Lachen. Oder der Wut. Amy kam nicht dagegen an. Irgendwann hörte es von ganz allein auf. Sie musste lediglich Geduld haben.

Doch dazu fehlte ihr genau das: Geduld.

* * *

Am nächsten Morgen wurde sie vor den Vögeln wach. Der Tag hatte noch keine Farbe und keinen Geruch. Die Nacht hielt die Gegenstände mit ihren langen kalten Fingern fest, nicht bereit, sie herzugeben.

Amy schnappte sich ihren alten Kuschelpinguin, den

sie als Kopfkissen benutzte, tapste auf nackten Füßen in Mamas Zimmer und kroch zu ihr ins Bett. Mama zog sie träge an sich.

»Was ist los?«, murmelte sie schlaftrunken.

»Ich kann nicht schlafen.«

Amys Stimme klang viel zu wach und viel zu hell in diesem Zimmer, in dem der Schlaf wie staubige Spinnweben in den Ecken hing.

»Mach einfach die Augen zu«, sagte Mama.

Sie fühlte sich warm und tröstlich an, und Amy seufzte einmal tief, bevor der Schlaf sie mit seinen grauen, weichen Netzen zudeckte.

* * *

Es war, als hätte irgendwas oder irgendwer Mama im Traum zugeflüstert, dass sie Amys sehnlichsten Wunsch erfüllen sollte. Amy konnte sich das Wunder nicht erklären.

Mama nahm den ersten Schluck Tee und erklärte, dass sie allein ins Sauerland fahren würde.

»Falls du immer noch lieber zu Papa willst.«

Fragte sie das im Ernst?

Amys Herz hüpfte vor Freude. Es fühlte sich an, als flatterte ein winziges Licht in ihrer Brust. Sie sprang auf und hopste auf der Stelle, dass der Holzfußboden bebte und die Gläser im Schrank leise klirrten.

»Ja!«, rief sie. »Jaaa!«

Sie sah, wie schwer Mama das Lächeln fiel. Lief zu ihr und drückte sie, bis sie beide nach Luft schnappten.

Die nächste Stunde schwebte sie trällernd durch die Wohnung, um ihre Sachen zu packen.

* * *

Amy war kaum aus dem Auto gestiegen, als Teddy angeschossen kam. Er kugelte um ihre Füße und konnte sein Glück nicht fassen. Amy legte sich auf das Kopfsteinpflaster des Schlosshofs und ließ ihn auf sich herumkrabbeln.

»Und wer begrüßt mich?«, beschwerte sich Papa.

»Keine Zeit«, sagte Amy kichernd, denn Teddy knabberte an ihrem Ohrläppchen und zog es leise knurrend in die Länge.

Ihre Eltern unterhielten sich eine Weile, ohne zu streiten, bis es Zeit für den Abschied wurde. Mama hielt vorsichtig Abstand zu Teddy, obwohl er sie bisher kein einziges Mal zum Niesen gebracht hatte.

»Bekomme ich noch einen Kuss?«

Widerstrebend setzte Amy Teddy ab und rappelte sich auf. Immerhin hatte Mama ihr den Wanderurlaub erspart, was ihr bestimmt nicht leichtgefallen war. Da hatte sie eine Umarmung und einen Kuss redlich verdient.

»Ich wünsche euch viel Spaß«, sagte Mama, und in ihren Augen war ein merkwürdiger Glanz wie von zurückgehaltenen Tränen. »Papa und ich haben übrigens vereinbart, dass du während der Ferien so lange hierbleiben kannst, wie du magst.«

»Meinst du das ernst?«, fragte Amy.

»Todernst.«

Das war Wahnsinn. Nie im Leben hätte Amy damit gerechnet.

»Du bist die beste Mama der Erde.«

Erde stimmte nicht, das richtige Wort fiel ihr allerdings erst ein, als Mamas Auto hinter der Biegung verschwand.

»Die beste Mama der Welt!«, rief sie ihr hinterher. »Der WEEELT, hörst du? Der ganzen WEEELT! Und des ganzen Universums!«

* Kapitel 17 *

»Ich hab's Mama versprochen«, sagte Papa am nächsten Morgen. »Und ich möchte keinen Ärger mit ihr kriegen.«

Ärger mit Mama war wirklich kein Zuckerschlecken. Sie kam Amy vor wie eine Zirkusdirektorin, die exakt regelt, wer wann, wo und wie lange seinen Auftritt hat, und nebenbei das Publikum eisern im Griff behält.

Deshalb konnte sie Papa verstehen und kletterte nach dem Mittagessen bereitwillig zu ihm in den Jeep, wo er schon auf sie wartete, weil sie ewig gebraucht hatte, um sich von Teddy loszureißen.

Obwohl Papa befürchtet hatte, dass sie in einen Stau geraten würden, und sie aus diesem Grund frühzeitig aufgebrochen waren, passierte es ihnen doch.

Stau.

Papa seufzte, stöhnte und schimpfte vor sich hin. Amy beobachtete die übrigen Autofahrer, an denen sie sich langsam vorbeischoben und von denen sie bald darauf wieder überholt wurden.

»Wieso haben wir bloß die verdammte Autobahn genommen«, ärgerte sich Papa zum x-ten Mal. »Warum, zum Teufel, sind wir nicht auf der Landstraße geblieben.«

Amy presste sich die Nase an der Fensterscheibe platt. Gerade überholten sie einen Bus mit lauter Polizisten. Einer von ihnen winkte ihr zu und sie winkte fröhlich zurück.

Papa interessierte sich nicht für die Leute in den anderen Wagen. Stattdessen behielt er nervös die Uhr im Blick. Er hasste es, sich zu verspäten. Ungeduldig fingerte er an den Radioknöpfen, bis er einen Sender gefunden hatte, der Musik spielte, die ihm gefiel.

Amy war sie zu laut. Sie kniff die Augen zusammen.

Papa, der das bemerkte, drehte sie leiser.

»Sie verlieren fünfzehn Minuten«, sagte die freundlich näselnde Navistimme.

»Verlieren?«, fragte Amy.

»Das bedeutet, dass uns dieser Stau wahrscheinlich eine Viertelstunde kosten wird.«

»Kosten?«

»In diesem Stau werden wir ungefähr fünfzehn Minuten feststecken. Das heißt, wir verlieren eine Viertelstunde«, erklärte Papa frustriert.

Der Stau zerrte an seinen Nerven.

Amy dachte über seine Worte nach.

»Kann man Zeit verlieren?«, fragte sie. »Ist die nicht immer da?«

Es gab eine Menge Dinge, die man verlieren konnte. Schlüssel, Geld, einen Ohrring. Und wenn man gründlich suchte, konnte man das Verlorene vielleicht wiederfinden. Oder es in einem Fundbüro abholen.

Aber Zeit?

»Können wir die Zeit wiederfinden?«, fragte sie.

»Leider nicht«, antwortete Papa. »Das ist das Problem.«

* * *

Sie verspäteten sich nur ein wenig und Frau Riesling war kein bisschen ärgerlich. Sie freute sich, Amy zu sehen.

»Ja, diese schrecklichen Staus«, sagte sie zu Papa. »Es wird von Tag zu Tag schlimmer.«

Amy hörte nicht zu, als die beiden sich unterhielten. Sie lief zum Fenster, wo zwischen einer harmlosen Grünlilie und einer jungen, flaumigen Zimmerlinde eine heimtückische Venusfliegenfalle stand und auf ihre Opfer lauerte.

Die Venusfliegenfalle war eine fleischfressende Pflanze, die Fliegen und andere Insekten fing und verspeiste. Ihre halbrunden, aufklappbaren Blätter waren außen grün und innen rot und hatten an den Rändern spitze Stachelborsten.

Setzte sich eine Fliege oder ein kleiner Käfer auf eines der Blätter, klappte es zu und hielt das arme Tierchen fest, bis nichts mehr von ihm übrig war. Erst dann öffnete es sich aufs Neue.

Frau Riesling hatte es Amy einmal vorgeführt. Sie hatte die Mitte eines Blattes mit dem Ende ihres Kugelschreibers berührt, und das Blatt hatte sich augenblicklich darum geschlossen.

Die Venusfliegenfalle war Amy unheimlich. Dennoch musste sie sich die Pflanze bei jedem Besuch angucken und die Gruselschauer aushalten, unter denen sich die feinen Härchen an ihren Armen aufrichteten.

* * *

Frau Riesling war rothaarig, rundlich und nett und von Beruf Logopädin. Sie hatte ein modernes Büro mit hellen Möbeln und einem Aquarium, in dem neonfarbene Fische schwammen.

Dazu passten die Farben der zahlreichen Lesebrillen, die sie besaß. Sie trug jedes Mal eine andere, mal blau, mal rot, mal pink, mal grün, mal gelb. Die gepunkteten mochte Amy am liebsten.

Es fiel ihr schwer, Frau Riesling an den hübschen Brillengestellen vorbei in die Augen zu schauen. Noch schwerer fiel es ihr, konzentriert mitzuarbeiten, statt die putzigen Fische zu beobachten und die zierlichen Wasserpflanzen, die sich in einem sanft blubbernden Luftstrom sachte hin und her bewegten.

Doch sie war nicht zum Spaß hier.

Frau Riesling brachte ihr bei, richtig zu atmen und die Buchstaben der Wörter in der exakten Reihenfolge auszusprechen. Sie fand – das hatte sie wirklich gesagt – Amys Fortschritte sensationell.

Früher hatte Amy gedacht, das Atmen wäre eine automatische Sache, bei der es kein Richtig oder Falsch gab.

Man atmete ein. Und wieder aus. Ein und aus.

Ein Klacks.

Hier hatte sie gelernt, dass richtiges Atmen beim Sprechen half. Sie hatte gelernt, dass man in den Bauch hinein atmen konnte, in die Arme, den Rücken, die Beine.

Dass man den Atem durch den Körper fließen lassen

sollte. Dass einem die Wörter dann viel leichter, beinah ohne Stottern, von den Lippen kamen.

Stets daran zu denken, war schwierig. Meistens vergaß Amy es. Bis Mama sie darauf hinwies oder sie sich von selbst daran erinnerte. Atmen war langweilig. Zu dumm, dass man es zum Leben brauchte.

»Aaa… eee… iii… ooo… uuu…«, machte Frau Riesling vor.

»Aaa… eee… iii… ooo… uuu…«, machte Amy nach.

»Aaa… eee… iii… ooo… uuu…«, machten sie zusammen.

Jede kniete auf einer der beiden blauen Schaumstoffmatten, die einander gegenüberlagen. Gemeinsam holten sie tief Luft und ließen sie mit einem langen, seufzenden *Aaaeeeiiiooouuuaaaeeeiiiooouuuaaaeeeiiiooouuu* entweichen, während sie sich in Zeitlupe vorbeugten. Erst wenn die Stirn die Matte berührte, durfte das letzte bisschen Luft ausgehaucht werden. Es war eine Kunst, sich den Atem so einzuteilen, dass er möglichst lange ausreichte. Mittlerweile war Amy ziemlich geschickt darin. Es gelang ihr sogar besser als Frau Riesling, die häufig nur schlappe zweieinhalb *Aaaeeeiiiooouuus* schaffte.

* * *

Nach den Atemübungen waren die Sprechübungen an der Reihe. Vielleicht würde Amy es nie lernen, sämtliche Wörter richtig auszusprechen. Vielleicht würde sie ihr Leben lang viele in einen Buchstabensalat verwandeln.

Aber Frau Riesling gab ihr Bestes, um das zu verhindern.

* * *

Am meisten Spaß hatte Amy mit den Zungenbrechern. Da war es egal, wenn ihre Zunge stolperte. Selbst Frau Riesling passierte das hin und wieder.

Zungenbrecher hörte sich schlimm an. Dabei wurde die Zunge nicht gebrochen. Man versuchte bloß, besonders komplizierte Sätze, die man kaum zu Ende bringen konnte, ohne sich zu verhaspeln, fehlerfrei auszusprechen.

Und das möglichst schnell.

Quatschsätze, die manchmal quätscher waren als Quatsch.

»Das Wort *quätscher* kenne ich nicht«, sagte Frau Riesling.

»Ich schon«, entgegnete Amy.

* * *

Zwischen zwei Zwetschgenbäumen zwitscherten zwei geschwätzige Schwalben. Zwei geschwätzige Schwalben zwitscherten zwischen zwei Zwetschgenbäumen.

* * *

Sieben schweigsame Schneeschipper schippten schweigend sieben Schippen Schnee. Sieben Schippen Schnee schippten schweigend sieben schweigsame Schneeschipper.

* * *

Wenn das nicht quätscher war als Quatsch …

* * *

In der Regel vergnügten sie sich mit den Zungenbrechern am Ende der Sitzungen.

Die Katze tritt die Treppe krumm. Krumm tritt die Katz die Trepp.

»Die Katze tritt die Treppe krumm«, sagte Amy. »Krumm tritti Katzi Trepp …«

Sie lachten, bis Amy der Bauch wehtat und sie vergaß, dass es so was wie Atmen überhaupt gab.

* * *

Zu Frau Riesling ging Amy an den Dienstagen. An den Donnerstagen war Ballett. Das stärkte ihre Muskeln und machte zudem noch Spaß. Auf die Ballettstunden bei Irina und Mark freute sie sich die ganze Woche.

Irina und Mark waren Tänzer und hatten vor ein paar Jahren ihre Ballettschule eröffnet. Sie waren schon im Fernsehen aufgetreten und hatten bei Tanzmeisterschaften Pokale gewonnen. Die wurden in einer Glasvitrine unten im Eingang aufbewahrt und glänzten und funkelten silbern und golden im Licht.

Amys Gruppe bestand aus sieben Mädchen und drei Jungen, die alle im selben Alter waren. Sie tanzten seit der Grundschule miteinander, und niemand fand es eigenartig, dass Amy Mühe hatte, das Gleichgewicht zu halten, niemand zog sie damit auf.

Im Gegenteil. Sie bewunderten sie sogar.

Eins konnte sie nämlich besser als jeder andere: frei tanzen. Dabei gab es keine festen Regeln. Es ging hauptsächlich darum, Gefühle in Bewegungen zu verwandeln.

Während die meisten Kinder noch damit beschäftigt waren, sich Schritte zu überlegen, legte Amy einfach los.

Wie eine große Schneeflocke wirbelte sie durch den Saal, warf die Arme in die Luft, drehte sich, hüpfte, sprang, neigte sich nach hier und nach da, vor und zurück.

Lachte.

Und strahlte vor Glück.

Sie steckte alle an, riss alle mit.

Auf einmal hörten sie auf zu denken und fühlten die Musik, ihren Körper, den Boden unter ihren Füßen. Sie hüpften, sprangen, schwebten, drehten sich herum, herum und herum.

***

Ballett fördert die Kreativität Ihrer Kinder, trainiert ihre motorischen und rhythmischen Fähigkeiten und verbessert das Konzentrationsvermögen, stand in dem Werbe-Flyer der Ballettschule.

Wörter.

Dabei war Tanzen doch Gefühl. Und Leichtigkeit.

Amy jedenfalls fühlte sich beim Tanzen wie ein Fisch, der durchs Wasser gleitet. Wie ein Vogel hoch oben am Himmel. Wie ein irrlichternder Schmetterling auf einer Blumenwiese. Ein freigelassener Luftballon im Wind.

***

Während der Ferien fand der Ballettunterricht leider nicht statt. Dafür ritt Marius beinah jeden Tag mit Amy aus.

Und dann war da Teddy.

Er flippte vor Freude aus, wenn sie draußen tanzte. Fegte glücklich durch das Gras und jagte kläffend seinen Schwanz.

Irina und Mark hatten ein Tanzvideo aufgenommen und jedem Kind eins geschickt, damit sie in den Ferienwochen zu Hause üben konnten. Amy war froh darüber, denn sonst hätte sie in der langen Zeit vielleicht die Reihenfolge der Schritte vergessen.

Ballett, Hip-Hop, Streetdance.

Am allerliebsten aber tanzte sie frei.

* Kapitel 18 *

Amy liebte es, wenn Musik das Haus durchströmte wie ein über die Ufer getretener Fluss. Wenn alles unter der Macht der Bässe vibrierte und ihr Körper hellwach war.

»Geht's ein bisschen leiser?«, rief Mama immer, sobald Amy mitgrölend die Wohnung rockte. »Wir wohnen hier nicht alleine!«

Drehte Amy die Musik nicht augenblicklich leiser, erledigte Mama das höchstpersönlich.

»Wieso bestimmst ständig du?«, hatte Amy sich mehrfach beschwert.

Die Antwort war jedes Mal dieselbe: »Ich bin deine Mutter.«

Bei Papa durfte Amy Musik hören, so laut sie wollte. Es störte niemanden. Nur während der Zeit, in der im Schloss eine Veranstaltung stattfand, ein Konzert, die Eröffnung einer Kunstausstellung, eine Trauung im Hochzeitssaal, war Ruhe angesagt.

Doch neuerdings musste sie die Lautstärke ihrer Musik auch hier ein bisschen dämpfen. Nicht weil Papa plötzlich dagegen allergisch war, sondern weil es jemanden gab, der laute Musik nicht ertrug.

Teddy.

Er schien zu leiden, wenn Geräusche in nächster Nähe explodierten. Winselte und verkroch sich in einer Ecke oder bellte und heulte dagegen an, als wollte er den Krach vertreiben wie eine fremde Katze.

Natürlich hätte er sich in ein anderes Zimmer verziehen können, aber schlimmer als laute Musik war für ihn Einsamkeit.

Verspürte Amy also das dringende Bedürfnis nach ohrenbetäubender Musik, brachte sie Teddy vorher zu Marius, der sich nicht weniger über seine Gesellschaft freute als die Pferde, die den kleinen Hund rasch als neues Mitglied des Hofstaats akzeptiert hatten.

* * *

Mit Teddy hatte sich vieles verändert. Vor allem für Amy. Denn obwohl sie nicht auf Dauer im Schloss wohnte, war Teddy ihr Hund, und sie war für ihn verantwortlich.

Nie war sie für jemanden verantwortlich gewesen, einzig für sich allein, was mühsam genug war. Schon das Stillsein im Unterricht fiel ihr schwer, denn sie hatte die Angewohnheit, mit sich selbst zu sprechen.

Und mit ihren unsichtbaren Freundinnen.

Sie rechnete laut, um die Zahlen nicht zu verwechseln. Sie las laut, um einen Text zu verstehen und ihn sich einzuprägen. Beim Schreiben sprach sie die Silben aus, um nicht aus Versehen eine zu überspringen.

Damit störte sie die Konzentration ihrer Mitschüler. Deshalb hatte sie sich mit den Lehrern und Lehrerinnen darauf geeinigt, die Zahlen, Silben und Wörter höchstens zu flüstern, auch wenn sie es ab und zu vergaß.

Und nun war da ein Hundebaby, für das sie zuständig war.

Sie fütterte Teddy und achtete darauf, seinen Wassernapf täglich mit frischem Wasser zu füllen. Sie ging mit ihm Gassi, damit er sein Geschäft nicht aus Versehen irgendwo im Haus verrichtete, erst recht nicht auf dem schönen, weichen Wohnzimmerteppich, von wo es schwer zu entfernen war.

Passierte es doch einmal, machte sie selbst mit Essigwasser, Schwamm und Tuch sauber, und stank es noch so eklig.

Sie bürstete Teddys Fell regelmäßig mit einer weichen Bürste, brachte ihm kleine Kunststücke bei und erzählte ihm vorm Einschlafen Geschichten.

Seltsamerweise tat sie das alles gern. Teddy gehörte ihr erster Gedanke nach dem Aufwachen und der letzte, bevor sie einschlief.

* * *

Papa hatte längst eingesehen, dass es unmöglich war, Teddy aus Amys Bett zu verbannen. Selbst der leise tickende Wecker, den sie in ein altes Handtuch gewickelt und in seinem Körbchen versteckt hatten, verfehlte seine Wirkung.

Teddy war zu schlau, um daran zu glauben, es wäre der tröstliche Herzschlag eines anderen Hundes. Außerdem war da Amy in ihrem warmen, kuschligen Bett, nur einen

Sprung entfernt. Amy, die er *leibhaftig* sah, roch und fühlte.

»Einen jungen Hund muss man erziehen«, predigte Papa Morgen für Morgen.

Beim gemeinsamen Frühstück, für das er sich Zeit nahm, gleichgültig, wie viel er zu tun hatte. Da konnten sie sich unterhalten, ohne dass Papas Handy dauernd klingelte oder irgendjemand anklopfte, um etwas mit ihm zu besprechen.

Diese Zeit gehörte ihnen und sonst keinem.

»Man muss ihn erziehen, weil ein Hund sonst nicht weiß, wie er sich benehmen soll.«

Amy hörte ihrem Vater zu.

Und wieder nicht.

Ihre Gedanken flatterten über seinen Kopf hinweg, während sie ihm in die Augen sah und dem Klang seiner Stimme lauschte. Sie nahm zwar die Worte auf, aber sie zerbröselten in unzählige Laute, die keinen Sinn ergaben.

Die Augen wollten ihr zufallen, so behaglich war ihr zumute. Sie riss sie auf, um wach zu bleiben.

Schließlich hob Papa eines Morgens ergeben die Hände und sagte schmunzelnd: »Meinetwegen. Ihr habt gewonnen. Lass ihn in Gottes Namen schlafen, wo er will.«

* * *

Auch Amys unsichtbare Freundinnen hatten nichts dagegen, dass Teddy mit ihnen im Bett schlief. Sie rückten einfach enger zusammen.

Amy hatte vergessen, wann die Freundinnen in ihr

Leben gekommen waren. Plötzlich waren sie da gewesen. Sie wusste nicht einmal genau, wie oder wo sie ihnen begegnet war.

Anne und Gret.

Ein Leben ohne sie war mittlerweile unvorstellbar geworden.

***

Mit Anne und Gret redete sie über alles. Es war ihnen egal, ob sie stotterte, die Wörter verdrehte oder manches nicht auf Anhieb kapierte.

Anne und Gret waren sogar fähig, ihre Gedanken zu lesen.

Das machte Amys Leben um einiges leichter.

***

Noch nie hatte sie sich mit ihnen gestritten. Sie schienen überhaupt nicht zu wissen, was das war, ein Streit.

Anne und Gret waren, wie Freundinnen sein sollten: Amy lachte und weinte mit ihnen, vertraute ihnen ihre geheimsten Geheimnisse an und durfte sie jederzeit um Rat fragen.

Sie hatte großes Glück, die beiden gefunden zu haben.

***

Natürlich hatten ihre Eltern mitgekriegt, dass es Anne und Gret gab. Und natürlich hatten sie Himmel und Hölle in Bewegung gesetzt, um mehr über sie zu erfahren.

Nein, nicht *mehr.*

Alles wollten sie wissen. Wie sie *grundsätzlich* alles wissen wollten, was mit ihrer Tochter zusammenhing.

Amy hatte das Gefühl, Mama und Papa wünschten sich, sie wäre aus Glas. Damit sie klar und deutlich erkennen könnten, was in ihrem Innern vorging. Nicht, um ihre Geheimnisse auszukundschaften, das nicht. Eher um ihr helfen zu können, besser mit dem Leben klarzukommen.

Dabei funktionierte das Leben ganz von allein. Mal war es leicht, mal schwer. Mal heiter, mal wolkig. Solange man nicht tot war, fand Amy, war man am Leben, und das war die Hauptsache.

Ist doch kein Ding, sagte Anne.

Echt nicht. Gret nickte.

Sie waren sich einig.

* * *

Die Namen hatte Amy den Eltern verraten. Das war eine kluge Entscheidung gewesen. Es beruhigte sie offenbar, dass ihre Tochter ihnen zumindest einen Teil ihres Freundinnen-Geheimnisses anvertraut hatte.

Neulich dann war Theo durch einen dummen Zufall auf Anne und Gret gestoßen. Amy hatte Teddys Napf mit Futter gefüllt und Teddy hatte jede ihrer Bewegungen mit gierigen Blicken verfolgt.

Kleiner Fresssack, hatte Gret zärtlich gemurmelt.

Amy hatte ihr lachend zugestimmt und völlig vergessen, dass Theo vom Küchentisch aus zusah.

»Yep! Fresssack trifft es auf den Punkt.«

Erst da war ihr eingefallen, dass sie nicht allein waren. Sie hatte Theo in die Augen geblickt. Und gesehen, dass sie es *wusste*.

Deshalb hatte sie ihr von Anne und Gret erzählt.

Nur das Nötigste. Die wirklich wichtigen Sachen hatte sie nicht ausgeplaudert.

* * *

Seit Teddy da war, fühlten die Freundinnen sich vernachlässigt und zeigten sich oft tagelang nicht. Sie bedauerten, dass Amy ihnen nicht länger allein gehörte.

»Ich gehöre keinem«, sagte Amy in solchen Augenblicken. »Höchstens mir selber.«

Und weil sich das komisch anhörte, brachen sie jedes Mal in befreiendes Gelächter aus.

Das war das Beste an Anne und Gret: dass sie miteinander lachten, bis sie sich japsend auf dem Teppich wälzten.

Und neuerdings wälzte Teddy sich mit ihnen.

Amy hatte ihn so lieb, dass es wehtat. Das sagte sie auch Anne und Gret. Bestimmt würden sie es verstehen irgendwann.

* Kapitel 19 *

Inzwischen war Teddy schon ziemlich gut zu Fuß und man konnte ihn fast überallhin mitnehmen. Wurde er doch müde und stolperte über seine eigenen Pfoten, nahm Amy ihn hoch und trug ihn eine Weile.

Noch war er ein Leichtgewicht. Das würde sich allerdings ändern, falls er weiterhin mit Heißhunger verschlang, was ihm vor die Nase geriet. Er fiel sogar über die Gartenbeete her und wurde laut schimpfend von Frau Lindhorp verjagt, wenn sie ihn dort erwischte.

Frau Lindhorp war *die Frau für alles*, wie Papa es nannte.

Sie kümmerte sich um das Haus und den Garten und erledigte zudem zahllose Aufgaben im Schloss. Sie sorgte dafür, dass die Flyer verteilt wurden, mit denen Papa auf Veranstaltungen aufmerksam machen wollte. Bei Konzerten reichte sie den Gästen in den Pausen Getränke und Snacks. Fanden die Veranstaltungen draußen statt und das Wetter war wechselhaft, verteilte sie Regencapes an die Besucher.

Manchmal kochte sie für Papa, Amy, Marius und sich selbst. Das waren lustige Mahlzeiten, weil es reichlich zu schwatzen gab. Einziger Wermutstropfen war, dass Teddy in Frau Lindhorps Gegenwart nicht neben Amy auf der Bank sitzen durfte. Er musste brav auf seiner Decke ausharren, bis sie mit dem Essen fertig waren.

Für Frau Lindhorp gehörten Hunde nicht auf Menschenmöbel, basta. Sie war so streng wie ihre straff zurückgekämmten, mausgrauen Haare und die kleinen Augen hinter ihren starken Brillengläsern.

Teddy guckte sich erst aufmerksam um, bevor er beschloss, dass die Luft rein war und er es riskieren konnte, die Beete unsicher zu machen.

Er liebte es, sich durch die sorgsam geharkte dunkle Erde zu pflügen und nach Blumenzwiebeln zu buddeln, rupfte Schnittlauch und Petersilie aus und stürzte sich auf jede vom Baum gefallene Feige, die er nicht fraß, sondern lediglich schüttelte wie erlegtes Wild und dann zerbiss.

Möhren allerdings vertilgte er mit Stumpf und Stiel. Von oben bis unten verdreckt, zog er sich nach erfolgreicher Jagd mit seiner Beute in eine geschützte Ecke zurück, um sie in Ruhe zu verputzen.

* * *

Es gab zahlreiche Regeln in Amys Leben. Die von Mama waren unumstößlich, während Papa hin und wieder mit sich handeln ließ.

Amy hatte sich daran gewöhnt. Die Regeln gehörten zu ihrem Alltag wie Essen und Trinken. Manche von ihnen gefielen ihr gar nicht und etwas in ihr wollte ausbrechen und sie aus den Angeln heben.

Dass sie jede Woche zur Logopädie musste, zum Beispiel. Und jede Woche zur Physiotherapie. Als könnte sie richtiges Sprechen und Bewegen nicht von allein lernen.

»Jedes Kind kann das«, behauptete sie. »Bloß ich muss diesen Quatsch durchziehen.«

Sie wollte behandelt werden wie die anderen Kinder, nicht immer Ausnahme sein, nicht ständig daran erinnert werden, dass sie bestimmte Dinge einfach nicht so hinbekam, wie sie sie ohne das blöde Chromosom zu viel hinbekommen würde.

Sie hatte versucht, eine Liste der Regeln aufzustellen, und das Blatt Papier mittendrin ärgerlich zerknüllt und in den Papierkorb geschmissen.

Logopedie!
Physioterapie!
Nicht ohne Marius reiten!
Nicht heimlich ins Schloss!
Nicht dauernd ausrasten!
Teddy nicht vom Tisch Füttern!
Weniger Süßigkeiten!

Und, und, und, und, und, und, und …

Als bestünde die Welt nur aus Regeln. Als wäre Amy in einem wahren Regelwald gefangen, einem geradezu unendlichen Dschungel aus Regeln, in dem sie wie in einem Märchen umherirrte.

»Jeder Mensch muss Regeln akzeptieren«, erklärte Papa

ihr. »Stell dir vor, was passieren würde, wenn es keine Regeln im Straßenverkehr gäbe. Oder im Umgang der Menschen miteinander. Ist jemand beispielsweise reicher als man selbst, darf man ihn trotzdem nicht bestehlen.«

»Und wenn einer einen ärgert«, sagte Amy, »darf man ihn trotzdem nicht schlagen. Oder erstechen. Oder erschießen. Oder erwürgen. Oder …«

»Richtig«, unterbrach Papa sie, bevor sie sämtliche Todesarten aufzählte. »Tut man es dennoch, wird man verhaftet und vor Gericht gestellt.«

»Und man kriegt eine Strafe aufgebrummt und wird eingesperrt.«

Beide nickten einträchtig.

»Vielleicht«, fuhr Papa fort, »hat es manchmal den Anschein, als wären sämtliche Regeln für dich gemacht. Doch das stimmt nicht. Für mich gelten garantiert ebenso viele.«

»Dir verbietet keiner, Teddy außer der Reihe zu füttern«, widersprach Amy. »Sogar mit Eis, Kartoffelchips und Schokolade.«

»Nein.« Papa schüttelte den Kopf. »Es verbietet mir zwar niemand, aber ich weiß, dass Hunde von falschem Futter krank werden können. Auch das ist eine Regel: dafür zu sorgen, dass der Hund gesund bleibt.«

»Und wieso darfst du essen, was du willst?«, fragte Amy angriffslustig. »Und ich nicht?«

»Du weißt, dass du leicht zunimmst«, antwortete Papa. »Das liegt an …«

»… dem beknackten Chromosom«, beendete Amy seinen Satz. »Logisch.«

»Und aus diesem Grund sind Sport und gesundes Essen wichtig für dich. Und weil Mama und ich wissen, wie schwer das ist, helfen wir dir dabei. Okay?«

* * *

Am Ende saß Amy da und wusste, dass er irgendwie recht hatte und irgendwie nicht.

Gegen Eltern kannst du nicht gewinnen, sagte Anne.

Nicht mal ohne dieses bescheuerte, völlig überflüssige Chromosom, ergänzte Gret. *Glaub mir: Uns geht es nicht anders als dir.*

Amy hatte nie darüber nachgedacht, ob Anne und Gret ebenfalls ein zusätzliches Chromosom besaßen. Eltern. Ein Zuhause.

Es war nicht wichtig.

Bei unsichtbaren Freundinnen zählte nur, dass es sie gab. Und dass man sich auf sie verlassen konnte – sofern sie nicht gerade beleidigt waren, weil man sich plötzlich rund um die Uhr um einen kleinen Hund kümmern musste und deshalb weniger Zeit für sie hatte.

Eltern tun immer so, als ob sie Alleswisser und Alleskönner wären, sagte Anne. *Das kann ganz schön nerven.*

»Ätzend.«

Amy nickte.

Dabei sind sie bloß Menschen, sagte Gret. *Wie wir und du.*

Es tat gut, einer Meinung zu sein.

* * *

Ab und zu gönnte Amy sich das Vergnügen, gegen eine der Regeln zu verstoßen. Sie ging heimlich an den Kühlschrank und verschlang einen XXL-Becher Fruchtjoghurt, obwohl es bald Mittagessen gab. Sie steckte Teddy eine extradicke Scheibe Fleischwurst zu.

Oder sie wartete, bis die Öffnungszeit zu Ende war, klaute Papas Ersatzschlüssel vom Haken in der Diele und schlüpfte ins Schloss, während Papa unterwegs war.

Das war ihr liebster Regelverstoß.

Sie hatte das Schloss kaum betreten, als sie auch schon das Besondere spürte. Diesen eigentümlichen Geruch nach längst vergangenen Zeiten. Er gehörte zu dem uralten Holz der Balken und Wandvertäfelungen und dem dicken, kalten Gemäuer.

Amys Blick liebkoste die kostbar schimmernden Möbel. Die samtbezogenen Sessel und Stühle, auf denen unzählige Könige und Herzöge, Königinnen und Herzoginnen gesessen hatten, Prinzen und Prinzessinnen, die klügsten Männer und Frauen, berühmte Dichter und Musiker.

Heute durfte niemand mehr dort Platz nehmen. Um die empfindlichen Polster zu schonen. Amy tat es trotzdem und verwandelte sich in eine kluge Prinzessin, die dem Volk anmutig und huldvoll winkte.

Da gab es die Betten, in denen Generationen von Schlossbewohnern geschlafen hatten. Hinter Glas ausgestellte Kleider und Rüstungen. In Vitrinen aufbewahrten Schmuck, der einst für feine Damen gemacht worden war.

Amy bewunderte die prächtigen Gemälde, von denen die meisten sehr dunkel waren. Als wäre in all den Jahren nie ein Lichtstrahl in die hohen Räume gefallen, den die Maler hätten auffangen können.

Dabei waren manche Räume geradezu durchflutet von Licht, und man musste die Fenster mit Lamellen verdunkeln, damit die Sonnenstrahlen nicht die wunderschönen Brokattapeten ausbleichen ließen und die schweren rosenroten, tannenbaumgrünen und königsblauen Vorhänge.

Doch bei aller Schönheit lief es Amy manchmal kalt über den Rücken, wenn sie wie einen Windhauch die Anwesenheit von jemandem spürte, der überhaupt nicht da war. Kaum war sie sich sicher, nicht allein zu sein, war die Gewissheit wieder verflogen.

Dennoch streifte sie die Filzpantinen ab und flüchtete Hals über Kopf zum Hinterausgang, durch den sie das Schloss betreten hatte. Sie zog die schwere Tür auf, schlüpfte hinaus, steckte mit bebenden Händen Papas Schlüssel ins Schloss und drehte ihn rasch herum.

Amy war froh, dass Papa keinen Verdacht schöpfte und sie nicht ausfragte, denn sie hatte kein Talent zum Lügen. Es fiel ihr sogar schwer, etwas zu verschweigen, von wo aus es nicht weit bis zum Lügen war.

Stets sprach sie aus, was sie dachte, selbst wenn es ihr schadete.

Ähnlich war es mit ihren Gefühlen. Es gelang ihr einfach nicht, sie zurückzuhalten oder zu verbergen. Sie war ihnen ausgeliefert wie eine Plastiktüte, die der Wind vor sich hertrieb.

Himmelhoch jauchzend, zu Tode betrübt nannte ihre Mutter es.

Es gab Momente, in denen Amy am liebsten die ganze Welt umarmt hätte. Wenn es möglich gewesen wäre, sie zu umarmen, denn die Welt war ja riesig, und sie konnte höchstens den Globus auf Papas Schreibtisch umarmen.

Was keinen Sinn ergab, weil er ein totes Ding war und außerdem ziemlich staubig, sodass man niesen musste, wenn man zu nah heranging.

Und dann gab es Augenblicke, in denen Amy von jetzt auf gleich in Tränen ausbrach, schlechte Laune hatte, stinkwütend war oder einfach todtraurig.

Die Momente wechselten wie die Wolkenschatten, die über die Felder glitten.

* * *

Über solche Dinge dachte Amy nach. Sie versuchte zu verstehen, was ihr begegnete, aber sie verstand nicht mal die Hälfte.

Irgendetwas passierte, sie machte sich Gedanken darüber – und schon passierte etwas Neues, über das sie nachdenken musste.

Selten gelang es ihr, einen Gedanken zu Ende zu denken. Sie schaffte es kaum, mit der Geschwindigkeit der Tage mitzuhalten. Es gab so viele Augenblicke, so viele Gefühle, Worte, Gerüche.

Wie sollte man die alle auseinanderhalten?

Oft kam sie sich vor wie eine der Schnecken, die abends aus ihren Verstecken gekrochen kamen und unendlich langsam zu den Beeten glitten, wo sie sich an den prächtigen Pflanzen satt fraßen, die Park und Garten Sommer für Sommer in ein buntes Blütenmeer verwandelten.

Amy mochte Schnecken und konnte sie anfassen, ohne sich zu ekeln. Sie liebte die zart gewundenen, hübsch gezeichneten Schneckenhäuschen und die winzigen Fühler auf den Köpfen der Tiere, die sich zusammenzogen, sobald man sie berührte.

In der Sonne glitzerten die Schleimspuren der Schnecken auf dem grauen Kopfsteinpflaster wie Silberfäden. Nur, dass sie leider nicht aus Silber waren.

Sosehr sie diese Tiere ins Herz geschlossen hatte, so froh war sie darüber, dass sie selbst keine Schnecke war. Zwar hätte sie gern ein Häuschen auf dem Rücken getragen, in das sie sich bei Gefahr flüchten könnte, sie wollte sich allerdings nicht mal *vorstellen*, ihr Leben still und geräuschlos zu verbringen.

»Dich hört man immer schon von Weitem«, sagte Papa. »Du singst und zwitscherst wie eine Amsel.«

Wenn sie bloß fliegen könnte wie eine Amsel, dachte Amy. Dann würde sie auf dem obersten Zweig des höchsten Baums im Schlosspark landen und den Schlossbesuchern auf die Köpfe spucken.

✻ Kapitel 20 ✻

Auch in den Ferien musste Amy für die Schule lernen.

»Nicht für die Schule«, sagte Papa. »Für dich selbst.«

Jaaajaaajaaa …

Amys Gedanken flogen davon.

* * *

Um drei erschien die Nachhilfelehrerin, die eigentlich gar keine Lehrerin war, sondern eine Studentin. Wider Erwarten gefiel sie Amy auf Anhieb.

Sie hatte strahlend grüne Augen mit einem goldgelben Kranz um die Pupillen und einen blonden Pferdeschwanz, der beim Gehen hin und her wippte. Ihr Name war Elise und wurde Eliiis ausgesprochen, mit einem langen *i* in der Mitte und einem seidenweichen *s* am Ende.

Amy fand den Namen wunderschön.

Er klang wie *Paradies*.

Die Stimme war ziemlich hoch und ab und zu ein bisschen quietschig, als würde Elise ihren eigenen Worten nicht trauen. Aber vielleicht gehörte sie einfach zu ihr, wie die vorwitzigen Sommersprossen, die ihre Haut sprenkelten.

Elise hatte eine zierliche Nase und lachte viel.

Ihr Lachen war groß und ansteckend und nahm Amy jede Befangenheit. Es konnten Wörter sein, die Elise zum Lachen brachten, und Zahlen. Amy hatte noch nie jemanden kennengelernt, der über Zahlen lachte.

Und sie kannte keinen, der Lieblingszahlen hatte, genau wie sie selbst.

Elise' Lieblingszahlen waren 11 und 77.

Die 11 folgte direkt auf die 10! Und setzte man sie vor oder hinter die 77, erhielt man 1177 oder 7711!

Worin jeweils zwei Mal Amys geliebte 17 zu finden war, wenn man die Zahlen auseinandernahm und anders zusammensetzte …

Verrückt, dachte Amy glücklich. Das ist absolut, vollkommen, komplett verrückt.

* * *

Zwar hätte sie Elise lieber zu den Ställen geführt, um sie mit den Pferden bekannt zu machen. Oder wäre gern mit ihr und Teddy durch den Schlosspark gelaufen, bis zu dem kleinen Bach, der an seinem Rand entlangsprudelte. Oder hätte ihr den kleinen Friedhof mit seinen halb versunkenen Grabsteinen gezeigt, auf dem sämtliche Schlossherren mitsamt ihren Damen die letzte Ruhe gefunden hatten.

Doch Papa war unerbittlich.

»Ich hab's Mama versprochen.«

Dagegen kam Amy nicht an. Und möglicherweise würde es ja Spaß machen, mit Elise zu lernen.

* * *

Machte es nicht. Höchstens ein bisschen.

Amy konnte sich nicht konzentrieren. Ihr schwirrte zu vieles im Kopf herum. Sie fürchtete sich vor dem Ende der Ferien. Wenn sie wieder in der Stadt wohnen musste.

Zwar wäre sie mit Mama zusammen … aber von Teddy getrennt.

Sie überlegte fieberhaft, wie sie es schaffen könnte, Mama trotz der Trennung von Papa hierher ins Schloss zu locken, den schönsten Ort auf Erden, mit Platz in Hülle und Fülle.

Sie könnte sich hier sogar ein Atelier einrichten, um ungestört zu malen und zu zeichnen. Davon träumte sie seit Langem.

Und was war mit Theo?

Und ihren Kindern?

Fragen über Fragen. Und da sollte sie sich mit Wörtern beschäftigen und wie man sie richtig schrieb.

* * *

Lieber versenkte sie sich in den Anblick der hellen Härchen auf Elise' Armen, die man deutlich erkannte, weil die Sonne darauf schien. Sie hatten dieselbe Farbe wie Elise' Pferdeschwanz, nur dass sie zarter waren als Teddys Babyflaum.

»Die Mehrzahl von Album ist …?«

»Albume«, sagte Amy zuversichtlich.

Elise schüttelte lächelnd den Kopf. »Zweiter Versuch.«

»Albums?«

»Alben«, löste Elise das Rätsel auf.

»Albums passt besser«, beschwerte sich Amy.

»Ist aber nicht richtig«, sagte Elise mit einem leichten Unterton von Bedauern. »Man muss sich an die Regeln halten, leider.«

Diese blöden Regeln. Amy entkam ihnen nicht.

»Bei *Pizza* zum Beispiel gibt es zwei Möglichkeiten«, erklärte Elise. »Du kannst sagen *Pizzas* oder *Pizzen.* Wie es dir gefällt.«

Da sollte sich einer auskennen.

»Wieso gibt es nicht bei jedem Wort zwei Mehrzahlen?«, fragte Amy.

»Du musst nicht alles auf einmal lernen«, tröstete Elise sie. »Und auch nicht alles wissen. Niemand kann das.«

* * *

Mama rief jeden Abend an. Sie hatte den Wanderurlaub verlängert. Zwei Freundinnen machten mit. Sie schienen eine Menge Spaß zu haben.

Oft hörte Amy die Freundinnen im Hintergrund giggeln und Mama kicherte ab und zu aus heiterem Himmel mit.

»Entschuldige, Schatz«, sagte sie, und Amy hörte, wie sie sich mühsam zusammenriss. »Wir haben wieder Lachwasser getrunken.«

Lachwasser, dachte Amy. Wär schön, wenn es das gäbe. Man müsste es kostenlos an die Leute verteilen und die schlechte Laune würde aussterben wie damals die Dinosaurier.

»Jetzt erzähl, Schatz. Wie geht es dir?«

* * *

Amy redete so schnell, dass ihre Wörter übereinanderstolperten.

»Langsam«, sagte Mama. »Wir haben Zeit.«

Amy erzählte von Papa, Marius und Frau Lindhorp. Sie erzählte von Frau Riesling und Elise.

»Prima«, lobte Mama sie. »Was ist mit der Physiotherapie?«

»Läuft«, sagte Amy.

»Wunderbar.«

Amy hörte Freude und Erleichterung in Mamas Stimme.

Sie erzählte von Theo und ihren Kindern. Davon, dass sie mit der Hilfe von Irinas und Marks Tanzvideo für sich allein trainierte, um nicht aus der Übung zu kommen. Sie erzählte von den Pferden und von allem anderen.

Am ausführlichsten jedoch von Teddy.

»Und dass ich dich lieb hab, wollte ich noch sagen, und dass du mir fehlst. Und dass ich trotzdem am liebsten für immer hierbleiben würde«, fügte sie atemlos hinzu.

Mama sog scharf die Luft ein.

»Können wir nicht alle hier wohnen?«, bettelte Amy zum wohl hundertsten Mal. Und fügte gleich ein »Warum denn nicht?« hinzu, weil sie mit dem üblichen *Nein* rechnete.

»Schatz, die Verbindung ist auf einmal ganz schlecht«, rief Mama. »Ich melde mich morgen wieder, in Ordnung? Hab dich lieb.«

Damit war das Telefongespräch zu Ende.

* * *

Papa wischte ihr die Tränen mit einem zerknautschten Geschirrhandtuch ab.

»Was ist denn los?«

»Ich hab Heimweh«, schluchzte Amy.

Papa musterte sie fragend.

»Nach hier«, schniefte Amy.

»Du *bist* doch hier«, sagte Papa verwirrt. »Heimweh hat man nach einem Ort, an dem man *nicht* ist und den man schrecklich vermisst.«

»Tu ich ja.« Amy löste sich von ihm und breitete die Arme aus. »Ich vermisse das Schloss, den Park und Teddy …« Erneut kamen ihr die Tränen. »Weil ich bald nicht mehr hier sein kann.«

»Das *kannst* du, Liebes. Jederzeit.«

»Eben nicht.«

Papa zog sie an sich. Er sagte nichts, hielt sie einfach fest.

* * *

Lachen und Weinen lagen bei Amy nah beieinander. Viel lieber lachte sie natürlich. Es machte die Welt hell und weit. Aber die Tränen fragten nicht um Erlaubnis, ob sie ihr in die Augen steigen durften.

Sie hatte gehört, dass Weinen helfen sollte, wenn man Kummer hatte. Das stimmte nicht. Danach tat einem nämlich bloß der Kopf weh, das Gesicht glühte, und die Augen waren heiß und verquollen. Und besser ging es einem definitiv nicht.

Doch jetzt gab es ein Heilmittel. Es hieß Teddy, war klein und knuffig und hatte große, staunende Augen.

Sobald er bemerkte, dass Amy traurig war, kletterte er auf ihren Schoß und leckte ihr fiepend das Gesicht. Er ließ nicht nach, bis Amy ihn lachend abwehrte. Dann sprang er bellend zu Boden, fegte zur Tür und forderte sie schwanzwedelnd auf, mit ihm rauszugehen.

Teddy spürte ihre Traurigkeit, bevor Amy sie wahrnahm. Er war ein Hellseher, ein Heiler und ein Clown. Einer, der alles verstand und alles verzieh.

Amy hatte keine Ahnung, wie sie es ihr Leben lang ohne ihn ausgehalten hatte.

* Kapitel 21 *

»Viele Dinge bleiben liegen, weil ich schlicht und ergreifend nicht dazu komme, sie zu erledigen«, beklagte Papa sich häufig. »Die Hälfte meiner Arbeitszeit verbringe ich am Telefon.« Deshalb trug er sein Handy am Gürtel, damit es immer griffbereit war.

Meistens benutzte er das Headset, um beim Telefonieren die Hände frei zu haben. Er sah damit aus wie die Polizisten in den Fernsehkrimis, die Amy sich noch nicht anschauen durfte.

Was sie trotzdem heimlich tat.

Zwar traute sie sich anschließend ein paar Tage lang nicht mehr allein in den Keller, musste vorm Schlafen unters Bett gucken und wurde nachts von Albträumen geplagt, aber das war es wert.

Ab und zu, fand Amy, musste man seine eigenen Entscheidungen treffen.

* * *

Heute telefonierte Papa besonders viel. Jedes Mal, wenn sich ihre Wege kreuzten, befand er sich in einem Gespräch und teilte Amy in Zeichensprache mit, dass er nicht gestört werden wollte.

Normalerweise regte er sich beim Telefonieren selten auf.

Heute schon.

Er wanderte die Auffahrt rauf und runter. Fuchtelte wild mit den Händen. Kickte verärgert Steinchen in die Gegend, die ihm unschuldig im Weg lagen. Verzog beim Zuhören ungeduldig das Gesicht. Strich sich nervös durchs Haar.

Und redete, redete, redete.

Mehr, als er in den vergangenen Wochen geredet hatte. Denn im Prinzip war er ein Schweiger, der lieber zuhörte, als selbst zu erzählen.

Amy hätte gern gewusst, mit wem er den ganzen Morgen telefonierte. Meistens waren seine Gespräche kurz und knapp, doch heute schienen einige von ihnen reichlich lang zu sein.

Vereinzelte Gesprächsfetzen hatte Amy aufgeschnappt.

Darüber müssen wir uns unterhalten. – So bald wie möglich. – Das können wir nicht allein entscheiden. – Nein. Nein. Auf keinen Fall. – Wie bitte? – Nie im Leben! – Das akzeptiere ich nicht. – Nur über meine Leiche!

Sein Tonfall war abwechselnd gereizt, sanft, zornig und bittend.

Das mach ich andauernd. – Nein, wirklich nicht. – Es ist ein vernünftiger Vorschlag. – Bitte, wir sollten in aller Ruhe … Rede ich hier eigentlich gegen eine Wand? – Jetzt hör mir doch mal …

Amy wollte ihn nicht belauschen und ließ ihn mit seinem Handy allein. Etwas an den Gesprächen alarmierte sie, ohne dass sie hätte sagen können, was es war.

Hatte sie tatsächlich den sechsten Sinn und erspürte Dinge, die den meisten Menschen verborgen blieben? Mama hatte das einmal angedeutet.

Amy wollte keinen sechsten Sinn haben.

Sie besaß bereits ein Chromosom zu viel. Das brachte sie oft genug in Schwierigkeiten.

Fünf Sinne reichten ihr deshalb völlig aus.

Ihre innere Stimme sagte ihr, dass die Gespräche, die ihr Vater an diesem Vormittag führte, nichts mit seiner Arbeit zu tun hatten. Es gelang ihr jedoch nicht, aus den spärlichen Satzschnipseln herauszuhören, mit wem er sich unterhielt.

Mit Mama? Theo? Einem Freund?

Und aus welchem Grund klangen die Telefonate so dringend?

Gerade hatte sie beschlossen, sich näher heranzuschleichen, um trotz ihres schlechten Gewissens zu lauschen, als ihr Vater sich entnervt das Headset vom Kopf riss und in seinem Büro verschwand.

* * *

»Ich habe einiges in der Stadt zu erledigen«, sagte er nach dem Mittagessen und gab Amy einen flüchtigen Abschiedskuss auf die Wange. »Was hältst du davon, Marius ein bisschen zur Hand zu gehen? Vielleicht habt ihr ja auch Lust, zusammen auszureiten?«

Ausreiten!

Dazu hatte Amy immer Lust.

Sie winkte dem Jeep nach, der über die gewundene Auffahrt bretterte und in einer grauen Staubwolke verschwand. Nachdenklich schlenderte sie hinüber zu den Ställen.

»Danke, dass du mir helfen willst«, begrüßte Marius sie mit seinem breitesten Grinsen und drückte ihr einen Besen in die Hand. »Je schneller wir die Arbeit erledigen, desto eher können wir ausreiten. Die Pferde wittern schon was. Sie können es kaum erwarten.«

* * *

Amy hörte den sanften Schlag der Hufe auf den Graspfaden zwischen den Feldern. Atmete den betäubenden Geruch des Waldes ein. Lauschte Karlottas vertrautem Schnauben. Fühlte den zuverlässigen großen Pferdekörper unter sich. Passte sich seinen Bewegungen an.

Alles war, wie es sein sollte.

Sie spürte den Wind auf dem Gesicht und wenige vorwitzige Regentropfen.

Das altbekannte Glücksgefühl explodierte in ihr.

Amy lachte, dass es im Tal widerhallte.

* * *

Am Abend stand unerwartet Mama vor der Tür.

Braun gebrannt und mit glänzenden Augen, die Haare ein bisschen heller, weil sie viel in der Sonne gewesen war. Und absolut überraschend.

Sie hatte nicht vor, Amy abzuholen, das stellte sie gleich klar. Sie wollte nur mit ihr reden.

Zusammen mit Papa.

Deshalb kam sie herein, und Amy musste Teddy festhalten, damit er sich nicht neugierig auf sie stürzte.

Sie gingen in die Küche.

Papa schaltete den Wasserkocher ein und stellte Teegeschirr und einen Teller mit den leckersten Zimtplätzchen des Universums auf den Tisch. Frau Lindhorp hatte sie gebacken, ihre Spezialität, wie sie sagte.

Es war wie früher, als sie noch gemeinsam in einem Haus gewohnt hatten. Nicht in diesem. In einem anderen, das ebenfalls schön gewesen war, obgleich es nicht zu einer Schlossanlage gehört hatte.

Fast wollte ein Funke Hoffnung in Amy aufblitzen, aber ihre Eltern benahmen sich zu sonderbar. Leider nicht so, als hätten sie sich frisch ineinander verliebt. Sie wirkten angespannt und unsicher und wichen Amys Blicken aus.

Mit jähem Unbehagen fiel ihr ein, dass sie mit ihr reden wollten. Sie duckte sich innerlich.

Wenn Erwachsene ankündigten: *Wir müssen reden*, folgte darauf meistens etwas Unangenehmes. Thema war dann garantiert nicht die nächste Ferienreise, ein tolles Geburtstagsgeschenk, eine Superduperüberraschung.

Handelte es sich um etwas Schönes, sagten sie eher: *Du, wir haben eine tolle Neuigkeit.* Oder: *Wir müssen dir unbedingt was erzählen.*

Und dabei strahlten sie um die Wette.

Das hatten Mama und Papa jedoch ewig nicht mehr getan, um die Wette gestrahlt.

Amy vergrub die Finger in Teddys Fell und versuchte, sich zu wappnen.

* * *

Während Teddy neben ihr auf der Bank einschlief, wurden Amys Augen vor Erstaunen immer größer.

Was erzählten sie ihr da?

»Und weil du dich hier so viel wohler fühlst als in der Stadt«, sagte Mama gerade, »wollten wir dich fragen, ob du ... ob ... du für ... sagen wir ... ein Jahr ... bei deinem Vater wohnen möchtest.«

Bitte??? Was war das?

Hierbleiben? Für ein ganzes *Jahr*?

»Wir würden unser Leben umkehren«, sagte Papa. »Während der Woche wohnst du bei mir und an den Wochenenden fährst du zu Mama. Und nach ungefähr einem Jahr ...«

»... überlegen wir zu dritt, ob es dabei bleiben soll oder ob wir zu der alten Regelung zurückkehren«, sagte Mama.

Was war passiert, dass sie sich plötzlich sogar ihre Sätze teilten?

In Amy glomm vorsichtige Freude auf. Noch wagte sie nicht, an das zu glauben, was sie eben gehört hatte.

»Wieso?«, fragte sie. »Warum ...?«

»Auch Erwachsene machen Fehler.« Mama lächelte verlegen. »Wir hätten wesentlich früher merken müssen, wie sehr du das Leben hier draußen liebst.«

»Und du?«, fragte Amy leise. »Ich kann dich doch nicht alleinlassen.«

»So ein Quatsch!« In Mamas Augen schimmerten Tränen. Sie warf den Kopf zurück und plinkerte sie energisch weg. »Wenn die Sehnsucht zu groß wird, besuch ich dich einfach.«

Sie guckte Papa an.

»Jederzeit«, sagte er. »Das Haus hat übrigens ein gemütliches Gästezimmer. Falls du einmal länger bleiben möchtest.«

Amy hielt es nicht mehr aus. Sie schnappte sich den verdutzten Teddy, schmatzte Mama einen Kuss auf die Wange und rannte nach draußen.

Am Himmel braute sich ein Gewitter zusammen, aber das war ihr egal und Teddy sowieso. Sie stürmten durch den Park, ohne ein einziges Mal zu verschnaufen. Als die ersten Tropfen fielen, breitete Amy die Arme aus und hielt das Gesicht in den Regen.

Es fühlte sich gut an, so unglaublich, wahnsinnig, grenzenlos gut, dass sie tanzen musste.

Teddy setzte sich ins Gras und sah ihr zu.

Nachdenken über alles konnte sie später. Jetzt wollte sie sich freuen.

IM SCHLOSS

* Kapitel 22 *

Der Name war cool.

Amy.

Weniger cool war, dass sie darüber hinaus nach wie vor im Nebel stocherten. Sie hatten keine Ahnung, wer dieses Mädchen war.

Suri befand sich mit ihrer Mutter und den Brüdern auf dem Weg zum Schloss Henriettenburg. Mama hatte das Radio angemacht. Ein nervtötend aufgekratzter Moderator behauptete, dies sei ein Wahnsinnstag.

Krass, Leute! Sonne, Sonne, Sonne! Und ab geht's an den Strand, zum See oder in den Pool! Ein Hammerwetter, meine Lieben! Kein Wölkchen am Himmel! Und das Allerbeste: Es soll so bleiben! Ein guter Grund, den Grill anzuwerfen und Party zu machen. Und damit ihr in Stimmung kommt, hier ein paar der angesagtesten Sommerhits, aufgelegt von eurem … Traraaa … Günni Ringelnatz …

»Genau«, kommentierte Erik ironisch. »Kein Wölkchen am Himmel. Und das seit Wochen. Die wenigen Male, die es in letzter Zeit geregnet hat, kann man vergessen. Die Erde ist hart wie Stein.«

Niemand antwortete ihm.

Mama saß kerzengerade am Steuer, neben ihr ein demonstrativ schweigsamer Bjarne, der mit gespielter Gleichgültigkeit auf die Straße starrte. Suri teilte sich mit Erik die Rückbank.

»Die Welt geht kaputt«, fuhr er fort, »aber Gott sei Dank haben wir ja unsern Günni Ringelnatz, und der ist echt gut drauf.«

Wieder antwortete niemand.

Suri dachte an die *Fridays for Future*-Demos, bei denen sie mitgemacht hatte und weiter mitmachen würde. Daran konnte kein Günni Ringelnatz etwas ändern.

»Und als wär das alles nicht schlimm genug, werden wir von unserer Mutter auch noch zur Schlachtbank geführt.«

»Es reicht, Erik«, sagte Mama.

»*Die Gedanken sihind frei*«, schmetterte Erik seinen eigenen Sommerhit, »*wer kann sie erraten? Sie fliegen vohorbei …*«

»Hör bitte auf damit.« Mama drehte sich halb zu ihm um, richtete ihre Aufmerksamkeit aber schnell wieder auf die Straße. »Das ist nicht witzig.«

»Soll es auch nicht sein.«

Suri stieß ihren Bruder an. Mamas Nerven schienen zum Zerreißen gespannt. Erik war im Begriff, eine mittlere Katastrophe heraufzubeschwören.

Obwohl – was konnte schon passieren? Dass Mama umkehrte und die Verabredung mit Klaas kippte?

Sollte sie doch.

Sie war ja diejenige, die diese Familienzusammenführung vereinbart hatte. Die Einzige, der überhaupt daran lag. Keiner hatte sie darum gebeten. Das Ganze war eine einzige Erpressung, getarnt als großzügiger Kompromiss.

Aber sie hatten zugestimmt und sein Wort musste man halten.

Suri drückte Eriks Hand, denn sie hatte nicht den Eindruck, als wollte er klein beigeben. Seine Finger waren eiskalt, was nicht an der Klimaanlage liegen konnte, die auf der niedrigsten Stufe eingestellt war.

Widerstrebend richtete er den Blick nach draußen und war still.

* * *

Es gab keinen Plan. Zumindest keinen, den Mama ihnen verraten hätte. Dabei hatte sie wahrscheinlich haarklein mit Klaas abgesprochen, wie die Zukunft aussehen sollte.

Das Treffen im Schloss war der erste Schritt.

Gib der Sache eine Chance, flüsterte etwas in Suri. *Wenn es nicht klappt, wird in einem halben Jahr alles wieder rückgängig gemacht.*

Falls Mama ihr Versprechen ernst gemeint hatte.

Ein halbes Jahr …

Sechs Monate. Sechsundzwanzig Wochen. Einhundertzweiundachtzig Tage. Viertausenddreihundertachtundsechzig Stunden.

Suri hatte es ausgerechnet. Die Anzahl der Minuten und Sekunden wollte sie sich gar nicht ausmalen.

Sie schaute hinaus auf die vorbeigleitenden Häuser, die

immer spärlicher wurden und schließlich Wäldern, Wiesen und Feldern wichen. Das besänftigte sie irgendwie und Erik schien es genauso zu gehen. Wie gebannt sah er aus dem Fenster und knabberte an seinem Daumennagel.

Es war nicht die Vorstellung, für eine Weile in ein Schloss zu ziehen, die Suri bedrückte. Auch nicht das Zusammenleben mit Klaas und seiner Tochter. Es war das Endgültige, das Weitreichende dieser Entscheidung.

Miranda würde demnächst eine Halbschwester oder einen Halbbruder zur Welt bringen und nun sollte ihnen auch noch eine Stiefschwester präsentiert werden.

Was blieb da von ihrer eigenen, ursprünglichen Familie übrig?

Sie hatten sich gerade erst an ein Leben ohne ihren Vater gewöhnt. Wie konnte Mama allen Ernstes daran denken, das tiefe Loch, das Papa hinterlassen hatte, mit einem anderen Mann zu stopfen?

Suri tröstete sich mit der Hoffnung, dass Amy nicht wirklich im Schloss wohnen, sondern nur an den Wochenenden zu Besuch kommen würde.

Und in den Ferien, fiel ihr ein. Und an den Feiertagen. Weihnachten. Ostern. Pfingsten. O Gott!

Sie versuchte, ihre Gedanken in eine andere Richtung zu lenken. Oder an nichts zu denken. An NICHTS.

Die Gedanken husteten ihr was. Wie überdrehte Flöhe hüpften sie umher und ließen sich weder fangen noch ignorieren.

* * *

Der Anblick des Schlosses war überwältigend. Schon von Weitem konnte man es auf einer sattgrünen Anhöhe liegen sehen. Wie beim *Kleinen Lord*, dachte Suri, als der das Schloss seines Großvaters zum ersten Mal erblickt.

Jedes Jahr zur Weihnachtszeit schauten sie sich den Film im Fernsehen an. *Der kleine Lord* war Familientradition bei Tee, Kakao und Waffeln mit heißen Kirschen und Eis. Suri fragte sich, ob Klaas und Amy diese Tradition teilten.

Henriettenburg war nicht annähernd so pompös wie das Schloss im Film, aber es machte doch ziemlich was her. Gegen ihren Willen war Suri fasziniert von seinem Anblick. Erik neben ihr hörte auf, am Daumennagel zu kauen, und sogar Bjarne drehte den Kopf, um das Schloss zu betrachten.

Es war ein Augenblick, den Suri, das wusste sie, nie vergessen würde. Beinah wie in einem eigenen Film, in dem jeder von ihnen eine Hauptrolle spielte und niemand wusste, ob es ein Happy End geben würde.

Mama fuhr langsamer. Als wollte sie die Ankunft hinauszögern.

Um die Vorfreude auszukosten? Um Mut zu sammeln? Für sie war es bestimmt auch nicht leicht. Bjarne, Erik und Suri gegen sich, nur Klaas auf ihrer Seite.

Suri schloss die Augen.

Sie hatten den Deal akzeptiert und hielten sich daran.

Es war allerdings nicht Teil der Abmachung, dass sie Mama die Sache erleichtern mussten.

* * *

Klaas stand am Ende der langen Auffahrt und erwartete sie.

Er war allein.

Suri registrierte das mit einer Mischung aus Erleichterung und Enttäuschung. Sie fragte sich, aus welchem Grund sie in diesem Moment vor Amy die meiste Angst hatte. Das Mädchen verfügte ganz sicher nicht über dunkle Zauberkräfte und konnte ihnen nichts anhaben.

Immerhin waren sie zu dritt und wussten sich zu wehren.

Vielleicht lehnte sie den verrückten Plan ihres Vaters, mit einer neuen Frau und ihren drei Kindern zusammenzuziehen, ja sogar ab.

Mit ziemlicher Sicherheit, das wurde Suri plötzlich klar, würde das erste Zusammentreffen für Amy am schwersten sein.

Drei gegen eine, dachte sie. Unsere Chancen stehen nicht schlecht.

Sie erkannte sich selbst nicht wieder. Das war kein Spiel, in dem es um Gewinnen oder Verlieren ging. Es war bitterer Ernst, und sie wünschte inbrünstig, sie hätte Mamas Vorschlag nie zugestimmt.

Sie stiegen aus. Bjarne und Erik sahen sich suchend um. Möglicherweise gingen ihnen ähnliche Gedanken durch den Kopf.

»Herzlich willkommen«, sagte Klaas und lächelte sie herzlich an. »Ich freue mich über euren Besuch.«

Die Untertreibung des Jahrhunderts, dachte Suri.

Das hier war kein Besuch. Es war der Anfang vom Ende.

Klaas umarmte ihre Mutter und küsste sie.

Suri hatte große Lust, einfach abzuhauen. Die imposant gewundene Auffahrt hinunter- und immer weiter und weiter zu rennen. Sie wechselte einen Blick mit Erik, der unmerklich den Kopf schüttelte.

In ihre Gedanken hinein bellte ein Hund und sie alle drehten sich nach ihm um.

* * *

Er war noch jung, ein Welpe mit braunem Fell und Babyspeck, und er wedelte so heftig mit dem Schwanz, dass er beinah umkippte. Vor Freude winselnd, kam er aus einem Stall gelaufen, aus dem man das Wiehern eines Pferdes hörte.

Ein Hund!

Pferde …

Nun nahm Suri auch den Stallgeruch wahr.

Pferde …

Gerade als sich mit einem feinen Stich ihre alte Angst vor diesen mächtigen Tieren meldete, hatte der kleine Hund sie erreicht. Er begrüßte sie, indem er ihnen nacheinander die Schuhspitzen leckte und sich dann auf den Rücken warf, um gestreichelt zu werden.

»Das ist Teddy«, sagte Klaas, den Arm um Mamas Schultern, als gehörte er dahin. »Er stellt unser Leben seit Kurzem komplett auf den Kopf.«

Unser Leben.

»Ah ja. Und das ist meine Tochter Amy.«

***

Amy trat aus dem Stall und blinzelte gegen die Sonne. Sie schirmte die Augen mit der Hand ab und blieb stehen.

Klaas winkte sie heran, doch sie rührte sich nicht.

Teddy rappelte sich auf, schüttelte sich den Staub aus dem Fell und jagte auf sie zu.

Es war, als hätte er einen Schalter bei dem Mädchen umgelegt. Sie hob ihn hoch und vergrub die Nase in seinem Fell.

Aber sie tat keinen Schritt und sagte kein Wort.

* Kapitel 23 *

Amy hatte sich auf diesen Nachmittag gefreut und ihn gefürchtet. Was, wenn sie sich vor Aufregung mit den Wörtern verhaspelte? Oder sie verwechselte?

Hand mit *Land. Lecker* mit *Wecker. Kalt* mit *Wald.*

Mit Wörtern konnte alles passieren.

Oder wenn ihr vor Aufregung die Stimme versagte? Sich piepsig anhörte wie bei dem kleinen Vogel, der im Frühjahr aus dem Nest gefallen war. Marius hatte Handschuhe übergestreift, damit der Vogel nicht seinen Geruch annahm, und ihn behutsam ins Nest zurückgesetzt.

Doch Marius war nicht hier. Falls etwas Schlimmes passierte, würde Amy sich selbst retten müssen.

Schließlich siegte die Freude. Theo war da und ihre Kinder sahen nett aus. Amy musste nur auf sie zugehen, möglichst ohne zu stolpern.

Etwas in ihr wollte schnell wieder in den Stall schlüpfen und bei den Pferden Schutz suchen. Die Pferde konnten das gut – sie trösten, wenn sie traurig war, oder sich zwischen sie und die Angst stellen, wenn sie sich vor etwas fürchtete. Eine lebendige, warme, atmende Wand.

Aber heute würde sie es allein schaffen.

Einen Schritt nach dem andern, trat sie auf die Besucher zu, während Teddy mit einem zärtlichen Knurren an ihrem Ohrläppchen knabberte und dann herzhaft gähnte. Die Aufregung war zu viel für ihn.

Theo kam ihr entgegen und legte ihr eine Hand auf die Schulter.

»Hallo, Amy. Ich möchte dir meine Kinder vorstellen.«

* * *

Bjarne. Erik. Suri.

Bjarne schaute ziemlich finster drein. Suri machte den Eindruck, als würde sie sich woandershin wünschen. Einzig Erik grinste. Es war ein fröhliches, offenes Grinsen.

Ein Willkommensgrinsen, dachte Amy und betrachtete ihn genauer.

Er hatte Theos Augen, die nebelgrau waren, ab und zu jedoch an den blassblauen Himmel eines Sommermorgens erinnerten. Seine blonden Haare standen ihm struppig vom Kopf ab und er hatte eine kleine, sichelförmige Narbe auf der Stirn.

»Unfall mit dem Mountainbike«, erklärte er, als er ihren Blick bemerkte. »Hi.«

Beim Klang seiner Stimme zappelte Teddy in Amys Armen, als ginge es um sein Leben. Sie setzte ihn auf den Boden. Eilig lief er auf Erik zu, ließ sich auf seinen ausgetretenen Sneakers nieder und legte den Kopf auf die Pfoten.

»Hi«, sagte Amy und war überrascht über den festen Klang ihrer Stimme. »Wollt ihr die Pferde sehen?«

* * *

Bjarne konnte mit den Pferden nichts anfangen. Er sah sich lieber im Stall um. Suri schien sich nicht entscheiden zu können, ob sie an die Tiere herangehen oder Abstand zu ihnen wahren sollte. Erik wartete ab.

Teddy spielte großer Hund und bellte wie verrückt, doch die Pferde nahmen das nicht ernst und sahen gutmütig darüber hinweg. Es würde noch eine Weile dauern, bis er sich bei ihnen Respekt verschaffen konnte.

Amy ging von Box zu Box, streichelte die Tiere und nannte ihre Namen.

»Aura«, sagte sie, »Capo, Byron, Calla, Jacky … und das ist Karlotta.«

Karlotta schnaubte leise und senkte den Kopf, damit Amy das Gesicht an ihre Stirn schmiegen konnte. In den dunklen Augen der Stute spiegelten sich Suri und Erik. Und Bjarne, wie er den Stall wieder verließ.

»Ihr könnt sie anfassen«, sagte Amy. »Sie ist lieb.«

Doch dafür war es offenbar zu früh. Sie trauten sich nicht näher heran.

»Habt ihr Lust auf Kuchen?«

Amy wollte unbedingt, dass sie sich wohlfühlten. Dann würden sie sich mit der Zeit in das Schloss verlieben, in Teddy und schließlich auch in die Pferde, da war sie sich ganz sicher. In Papa und Marius sowieso.

Vielleicht sogar ein bisschen in Frau Lindhorp, wenn sie sich an sie gewöhnt hätten. Aber erst mal gab es ihren sagenumwobenen Schokokuchen.

Amys Füße beschlossen, dass sie über den Hof *rennen* mussten. Und zwar so schnell, dass weder Teddy noch Suri noch Erik mitkamen. An der Tür überholte sie sogar Bjarne, der gerade im Begriff war, das Haus zu betreten.

Schon im Flur duftete es nach Schokolade, Zimt und Nüssen. Fast wie Weihnachten. Amy befahl ihren Füßen, sich zu benehmen.

Ein schwindlig machendes Glücksgefühl streckte seine Fühler nach ihr aus.

Wie schön das alles war.

Das Stillsitzen fiel ihr schwer. In Windeseile hatte sie zwei Stück Kuchen verputzt und einen großen Becher Kakao getrunken. Bisher hatte sie nichts gesagt.

Bjarne, Suri und Erik schwiegen ebenfalls. So blieb das Gespräch am Tisch Papa und Theo überlassen.

Derweil spielte Teddy völlig aufgekratzt den Clown. Er jagte seinen Spielball vor sich her, schleppte seine Decke von einer Ecke in die andere und gab Töne von sich, die Amy nie zuvor gehört hatte.

»Nicht beachten«, sagte Papa. »Der kriegt sich schon wieder ein.«

Vor allem Suri gelang es nicht, sich daran zu halten. Sie konnte den Blick kaum von Teddy abwenden.

»Wir hatten auch einen Hund«, erzählte Theo traurig. »Lulu. Sie ist überfahren worden. Das war vor zwei Jahren, und bisher haben wir uns nicht entschließen können, einen neuen Hund in die Familie aufzunehmen.«

Bei dem Wort *Familie* verdunkelten sich Bjarnes Augen. Amy fühlte seine tiefe Niedergeschlagenheit und die hatte nicht bloß mit Lulu zu tun.

Während sie darüber nachdachte, bemerkte sie auf Suris Lippen das erste zögerliche Lächeln. Teddy zerrte mit ganzer Kraft an ihren Schnürsenkeln.

»Teddy! Aus!«, befahl Papa scharf.

Das kümmerte Teddy herzlich wenig.

»Lass ihn ruhig«, sagte Suri.

Sie beugte sich zu Teddy hinunter und lenkte ihn ab, bis er die Schnürsenkel in Frieden ließ und sich nach einem anderen Opfer umsah.

Ihre Stimme war hell und klar, das leise Lispeln kaum zu hören. Doch Amy entging es nicht. Plötzlich fühlte sie sich diesem Mädchen so nah, dass sie aufsprang und durch die Küche tanzte und hinaus in den Flur und aus dem Haus, bis in den Park, wo sie anfing zu rennen, bis sie außer Atem war.

* * *

Der Himmel war unendlich weit und hoch und blau. In den Bäumen flüsterte der Wind. Ein Segelflugzeug glitt geräuschlos über Amy hinweg.

Alles wird gut, dachte sie. Alles wird gut.

Sie hatte es in Eriks Augen gelesen und in Suris Stimme. Selbst in Bjarnes Traurigkeit, die auch ein bisschen zornig war.

Alles würde gut werden. Es konnte gar nicht anders sein.

* Kapitel 24 *

Stöhnend faltete Suri den nächsten Umzugskarton zusammen. Sie vermisste Pam. Die hätte ihr, wenn sie nicht in die Ferien gefahren wäre, sicherlich beim Packen geholfen.

Sie hätten reden, lästern, witzeln und lachen können, und es wäre gleich weniger schlimm gewesen, der Abschied von zu Hause erträglicher.

Pam hätte vielleicht das Kunststück vollbracht, den unvermeidlichen Umzug in ein Abenteuer zu verwandeln.

Sie nahm die Dinge leichter als Suri, besaß eine überschäumende Fantasie, und es gelang ihr, aus jeder Maus einen Elefanten zu machen und aus jedem Elefanten eine Maus.

Das Regal und der Schrank leerten sich.

Suris Leben verschwand Stück für Stück in den Kartons und hinterließ nichts als Wollmäuse und Leere. Die Geräusche hallten zwischen den nackten Wänden und erzeugten ein schwer auszuhaltendes Gefühl von Verlassenheit.

Einige Tage würden sie in dem Chaos noch verbringen müssen. Am Wochenende würde der Möbelwagen kommen und alles in seinem gefräßigen Bauch verschwinden lassen.

Um es vorm Schloss wieder auszuspucken.

* * *

Dort hatte jeder von ihnen ein eigenes Zimmer, genau wie hier.

Wenigstens das.

Sie würden im selben Teil der Nebengebäude wohnen wie Klaas und Amy, bloß durch eine Wand von ihnen getrennt.

Eine Woche lang hatten sie die Räume renoviert und so hergerichtet, wie es ihnen gefiel. Bjarne hatte die Wände seines Zimmers steingrau gestrichen. Erik hatte sich für ein schlichtes Weiß entschieden, Suri für ein zartes Blau.

Es war nicht nötig gewesen, über die Verteilung das Los entscheiden zu lassen, denn jeder hatte sich spontan zu einem bestimmten Raum hingezogen gefühlt. Erik und Bjarne würden im Dachgeschoss leben, Suri im ersten Stock, neben ihrer Mutter, die sich mit dem kleinsten Zimmer zufriedengab.

Amy hatte ihre Schüchternheit verloren, war zwischen ihnen hin und her gewirbelt und hatte sich über alles und jedes gefreut. Offenbar war sie begeistert von der Familienzusammenführung, hatte sie sich sogar gewünscht.

»Ich wohne jetzt bei meinem Vater«, hatte sie erzählt und übers ganze Gesicht gestrahlt. »Und an den Wochenenden besuche ich meine Mutter. Vorher war es umgekehrt.«

Seltsamerweise hatte diese Neuigkeit die Sache in Suris Augen nicht verschlimmert. Ihr war nur schleierhaft, wieso Amy kein Problem damit zu haben schien, ihren Vater und ihr Zuhause mit drei völlig fremden Kindern zu teilen, während Suri schon zu Beginn des Experiments sein Ende herbeisehnte.

Bjarne arbeitete wortkarg und verbissen vor sich hin. Sprach man ihn an, antwortete er einsilbig. Von sich aus fing er keine Unterhaltung an.

Ausgerechnet die strenge, mürrisch dreinblickende Frau Lindhorp hatte einen Narren an ihm gefressen. Wenn sie ihn anschaute, entspannte sich ihre Miene. Ihre Stimme veränderte sich, wurde freundlich und weich.

Bjarne versprühte sämtlichen Charme, den er besaß, und wickelte sie locker um den Finger. Das war ein kluger Schachzug, denn Frau Lindhorp war in diesem Haushalt die ungekrönte Königin, und das konnte durchaus nützlich sein.

Als sie mit dem Streichen fertig waren, musste Suri ehrlich zugeben, dass ihr das neue Zimmer ausgesprochen gut gefiel.

Abgesehen davon, dass es sich am falschen Ort befand.

* * *

An die Touristen mit ihren Tablets, Handys und Kameras musste man sich gewöhnen. Sie fotografierten alles, was nicht bei drei auf den Bäumen war. Einige missachteten gleichmütig die Verbotsschilder, machten sich hemmungslos in Stall und Scheune breit, verschafften sich unerlaubt Zugang zu den Büroräumen oder drückten sich die Nase an den Fensterscheiben platt.

»Sie sind ein Segen für uns«, sagte Klaas, »und gleichzeitig ein Fluch. Ohne sie könnten wir das Schloss nicht halten, so bedauerlich das ist.«

Bisher hatte er Suri, Bjarne und Erik noch nicht durch das Schloss geführt. Er hatte eine Menge um die Ohren, wie er sagte, und war ständig auf Achse. Zwar trug er sein Handy bei sich, um jederzeit erreichbar zu sein, war jedoch froh, wenn er nicht unnötig angerufen wurde.

Statt auf die Schlossbesichtigung zu warten, hatte Suri die Umgebung erkundet.

Auf eigene Faust.

* * *

Der Schlosspark war ein Traum. Umgeben von einer mächtigen Mauer, an der Kletterhortensien, wilder Wein und Knöterich wuchsen, mit je einem Tor in den vier Himmelsrichtungen.

Das Schloss lag eingebettet in farbenfrohe, streng geometrisch gepflanzte Blumenstauden. Es gab ein verwunschenes Labyrinth aus hohen Buchenhecken, Wasserspiele, knirschende Kieswege, weite Rasenflächen.

Und einen eigenen Wald.

Suri sah sich bereits auf einem der Pferde über das Gras galoppieren und durch den Wald traben. Vielleicht auf Byron mit seinen sanften Augen und dem bronzefarbenen Fell.

Doch dazu musste sie erst die Scheu vor diesen großen Tieren überwinden.

* * *

»Wie weit bist du?«

Mama blieb auf der Türschwelle stehen und verschaffte sich einen Überblick.

Suri hob die Schultern.

»Für die Bücher haben wir Extrakartons«, sagte Mama. »Guck mal im Keller nach. Die sind kleiner, damit sie nicht so schwer werden.«

Und damit war sie wieder verschwunden.

Aus Bjarnes Zimmer hörte Suri es rumpeln. Dann ein Geräusch, als hätte ihr Bruder mit aller Kraft gegen eine der Kisten getreten. Er tat das mehrmals am Tag. Um kurz darauf für ein, zwei Stunden zu verschwinden und anschließend lustlos weiterzukramen.

Erik war fertig und hatte sich bereit erklärt, beim Verpacken des Geschirrs und der Küchenutensilien zu helfen, worin er offenbar so gut war, dass Mama ihm die Aufgabe ganz übertrug und sich eine andere Arbeit vornahm.

Zwar wischte Suri jedes Teil, das sie in den Umzugskartons verstaute, gründlich ab, dennoch waren ihre Hände ständig schmutzig. In den Ecken und Winkeln und sogar hinter den Klamotten im Schrank kamen Spinnweben zum Vorschein, Bonbonpapier, ein ewig vermisster Kugelschreiber, ein zerbrochener Kleiderbügel und ein paar eingetrocknete Kaugummis.

Ihr Zimmer wurde von Tag zu Tag ungemütlicher und fremder.

Es verlor bereits seinen Geruch.

* * *

Am letzten Morgen in ihrem alten Zuhause frühstückten sie auf der Terrasse und benutzten dafür die letzten vier Gedecke, die sie unverpackt gelassen hatten.

»Wie Camping«, sagte Erik und biss genüsslich in ein knuspriges Sesambrötchen. »Wenn hinter der Hecke das Meer wäre, könnte das ein Supertag werden.«

»Das Einzige, was du hinter der Hecke finden wirst, ist der Möbelwagen«, brummte Bjarne schlecht gelaunt. »Wann kommen die Packer eigentlich?«

»Um acht«, sagte Mama und sah auf ihre Uhr.

Noch eine halbe Stunde und es war jetzt schon warm. Siebenunddreißig Grad im Schatten waren vorhergesagt.

»Wer kümmert sich eigentlich um den Garten?«, fragte Suri mit Blick auf die Hortensien, die viel Wasser brauchten.

»Gottschalks«, antwortete Mama. »Sie haben es von sich aus angeboten.«

Herr und Frau Gottschalk waren über achtzig, topfit und sie liebten Gartenarbeit. Von morgens bis abends hörte man sie in ihrem Garten wuseln. Suri konnte sich nicht erinnern, sie jemals ohne ihren Strohhut draußen gesehen zu haben.

»Die Gartenarbeit erledige ich weiterhin selbst«, erklärte Mama. »Gottschalks werden den Pflanzen Wasser geben und auf das Haus achten. Sie verlangen dafür keinen Cent. Da müssen wir uns noch etwas überlegen.«

Suri ging ein letztes Mal durch die Zimmer, aus denen jegliches Leben gewichen war. Nur die Kücheneinrichtung stand noch. Kühl- und Gefrierschrank waren abgetaut, ihre Türen einen Spaltbreit geöffnet.

In den Kellerregalen, in denen die Lebensmittelvorräte gelagert worden waren, hatte Mama allen möglichen Kram verstaut, was Suris Hoffnung nährte, dass sie nach dem halben Jahr tatsächlich zurückkommen würden.

Die Gardinen blieben hängen. Zum einen passten sie an den neuen Fenstern nicht, zum andern ließen sie das Haus bewohnt wirken und schreckten dadurch Einbrecher ab.

Mama hatte wirklich an alles gedacht.

* * *

Und dann hörte Suri das Brummen eines schweren Motors und das Rufen und Lachen von Männern, die bereits am frühen Morgen gut gelaunt zu sein schienen.

Es war so weit.

Das neue Leben fing an.

* Kapitel 25 *

Wieder hatte Papa die versprochene Führung durch das Schloss verschoben, weil ihm die Zeit fehlte.

Und nicht nur Amy damit sehr enttäuscht. Suri hatte sich in ihr Zimmer zurückgezogen, aus dem kurz darauf laute Musik in den Schlosshof drang.

»Kann nicht jemand anders das Schloss zeigen?«, fragte Amy. »Bestimmt sind auch die Jungs gespannt.«

»Du weißt, dass wir das Sommerkonzert vorbereiten«, sagte Papa. »Da haben die Mitarbeiter alle Hände voll zu tun.«

»Und wenn *ich* es mache?«

Natürlich hätten sie an einer der öffentlichen Führungen teilnehmen können, aber das wäre nicht dasselbe gewesen.

»Amy …« Papa tippte auf seine Armbanduhr. »Ich habe eine Verabredung in der Stadt. Können wir uns später darüber unterhalten?«

Später. Sein Lieblingswort.

»Wann?«

»Nach dem Abendessen, okay?«

Nichts war okay. Wieso war Arbeit für Erwachsene dermaßen wichtig, dass sie immer an erster Stelle stand?

Weil man für ein sorgenfreies Leben Geld verdienen muss, sagte Papa, wenn sie sich darüber beschwerte. *Damit man genug zu essen hat, Sachen zum Anziehen und einen schönen Ort, an dem man wohnen kann.*

Nach dem Abendessen.

Shit.

Amy gab sich keine Mühe, ihren Frust zu verbergen.

»Ich muss das Geld verdienen, das wir zum Leben …«

Den Rest hörte Amy nicht mehr. Sie kannte ihn ja zur Genüge.

* * *

Während Papa unterwegs war, kümmerte sich Frau Lindhorp um Amy. Leider nahm sie diese Aufgabe ziemlich ernst. Doch Papa hatte sich nicht erweichen lassen, als Amy ihm erklären wollte, dass sie mittlerweile alt genug war, um allein für sich verantwortlich zu sein.

»Ich brauche keine Aufpasserin«, hatte sie gesagt.

»Frau Lindhorp ist keine Aufpasserin. Sie achtet lediglich auf alles, solange ich weg bin.«

Auf alles!

Als wäre Amy ein beliebiger Gegenstand im Schloss, in Papas Büro oder in einer Küchenschublade.

»Komm, Schatz. Du weißt, dass es nicht anders geht. Wir haben das mit Mama so abgemacht.«

Manchmal stellte Amy sich vor, die Wörter kämen wie Seifenblasen aus dem Mund der Menschen.

Die ganze Welt wäre ein einziges Geblubber.

Schillernd würden die Wortblasen in der Luft schweben

und nach einer Weile sacht niedersinken und geräuschlos zerplatzen.

Mit. Mama. So. Abgemacht.

Blubb. Blubb. Blubb. Blubb.

Und wenn jemand extrem schnell redete, wie Frau Lindhorp das tat, würden die Blasen nur so aus ihrem Mund strömen: Blubberdiblubberdiblubb …

Du darfst nicht … du sollst nicht … du kannst nicht …

BLUBBUBBUB.

Regenbogenbunt. Echt schön anzuschauen.

* * *

Das Gute an Frau Lindhorp war, dass sie für ihr Leben gern telefonierte. Ständig sah man sie mit dem Handy am Ohr, das sie blitzschnell in der Hosentasche verschwinden ließ, sobald sie merkte, dass sie beobachtet wurde.

Sie telefonierte morgens, mittags, nachmittags und abends. Und sie telefonierte lange. Mit ihrer Busenfreundin brachte sie es locker auf eine Stunde.

Eine Angewohnheit, die Amy sich gnadenlos zunutze machte.

* * *

Mittlerweile hatte sie Übung darin, den Ersatzschlüssel zu klauen, und es war keine Herausforderung mehr. Es war fast zu einfach.

Bjarne und Erik verbrachten den Nachmittag mit ihren Kumpels in der Stadt. Suri war zu Hause geblieben, weil ihre Freundin Pam erst morgen aus den Ferien kommen würde. Offenbar hatte sie keine Lust, allein loszuziehen.

Es war Amy leichtgefallen, sie zu überreden.

Suri hatte zwar in der Grundschulzeit mit ihrer Klasse schon einmal eine Besichtigung gemacht, doch da hatten sie bestimmt nur zu sehen bekommen, was allen Besuchern präsentiert wurde.

Es war völlig anders, allein im Schloss zu sein.

Die Mitarbeiter hatten bereits Feierabend. Die Lamellen an den Fenstern waren zugezogen. Still lagen die Räume in einem friedlichen Halbdunkel.

Amy hatte vorsichtshalber eine Taschenlampe mitgenommen, falls Suri irgendeine Einzelheit näher betrachten wollte.

Sie schlüpften in die Filzpantinen und schlitterten eine Weile kreuz und quer durch den Audienzsaal, wobei sie sich ausschütteten vor Lachen.

Amy war selig.

Zum ersten Mal unternahmen sie etwas zusammen.

Sie setzte sich an den eingedeckten Tisch im Festsaal und tat so, als wäre sie eine vornehme Dame bei einem großen Bankett. Mit gespitzten Lippen nickte sie freundlich hierhin und dorthin, schlüpfte jedoch rasch wieder unter dem roten Kordelband durch, weil es streng verboten war, zu nah an die Möbelstücke heranzugehen.

»Ich komme oft alleine hierher«, vertraute sie Suri an. »Meistens nachts.«

»Nachts?« Suri riss die Augen auf. »Hast du keine Angst?«

»Bloß, wenn es sich irgendwie … komisch anfühlt.«

In solchen Momenten nahm sie aus den Augenwinkeln schattenhafte Bewegungen wahr. Oder sie hörte ein seltsames Wispern in der Gemäldegalerie. Oder im Tanzsaal das Echo einer fernen Musik.

Unerklärlich.

Suri verschränkte die Arme vor der Brust, als wär ihr plötzlich kalt. Dabei war die Temperatur hier immer gleich. Das lag an der Klimaanlage, die installiert worden war, um die Kostbarkeiten im Schloss zu schützen.

»Was aber selten passiert«, fügte Amy rasch hinzu.

Obwohl es nicht der Wahrheit entsprach.

* * *

Sie schlenderten weiter und Suri stellte Fragen. Sie wollte wissen, wie alt das Schloss war. Wie man es in früheren Zeiten geheizt hatte. Wo die Dienerschaft untergebracht gewesen war. Hatte es damals schon Klos gegeben? Wem gehörte das Schloss heute? Und warum sahen die Kinder auf den Gemälden so traurig aus?

Die meisten Fragen konnte Amy beantworten. Es machte sie glücklich, dass Suri von der Schönheit der Räume überwältigt war.

Die Gemälde hatten es ihr besonders angetan. Sie versenkte sich in den Anblick einer Perlenkette mit ihrem zarten Schimmer und war hingerissen von den hauchfeinen Rüschen der Frauenkleider.

»Dass man so malen kann«, schwärmte sie in einem fort. »Dass man so malen kann …«

Selbst die unbedeutendsten Einzelheiten wirkten echt.

Als könnte man in das Bild hineingreifen und sie berühren.

»Guck mal, die Trauben …« Suri flüsterte jetzt. »Und der Wein in den Gläsern … dieses Funkeln und … und … überhaupt alles.«

Endlich war da jemand, der Amys Begeisterung teilte. Der sich im Anblick der Gemälde verlor. Staunend das hauchdünne Porzellan, die ausgestopften Pfauen und die uralte Babywiege betrachtete.

Amy konnte nicht anders. Ihr Lachen stieg an den Wänden empor, bis zu der farbenprächtigen Deckenmalerei hoch oben, auf der geflügelte Putten auf rosigen Wolken saßen, die Beine baumeln ließen und schelmisch grinsend zu ihnen runterguckten.

Amy spürte ein Kribbeln im Bauch.

So also fühlte es sich an, wenn man eine Freundin hatte.

Niemand hatte etwas von ihrem Ausflug mitgekriegt. Frau Lindhorp telefonierte nach wie vor und bemerkte nicht, dass Amy den Ersatzschlüssel heimlich an seinen Platz zurückhängte.

Ist die Katze aus dem Haus, tanzen die Mäuse auf dem Tisch, dachte Amy. Es juckte sie in den Füßen, tatsächlich loszutanzen.

Höchste Zeit, dass die Ballettstunden wieder anfingen.

Das Frühstück und das Abendessen wurden gemeinsam eingenommen. Dazu kamen Theo und die Kinder herüber, denn in ihrem Haus gab es noch keine Küchenmöbel. Ihre alten passte nicht, und Theo hatte bisher keine Zeit gefunden, zu einem Möbelhaus zu fahren, um neue auszusuchen und zu bestellen.

Was eigentlich ohnehin nicht nötig war. Papa hatte schon den Vorschlag gemacht, die Wand, die ihre Wohnbereiche voneinander trennte, durchbrechen zu lassen. Dann würden beide Küchen zu einer verschmelzen, einer großen, urgemütlichen Wohnküche, in der sogar das rote Samtsofa Platz hätte, das einsam auf dem Speicher stand, mit Bettlaken zugedeckt, damit es nicht verstaubte.

Papa und Theo wechselten sich mit dem Kochen ab oder kochten gemeinsam. Frau Lindhorp sprang nur an den Tagen ein, an denen sie nicht genug Zeit dafür hatten. Was bedauerlich war, weil sie geradezu weltmeisterlich kochte. Aber man konnte nicht alles haben.

Amy liebte es, wenn sie am Tisch saßen und das eifrige Klappern des Bestecks auf den Tellern die Küche erfüllte. Sie versuchte, daran zu denken, nicht mit allem herauszuplatzen, was ihr in den Kopf kam.

»Jeder hat eine Menge zu erzählen«, hatte Papa ihr eingeschärft. »Und dazu muss man ihm die Gelegenheit geben.«

Amy war sich nicht sicher, ob er damit recht hatte.

Erik schien von Natur aus wenig mitteilsam. Bjarne neigte dazu, das Essen in sich reinzuschaufeln und allenfalls gelegentlich ein knappes *Bitte* oder *Danke* zu nuscheln. Auch Suri war nicht gerade eine Stimmungskanone.

Die Einzigen, die sich bemühten, eine zwanglose Unterhaltung in Gang zu halten, waren Theo und Papa. Da konnte Amy sich hundert Mal bremsen – an dem großen Schweigen der Kinder änderte es nichts.

Während der Mahlzeiten waren Handys verboten. Selbst Theo und Papa hielten sich daran. Einzige Ausnahme waren wichtige Anrufe, die mit ihrer Arbeit zu tun hatten.

Hin und wieder fing Amy ein Lächeln von Erik auf und freute sich darüber. Sie hatte ihn auf den ersten Blick ins Herz geschlossen. Er war freundlich und hilfsbereit.

Und wahnsinnig schlau.

Das hätte Amy eingeschüchtert, wäre er nicht so bescheiden gewesen. Er gab mit seinem Wissen nicht an und hatte Amy neulich sogar geduldig die Sterne am Himmel erklärt.

Mit Bjarne war es anders. Er benahm sich, als wär Amy unsichtbar. Sie war ihm gleichgültig und das zeigte er deutlich. Ihre Blicke trafen sich fast nie. Passierte es dennoch, guckte er rasch woandershin.

Blödmann, zischte Anne.

Idiot, schimpfte Gret.

Er kann euch nicht hören, erinnerte Amy sie.

Leider, murmelte Anne. *Ich wünschte, er könnte es!*

Gret war so wütend, dass sie in Schweigen verfiel.

* * *

Bjarne mochte sie nicht, da war sich Amy ganz sicher.

Und er hasste es, hier zu sein.

In jeder freien Minute schwang er sich auf sein Rad und raste los. Zu seinen Freunden, die er bestimmt schrecklich vermisste. Es konnte wie aus Kübeln schütten, stürmen, donnern und blitzen – Bjarne war nicht zu bremsen.

Amy hoffte, es würde sein wie bei den Kindern in der Schule: dass er sie kennenlernen und dann ein bisschen mögen würde.

Obwohl die Chancen schlecht standen.

Und Suri?

Durch den Ausflug ins Schloss waren sie einander nähergekommen. Das war ein guter Anfang. Amy war sich sicher, die Pferde konnten ein Übriges tun. Falls Suri sich dazu entschließen würde, in den Sattel zu steigen.

Marius war ein hervorragender Lehrer. Er könnte sie unterrichten und nach einer Weile mit ihnen beiden ausreiten.

Suri würde das Reiten und die Landschaft lieben. Und vielleicht würde sie irgendwann auch Amy lieb gewinnen.

* * *

Amy gab die Hoffnung nicht auf. Das würde sie niemals tun. Wer die Hoffnung aufgab, hatte schon verloren.

* Kapitel 26 *

Endlich war Pam aus Norwegen zurück. Suri hatte sie heftiger vermisst, als sie je gedacht hätte. Noch am Nachmittag ihrer Ankunft fuhr sie zu der Freundin nach Hause.

Sie fielen sich in die Arme und wollten sich nicht mehr loslassen.

Es war drückend heiß. Der Sommer dachte gar nicht daran, dem Herbst Platz zu machen, und gab noch einmal alles.

Aber die Blätter der Bäume wurden allmählich müde. Man konnte sie leise im Wind rascheln hören. Erstes Laub sammelte sich in braunen und gelben Tupfern auf dem Rasen. Die roten Blüten der Rosen glühten in der Sonne.

»Wie ist es mit dem Umzug gelaufen?«, erkundigte sich Pam.

Suri hob die Schultern und trank von dem Eistee, den sie mit nach draußen genommen hatten. Eigentlich wusste Pam ja schon alles, denn sie hatten die ganze Zeit ausführlich miteinander gechattet. Nur war es eben nicht dasselbe, wie nebeneinander zu sitzen und zu erzählen.

»Und Amy?«, fragte Pam. »Wie ist sie?«

Suri suchte nach dem einen Begriff, der Amy treffend beschreiben würde, und ihr Kopf füllte sich mit Worten. Alle stimmten, doch keins ganz.

»Fröhlich, oft regelrecht aufgekratzt. Immer in Bewegung. Sie rennt und rennt. Tanzt im Regen. Summt vor sich hin. Spricht mit sich selbst. Singt. Außer, sie ist traurig. Oder wütend. Wenn sie sich ärgert, schmeißt sie mit Sachen, schreit und stampft mit den Füßen auf.«

»Klingt nach dir. Und mir. Oder nicht?«

»Sie liebt meine Mutter«, sagte Suri.

»Ich mag sie auch«, entgegnete Pam leichthin.

»Bloß klebst du nicht an ihr wie eine Klette. Demnächst brauch ich einen Termin, wenn ich mit meiner Mutter sprechen will.«

Pam knuffte Suri lachend in die Seite.

»Das ist kein Witz«, wehrte Suri sie ab. »Nimm das gefälligst ernst.«

»Oha!« Pam verzog in gespieltem Erschrecken das Gesicht. »Da hab ich dich aber auf dem falschen Fuß erwischt.«

»Ich mag nicht über sie reden.« Suris gute Laune war zum Teufel. »Es reicht doch, dass sie zu Hause das Hauptthema ist. Amy hier, Amy da, Amy ÜBERALL.«

»Warum?«, fragte Pam. »Versteh ich nicht.«

»Weil sie das Downsyndrom hat. Darum.«

* * *

Hinterher, als sie im Bus saß, schämte sie sich. War die Wahrheit tatsächlich so einfach? Stimmten ihre Beobachtungen überhaupt? Spielte Amy sich wirklich ständig in den Vordergrund?

Wieso sollte sie Mama nicht mögen? Und Mama sie?

Verlor Suri dadurch etwas?

Sie hatte beschlossen, noch einen kurzen Besuch bei Opa einzuschieben. Man musste sich bei ihm nicht anmelden. Er war eigentlich immer zu Hause, ging höchstens kurz einkaufen. In einem Supermarkt um die Ecke, in dem auch eine Poststation eingerichtet war. Direkt daneben befand sich eine Sparkasse und in unmittelbarer Nähe ein Friseursalon.

Für den Notfall war im Astloch der alten Eiche ein Ersatzschlüssel versteckt, den Suri heute nicht herausnehmen musste, weil Opa zu Hause war. Er hatte sich gerade einen Kaffee gekocht, dessen Duft durchs Haus zog.

Opa stellte Plätzchen auf den Tisch und goss Suri ein Glas Limonade ein. Dann setzte er sich zu ihr, trank einen Schluck Kaffee und sah sie abwartend an.

»Man kann Liebe nicht messen«, sagte er, nachdem sie ihm ihr Herz ausgeschüttet hatte. »Es gibt allerdings ein Gesetz: Je mehr Liebe du verschenkst, desto mehr Liebe bekommst du zurück. Je mehr du verschwendest, desto reicher wirst du beschenkt. Viele kluge Menschen haben das so oder ähnlich gesagt oder geschrieben.«

Darüber musste Suri nachdenken.

»Diese Amy«, fuhr Opa fort, »scheint mir ein Mensch zu sein, der seine Zuneigung mit vollen Händen verteilt.«

»Trotzdem kriegt sie keine zurück«, sagte Suri. »Bjarne

findet sie ätzend und mir geht sie manchmal ziemlich auf den Keks.«

»Und Erik?«

»Erik ist Erik. Er mag sie irgendwie.«

»Nimm dir Zeit«, sagte Opa. »Fäll nicht vorschnell ein Urteil. Jeder Mensch hat eine faire Chance verdient.«

Er nahm sich ein Ingwerplätzchen, biss davon ab und kaute nachdenklich. Sein Gesicht, seine Hände und Arme waren braun gebrannt von der Arbeit im Garten. Unter seinen kräftigen Fingernägeln haftete Erde.

Suri war ein Opakind.

Zärtlich betrachtete sie das Gesicht, in dem ihr sämtliche Falten vertraut waren, die ein langes Leben dort eingegraben hatte.

»Aber das weißt du ohnehin, nicht wahr?«

Klar wusste sie, dass jeder eine faire Chance verdiente. Trotzdem fiel es ihr schwer, Mama mit diesem sonderbaren Mädchen zu teilen.

Das sie kaum kannte.

Und sie hatte ihre Zweifel, ob sie Amy überhaupt kennenlernen wollte.

* * *

Die Schule fing wieder an, was das Leben für Suri entspannte, weil sie nicht ständig zu Hause war, und gleichzeitig komplizierte: Amy und Schulaufgaben waren kein ideales Gespann.

Meistens erledigte Amy ihre Hausaufgaben bei Klaas im Büro, wo er ein Auge auf sie haben und ihr helfen konnte. Mal lief alles reibungslos, mal flippte sie aus, wenn ihr etwas nicht gelang, mal schluchzte sie zum Gotterbarmen.

Amy hatte Mühe, am Schreibtisch zu lernen, weil sie, wie sie behauptete, im Sitzen nicht denken konnte. Lieber lief sie mit ihren Büchern und Heften umher, stattete Suri, Erik und Bjarne ungebetene Besuche ab, nistete sich bei Marius und den Pferden ein oder legte sich irgendwo draußen ins Gras.

Klaas hatte strenge Regeln aufgestellt, doch sie fand immer wieder Wege, sie zu umgehen. Sie war schwach – und unglaublich stark.

Amy wollte Tierärztin werden.

»Dazu brauchst du Abitur«, hatte Erik ihr erklärt. »Danach musst du studieren.«

»Gut«, hatte sie geantwortet. »Dann mach ich das.«

Wenig später hatte sie die Hefte in die Ecke gepfeffert.

»Guck nicht so«, hatte sie zu Erik gesagt. »Ich kann ja erst mal Tierarzthelferin werden.«

»Horror«, hatte Bjarne gemurmelt und sich in sein Zimmer geflüchtet.

* * *

Sie kamen erst am Nachmittag aus der Schule. Daran waren sie gewöhnt. Nicht jedoch daran, dass sie nun den Bus nehmen mussten, weil die Fahrt mit dem Fahrrad zu lange dauerte und bei schlechtem Wetter nahezu unmöglich war.

Amy hatte es besonders weit, aber ihre Eltern hatten

beschlossen, ihr einen Schulwechsel zu ersparen und lieber die umständliche Fahrt zuzumuten.

»Gott sei Dank«, stöhnte Bjarne. »Stell dir vor, die wär auch noch in unserer Schule! Da wär man ja nirgends vor ihr sicher.«

Suri nickte zustimmend.

»Was habt ihr eigentlich gegen sie?«, mischte Erik sich ein. »Sie tut keiner Fliege was zuleide.«

»Fragst du das im Ernst?« Bjarne tippte sich an die Stirn. »Sie ist *da*, Mann! Rund um die Uhr!«

»Sie kann sich schlecht in Luft auflösen.«

»Erik, der Allesversteher, haahaahaa!«

Wie vergifteter Honig tropfte der Hohn aus Bjarnes Stimme.

»Bjarne hat recht«, sagte Suri. »Von einer Tochter, die ständig hier sein würde, ist bei dem Deal mit Mama nicht die Rede gewesen.«

»Sie hat es ja selbst nicht gewusst«, verteidigte Erik ihre Mutter.

Bjarne stellte sich ihm in den Weg.

»Wir wollten das hier zusammen durchziehen. Ein halbes Jahr und – adios, adieu und bye-bye.«

»Und? Tun wir doch.«

Erik schob seinen Bruder beiseite, ohne sich einschüchtern zu lassen.

Sie gingen gemeinsam von der Bushaltestelle zum Schloss. Was so gut wie nie vorkam, da sie einen sehr unterschiedlichen Stundenplan hatten. Diesmal fielen die letzten beiden Stunden wegen einer außerplanmäßigen Lehrerkonferenz für sämtliche Schüler aus.

»Und warum zeigst du Amy nicht die kalte Schulter?«, fragte Bjarne.

»Es ist nicht ihre Schuld, dass wir hier gelandet sind. Kapier das endlich.«

»Trotzdem bin ich nicht bereit, heile Familie zu spielen. Dann kann uns nämlich passieren, dass wir endgültig hier festsitzen. Willst du das?«

»Bullshit! Aber wir dürfen nicht Amy dafür bestrafen, dass Mama und Klaas uns diese Suppe eingebrockt haben.«

* * *

»Hierher, Teddy! Bei Fuß!«

Teddy hörte nicht auf Marius. Blitzschnell kam er auf die Kinder zugerannt und begrüßte sie mit einem Überschwang, als wären sie nach Jahren der Wanderschaft heil zu ihm zurückgekehrt.

»Übernehmt ihr ihn?«, rief Marius von der Stalltür aus.

Was für eine Frage.

Suri hatte sich auf den ersten Blick in Teddy verliebt. Er war das Beste hier und machte ihr die neue Situation erträglich. Auch Bjarne und Erik hatten ihn ins Herz geschlossen. Teddy war einfach wunderbar und er liebte jeden Einzelnen von ihnen.

Wie hatte Opa es ausgedrückt?

Je mehr Liebe du verschenkst, desto mehr Liebe bekommst du zurück.

Ein Hund teilte seine Liebe nicht auf. Er verschenkte sie großzügig.

Wie Lulu das getan hatte.

Teddy sprang an ihnen hoch, wimmerte, winselte und jaulte vor Freude.

»Er ist das Beste hier«, sprach Bjarne Suris Gedanken aus, bückte sich nach einem kleinen Zweig und warf ihn in hohem Bogen.

Lachend sahen sie Teddy zu, wie er ihn aus der Luft fing, wild schüttelte und sich setzte, um ihn genüsslich zu zerbeißen.

Wenn das so weiterging, dachte Suri, würde sie sich bald kaum noch von dem kleinen Kerl trennen können. Sie wartete, bis er von seiner Beute abließ, hob ihn hoch und folgte ihren Brüdern ins Haus.

✻ Kapitel 27 ✻

Allmählich hatte Amy sich wieder an die Schule gewöhnt. Es tat ihr leid, dass Elise nicht mehr kam, um mit ihr zu lernen. Sie vermisste ihr Lachen, ihren fröhlich wippenden Pferdeschwanz und dass sie Lieblingszahlen hatte.

Die Elf und die Siebenundsiebzig. Das würde sie nie vergessen.

Elise hatte Amy auch ihre Lieblingswörter verraten: *Glückspilz*, *Wetterfrosch* und *Schleckermaul*.

»Und was sind deine Lieblingswörter?«, hatte sie gefragt.

Amy hatte nie darüber nachgedacht, welche Wörter sie am liebsten mochte. *Winterzeit*, war ihr eingefallen. *Eiskristall. Raureif. Schneedecke.*

»Lauter zauberhafte Winterwörter«, hatte Elise gesagt. »Und wie steht es mit deinen allerliebsten Sommerwörtern?«

Die waren Amy nur so aus dem Kopf gepurzelt: *Glühwürmchen. Schwalbennest. Sonnenlicht. Wassertropfen. Lavendelduft. Wiesenschaumkraut. Apfelbaum.*

»Und *Sommerlieblingswort*«, hatte sie gesagt, ohne mit der Zunge darüber zu stolpern.

Immerzu hatten sie mit Wörtern gespielt. Mit Zahlen. Formen. Elise waren ständig neue Spiele eingefallen.

Sie hatten gelacht, bis ihnen die Tränen aus den Augen gelaufen waren. Doch es war von Anfang an klar gewesen, dass ihre Zeit begrenzt war.

»Sei nicht traurig«, hatte Elise beim Abschied gesagt. »Bald sind Herbstferien, dann machen wir weiter.«

»Bestimmt?«

»Hochheiliges Ehrenwort.«

Sie hatte Amy umarmt und den zarten Duft ihres Parfüms auf ihrer Haut und ihrem T-Shirt zurückgelassen.

* * *

Amy freute sich, Frau Birkenwein wieder an ihrer Seite zu haben. Sie hatte sie tatsächlich ein bisschen vermisst, ebenso wie Frau Karottke, die Klassenlehrerin.

Alles war wie immer.

Die Tische standen an ihrem gewohnten Platz. Die Stühle waren da. An den Wänden hingen die von den Kindern gemalten Bilder, die Frau Karottke kurz vor den Ferien aufgehängt hatte. Die Tafel war an Ort und Stelle. Das Lehrerpult. Und darauf stand die bauchige Glasvase mit dem üblichen Wiesenblumenstrauß.

Nichts hatte sich verändert. Sogar der Geruch im Klassenzimmer, in der Sporthalle und auf den Fluren war noch derselbe. Es roch nach Schweiß, nach Kreide und nassem Schwamm.

Amy war erleichtert.

Auch darüber, dass alle Kinder weiterhin auf ihren

üblichen Plätzen saßen. Sie musste sich an nichts Neues, Fremdes gewöhnen.

Alles war vertraut.

Außer, dass sie jetzt mit einem anderen Bus fahren musste und dazu länger brauchte als vorher. Aber das war in Ordnung. Amy liebte es, sich gemütlich durchruckeln zu lassen, während draußen vor dem Fenster die Gegend vorüberzog.

* * *

Leider jedoch waren auch die alten Probleme geblieben, obwohl Amy *die* liebend gern hinter sich gelassen hätte.

Erstens: Sie war zu langsam.

Zweitens: Kein Kind wollte mit ihr befreundet sein.

Sie war nicht bloß beim Zuhören und Begreifen langsamer als die andern, beim Schreiben und Rechnen und manchmal sogar beim Zeichnen. Am schlimmsten war, dass sie im Sportunterricht Schwierigkeiten hatte.

Milan hatte sie neulich eine *lahme Ente* genannt, und ein paar Jungs hatten später auf dem Schulhof hinter ihrem Rücken »Quak, quak, quaaak!« gerufen.

Wurden Mannschaften für Spiele zusammengestellt, war Amy die Letzte, die aufgerufen wurde. Niemand wollte sie in seiner Gruppe haben, denn niemand wollte verlieren.

Sie konnte sich anstrengen wie verrückt – sobald sie ein Seil erklimmen musste, blieb sie etwa in der Mitte hängen und kam nicht vor und nicht zurück. Beim Laufen hatte sie Angst, über ihre eigenen Füße zu stolpern. Und an der

Kletterwand wurde ihr schwindlig oder ihre Hände hatten nicht genug Kraft.

Nur bei rhythmischer Gymnastik war es anders.

Da vergaß Amy alles um sich her und sogar sich selbst. War nichts als Bewegung, Musik und Harmonie.

Sicherlich sah sie nicht aus wie eine Elfe, wenn sie durch die Turnhalle schwebte. *Aber sie fühlte sich so.* Die Welt verschwamm, und der Fußboden verwandelte sich in eine Wolkendecke, auf der Amy leichtfüßig ihre Kreise drehte.

* * *

Eine Freundin war jemand, mit dem man alles teilen wollte. Die Freude, den Kummer und jeden Gedanken. Eine Freundin war immer da. War sie es einmal nicht, rief man sie an oder schickte ihr eine Nachricht.

Oder man dachte an sie.

Amy hatte im Netz darüber gelesen. Es gab ein Wort für das Miteinanderreden in Gedanken: *Telepathie.*

Ein schwieriges Wort mit einer komplizierten Schreibweise. Es lohnte sich allerdings, sie sich einzuprägen, denn die Sache, die sich hinter dem Wort verbarg, war großartig: Gedankenübertragung.

Amy glaubte fest daran. Sie hatte schon oft an Mama gedacht, und plötzlich hatte das Telefon geklingelt, und Mama war dran gewesen.

Hallo, mein Liebling.

Oder sie hatte gewusst, dass Frau Karottke ein bestimmtes Wort an die Tafel schreiben würde, und im nächsten Augenblick hatte sie es getan.

Amy sah manchmal sogar Teile einer Unterhaltung vorher. Wort für Wort. Sie wusste, dass Papa Theo den Brotkorb reichen oder Erik laut lachen oder Teddy versuchen würde, Suri auf den Schoß zu springen.

»Das nennt man ein Déjà-vu«, hatte Papa ihr erklärt. »Man sieht dabei nicht wirklich ein Geschehen voraus. Ein Déjà-vu ist eine Art … Erinnerungsfehler im Gehirn.«

Doch Amy traute seiner Erklärung nicht.

Wie sollte eine Erinnerung in der Zukunft passieren?

Zwischen Freundinnen war Gedankenübertragung völlig normal, davon war sie überzeugt. Freundinnen waren einander so nah, dass sie zu einer einzigen Person verschmelzen konnten.

Es war schön, wenn Java, Silvie und Judith freundlich zu ihr waren und in den Pausen mit ihr über den Schulhof spazierten. Wenn sie ihr die Hausaufgaben durchgaben, weil sie krank war und zu Hause bleiben musste. Oder sie zu ihrer Geburtstagsfeier einluden.

Aber Amy wünschte sich eine richtige Freundin.

Eine, die ihre Geheimnisse mit ihr teilte.

Sie fragte sich, ob Suri wohl diese Freundin sein könnte.

* Kapitel 28 *

»Das ist Amy«, sagte Suri.

Weiter kam sie nicht, denn Amy strahlte Pam an und hüpfte vor Freude in die Luft. Teddy, der ihr meist wie ein kleiner Schatten folgte, vollführte einen Slalom zwischen den Beinen, den er unterbrach, um neugierig an Pams Sneakers zu schnüffeln.

»Und das ist Teddy«, sagte Suri.

Als Pam sich nach dem Hund bückte, um ihn zu streicheln, beugte Amy sich ebenfalls vor, und sie stießen mit den Köpfen zusammen. Beide kicherten, hielten sich die Stirn, guckten sich in die Augen und kicherten weiter.

Suri spürte einen feinen Stich, den sie rasch weglächelte.

Was war los mit ihr? Gönnte sie den beiden die Beule nicht, die sie vielleicht in ein, zwei Stunden im Spiegel entdecken würden?

Pam schob ihre Sonnenbrille ins Haar und betrachtete das Schloss.

»Mega«, murmelte sie beeindruckt.

»Komm, ich zeig dir mein Zimmer«, sagte Suri.

Sie konnte es kaum erwarten, mit der Freundin allein

zu sein. Sie hatten sich so viel zu erzählen, da wollte sie keine Minute vergeuden.

Amy lief hinter ihnen her, obwohl niemand sie dazu aufgefordert hatte. Teddy in den Armen, folgte sie ihnen auf Schritt und Tritt, ohne den Blick von Pam abzuwenden.

An der Tür zu ihrem Zimmer blieb Suri stehen.

»Kannst du uns allein lassen, Amy?«

»Wieso denn?«, fragte Pam strahlend.

»Weil *wir* verabredet sind«, erklärte Suri. »Du und ich«, fügte sie hinzu, damit nichts unklar blieb.

Unbekümmert warf Pam sich auf Suris Bett und Teddy befreite sich zappelnd aus Amys Armen und sprang hinterher. Lachend versuchte Pam, ihn abzuwehren, doch er schlüpfte zwischen ihren Händen hindurch und kuschelte sich auf ihren Bauch.

Als Amy sich neben ihnen aufs Bett fallen ließ, drehte er vollends durch.

Neben zwei Personen und einen Hund, selbst wenn er noch nicht ausgewachsen war, passte keine dritte Person auf das schmale Bett. Suri zog sich den Schreibtischstuhl heran und nagte an ihrer Enttäuschung.

Sie hatte sich Pams ersten Besuch hier draußen so anders vorgestellt.

Als hätte Teddy ihren Kummer gespürt, kam er zu ihr und legte sich auf ihre Füße.

* * *

»Möchtest du das Schloss sehen?«, fragte Amy. »Wir können es dir zeigen.«

Mama und Klaas waren nicht zu Hause. Klaas hatte einen Termin beim Amt für Denkmalschutz, und Mama war mit einem Fotografen verabredet, der Aufnahmen von der neuen Schmuckkollektion machen sollte.

Anschließend wollten Mama und Klaas irgendwo essen gehen. Sie würden nicht vor neun Uhr zurückkommen.

»Wir haben nämlich budenfrei«, sagte Amy.

»Sie meint sturmfreie Bude«, erklärte Suri.

Amys Wangen glühten vor Aufregung.

»Wir können die Sau rauslassen und keiner kriegt es mit.«

Im nächsten Moment war sie aus dem Zimmer gehuscht, um den Schlüssel zu organisieren.

»Ich weiß gar nicht, was du hast«, sagte Pam. »Die ist total nett. Eigentlich hast du richtig Glück. Ich hätte wahnsinnig gern eine Schwester.«

Du hast mich, dachte Suri.

Sie fand sich selbst blöd, kam aber nicht gegen ihre Gefühle an. Wieder spürte sie einen Stich. Diesmal war er nicht mehr ganz so fein.

* * *

Auch Frau Lindhorp war an diesem Freitagnachmittag nicht da. Sie besuchte ihre Mutter, die sich bei einem Sturz ein Bein gebrochen hatte und im Krankenhaus lag. Erik war zu einem Treffen der Jugendfeuerwehr gefahren, Bjarne mit Freunden unterwegs.

Da die Verwaltungsangestellten sich an Freitagen früher in den Feierabend verabschiedeten als an den übrigen

Wochentagen, war es unwahrscheinlich, dass jemand sie bei ihrem heimlichen Ausflug beobachten würde.

Die Vorbereitungen für das Konzert waren so gut wie abgeschlossen, die Stühle in einem weiten Halbrund im Schlosshof aufgestellt, weil für die nächsten Tage gutes Wetter angesagt war.

Für die restlichen Arbeiten war morgen noch Zeit genug.

Suri freute sich darauf, beim Arrangieren der Gläser, der Blumen, der Getränke und Snacks zu helfen und am Sonntag beim Servieren.

Marius war in den Stallungen beschäftigt und würde ihnen nicht in die Quere kommen. Sie hatten freie Bahn. Es blieb Suri nichts übrig, als sich mit einer Schlossführung einverstanden zu erklären. Sie wollte keine Spielverderberin sein.

* * *

»Wow«, hauchte Pam beim Anblick des Festsaals, obwohl sie ihn ja früher schon mal gesehen hatte.

Das hier war etwas anderes.

Sie konnte sich nicht sattsehen an den prächtigen Decken, den kunstvoll gerahmten Spiegeln, den geschwungenen Füßen der Kommoden, den schweren Baldachinen über den Prunkbetten und den Gerätschaften in der Schlossküche.

»Der Wahnsinn.«

Sie hatten Teddy mitgenommen, obwohl Klaas ausgeflippt wäre, wenn er das gewusst hätte. Teddy war die ungewohnte Umgebung unheimlich. Er blieb nah bei ihnen und benahm sich bilderbuchmäßig.

Anschließend schlenderten sie über den kleinen Privatfriedhof und lasen sich gegenseitig die Namen der Toten auf den altersschiefen Grabsteinen vor.

Die Engelskulpturen waren von Grünspan überzogen, die meisten von ihnen beschädigt. Einer fehlte die Nase, einer zweiten eine Hand, einer dritten die Spitze eines Flügels. Eine vierte hatte sogar den Kopf verloren.

»Erzengel Gabriel, der Kopflose«, raunte Amy mit tiefer Stimme.

»Rächer der Armen und Waisen«, brummte Pam.

Der Rest ging in ihrem Prusten unter.

Suri betrat den Friedhof zum ersten Mal. Ihr gefiel die schattige Stille dieses Orts und sie war seltsam feierlich gestimmt. Es störte sie, dass Pam und Amy nicht aufhören konnten zu kichern.

Am liebsten wär sie einfach weggegangen. In den Wald vielleicht, in dem sie so gern allein war und in dem das Alleinsein sie niemals traurig machte.

Sie blieb. Und verstummte, ohne dass es Pam oder Amy aufgefallen wäre. Lediglich Teddy schien zu spüren, wie es um sie stand. Er stupste sie ab und zu mit der Nase an, als wollte er sagen: *Kopf hoch. Das wird wieder.*

* * *

Marius stand vor dem Stall, einen quietschgelben Kaffeebecher in der einen Hand, in der andern sein Handy, das er in die Hosentasche schob, als er sie erblickte.

»Hi«, sagte er. »Wo kommt ihr denn her?«

»Das ist meine Freundin Pam«, umschiffte Suri die Antwort. »Wir zeigen ihr gerade, wo ich neuerdings wohne.«

Sie mochte Marius. Es fiel ihr schwer, ihm nicht die Wahrheit zu sagen.

»Hallo, Pam. Herzlich willkommen auf Schloss Henriettenburg. Ich bin Marius.«

Suri sah ihm scharf in die Augen, um herauszufinden, ob er ahnte, dass sie im Schloss gewesen waren. Sie entdeckte keine Anzeichen dafür und stieß erleichtert den Atem aus.

Amy wibbelte ungeduldig hin und her und biss auf ihrem Daumen herum.

»Und du möchtest Pam jetzt die Pferde zeigen«, vermutete Marius und zwinkerte ihr zu.

Amy nahm den Daumen aus dem Mund. Sie streckte den Kopf vor und nickte wie die kleine Sonnenblume aus Plastik, die auf Mirandas Schreibtisch stand und den ganzen Tag vor sich hin wackelte.

Kaum war Marius beiseitegetreten, um die Tür freizugeben, da schnappte Amy sich Pam und zog sie hinter sich her in den Stall.

* * *

»Hey, Aura«, flüsterte Pam. »Hey, Capo. Byron. Calla. Jacky. Karlotta.«

Suri wusste nur zu gut, wie vernarrt ihre Freundin in Pferde war. Lange hatte sie vergeblich versucht, Suri die

Angst vor ihnen zu nehmen und ihr die Leidenschaft fürs Reiten näherzubringen.

Und nun kam Amy daher und präsentierte Pam einen Stall voller Pferde. Und Pam verliebte sich auf der Stelle in jedes von ihnen.

* * *

Amy lief zu Marius, der draußen geblieben war. Suri konnte nicht hören, worüber sie sprachen, ahnte jedoch, was sie da verhandelten. Und wirklich:

»Du reitest auch, Pam?«

Marius betrat den Stall, lehnte sich lässig an die Wand und verschränkte die tätowierten Arme vor der Brust.

Pam nickte. Ihre Augen glänzten.

Marius ließ sich berichten, wie lange sie bereits Reitstunden nahm. Dann schaute er Suri an. Er wusste von ihrer Angst vor Pferden und respektierte sie.

»Wär es für dich in Ordnung, wenn ich mit deinen Freundinnen eine kleine Runde drehe?«

Freundinnen!

Suri begegnete Pams bittendem Blick. Was blieb ihr übrig, als zu nicken?

Eine kleine fiese Stimme in ihrem Kopf flüsterte: *Sag nein! Sag nein! Sag nein!*

Sie brachte sie zum Schweigen und sah Marius, Amy und Pam zu, wie sie Karlotta, Jacky und Capo sattelten und langsam die Auffahrt hinunterritten.

* Kapitel 29 *

Glücklich beobachtete Amy, dass Pam auf Jacky saß, als wär sie dort zu Hause. Ihr Körper schien mit dem des Pferds zu verschmelzen, ihr Gesicht war ein einziges Leuchten.

Anfangs hatte Marius sie genau beobachtet. Nun war er offenbar von ihren Reitkünsten überzeugt und konzentrierte sich wieder auf Amy.

Wie gern wär sie mit Pam allein ausgeritten …

Zwischen den Wiesen zogen sie das Tempo an, und Amy musste sich konzentrieren, um das Gleichgewicht zu halten. Es gab Tage, an denen es ihr leichterfiel, und Tage wie diesen, an denen ihre Arme und Beine waren wie Pudding.

Karlotta erspürte ihre Unsicherheit und bewegte sich äußerst vorsichtig. Amy fühlte den Wind auf der Haut und das sanfte, gleichmäßige Auf und Ab des Pferderückens unter sich.

Sie war randvoll mit Glück.

Wäre Marius nicht gewesen, hätte sie sich nicht länger zurückgehalten. Sie wäre losgeprescht und mit Karlotta über die Wiesen *geflogen*.

Und wahrscheinlich ebenso schnell gestürzt.

Doch heute machte dieser Gedanke sie nicht mutlos, heute nicht. Sie weigerte sich einfach, ihm Gehör zu schenken.

* * *

Als sie wieder beim Schloss eintrudelten, war von Suri und Teddy nichts zu sehen. Nachdem die Pferde versorgt waren, gingen Amy und Pam in die Küche.

Frau Lindhorp, die aus dem Krankenhaus zurück war und gerade ein Blech Apfelkuchen in den Ofen schob, begrüßte Pam, die sie noch nicht kennengelernt hatte, und erklärte ihnen, dass Suri mit Teddy unterwegs war.

»Bestimmt im Wald«, sagte Amy. »Bei den Elfen und Feen.«

»Da gibt es Elfen und Feen?«, fragte Pam.

Amy nickte.

»Und Einhörner und Zauberer.«

Ihr fiel ein, dass sie besser nicht weiter darüber sprach, um nicht mitleidig angeguckt zu werden, als hätte sie sich das alles bloß eingebildet. Sie mochte Pam. Auch Jacky mochte sie. Und Pam mochte Jacky.

Vielleicht, dachte Amy, konnte Pam ihre Freundin sein. Wie Suri. Dann wären sie ein Freundinnenkleeblatt.

Freundinnenkleeblatt.

Ein neues Lieblingswort.

Sie musste es unbedingt aufschreiben. Damit sie es nicht vergaß und in den Herbstferien Elise verraten konnte.

* * *

Teddy rastete vor Freude aus, als er in die Küche kam und Amy und Pam erblickte. Suri dagegen war seltsam still.

Frau Lindhorp hatte Kakao gekocht und einen großen Teller Orangenplätzchen auf den Tisch gestellt. Dann hatte sie die Kinder allein gelassen, um noch ein paar Vorbereitungen für das Schlosskonzert zu treffen.

»Wie war euer Ausflug?«, fragte Suri

Etwas in ihrer Stimme war eigenartig. Als wollte sie es im Grunde überhaupt nicht wissen. Oder als würde sie wollen, dass der Ausritt nicht schön gewesen war.

»Traumhaft«, schwärmte Pam. »Wie schade, dass du nicht dabei gewesen bist.«

»Leider kann ich ja nicht reiten«, sagte Suri mit einer komischen Betonung.

»Marius bringt es dir bestimmt gerne bei«, sagte Amy, biss in ein Plätzchen, dass es krachte, und schob die Krümel auf dem Tisch mit den Fingern zu einem kleinen Häufchen zusammen.

»Suri hat Angst vor Pferden«, sagte Pam.

»Weiß ich. Aber unsere Pferde sind sanft und freundlich.« Amy streichelte Suris Arm. »Meinetwegen darfst du auf Karlotta reiten. Die passt auf, dass dir nichts passiert.«

Suri zog den Arm weg und nahm sich ein Plätzchen, obwohl schon ein angebissenes vor ihr auf dem Tisch lag. Als sie es bemerkte, lachte sie.

Doch nur ihr Mund lachte.

Ihre Augen lachten nicht mit.

* * *

Das Konzert war ein voller Erfolg und Papa mehr als zufrieden. Sie hatten zusätzliche Stühle aufstellen müssen, damit sämtliche Besucher Platz fanden. In der Pause halfen Amy und Suri dabei, Snacks und Getränke zu reichen, während Erik darauf achtete, dass sich niemand unberechtigt Zutritt zum Schloss verschaffte. Bjarne behielt Nebengebäude und Stallungen im Blick.

Für eine kurze, kostbare Zeit zogen sie alle an einem Strang.

Der glänzend schwarze Flügel spiegelte den Himmel und die Wolken, und die Musik perlte in der Luft und brachte Amy zum Schweben.

Für eine kurze, kostbare Zeit schien alles möglich.

✻ Kapitel 30 ✻

Der nahende Herbst verwandelte den Wald in ein flammendes Farbenmeer. Das Licht der Sonne wurde milder und tauchte die Landschaft in ihr warmes, gelbes Licht. Dann kamen Tage, an denen Regen und Sturm die Bäume schüttelten, bis die Blätter fielen.

Es wurde kalt.

Und ungemütlich, wie Frau Lindhorp sich beschwerte. Sie fröstelte selbst unter den Wolltüchern, die sie sich nun täglich um die kräftigen Schultern schlang.

»Sie ist wie eine Robbe«, spöttelte Bjarne. »Die schützen sich auch mit einer dicken Fettschicht vor der Kälte.«

Suri grinste. Der Vergleich war nicht aus der Luft gegriffen. Es sah tatsächlich so aus, als hätte Frau Lindhorp ein paar Kilo zugelegt. Außerdem war Suri vor Kurzem aufgefallen, dass sie ein Damenbärtchen hatte, nicht annähernd so lang wie die Barthaare der Robben, aber immerhin.

Obwohl Frau Lindhorp ihm die Wünsche von den Augen ablas, wäre Bjarne garantiert überall lieber gewesen als hier. Er schien die Tage bis zum Ende des Experiments zu zählen.

Bjarne hasste es, so weit draußen zu wohnen und auf den Bus angewiesen zu sein. Er hasste es, dass seine Freunde ihn hier seltener besuchten als in dem alten Zuhause, wo sie einfach mal vorbeigeschaut hatten. Er hasste sein Zimmer, weil er seinem alten nachtrauerte.

Und wahrscheinlich hasste er, dass er das alles hasste.

Zwischen ihm und Amy herrschte Eiszeit, zumindest, was Bjarne betraf.

»Sie nervt ohne Ende«, hatte er erst neulich wieder gesagt und das Gesicht verzogen, als hätte er in eine Zitrone gebissen. »Kaut einem von morgens bis abends das Ohr ab, und hört man ihr nicht zu, redet sie mit sich selbst oder mit irgendwelchen unsichtbaren Typen.«

Suri wusste nur zu gut, was er meinte.

Amys Gedanken verwandelten sich offenbar sofort in Worte, die sie unbedingt loswerden musste. Arglos plauderte sie jeden Einfall, jede Beobachtung aus und merkte gar nicht, dass sie Bjarne so auf den Geist ging, dass er die Flucht ergriff.

Einzig bei Pams Besuchen blieb er bereitwillig zu Hause.

Suri war sich sicher, dass er sich in die Freundin verguckt hatte. Man merkte es an den Blicken, die er Pam zuwarf. Daran, dass er stotterte und rote Ohren bekam, wenn Pam ihn anlächelte oder berührte. Und daran, dass er sie ständig unwirsch behandelte, damit sie bloß seine Gefühle nicht erriet.

Amys Anwesenheit hatte er bisher mehr oder weniger

hingenommen, doch jetzt änderte sich das, denn Amy ließ Pam keine Sekunde aus den Augen.

***

Unermüdlich versuchte Mama, Bjarne klarzumachen, dass Amy nicht mit den üblichen Maßstäben gemessen werden durfte.

»Weil sie krank ist«, nörgelte Bjarne. »Klaaar.«

»Nicht krank«, widersprach Mama. »Sie ist ...«

»... anders«, vollendete Bjarne ihren Satz. »Das predigst du uns dauernd. Ach nein«, sein Ton wurde schneidend, »sorry. Fast hätte ich's vergessen: Amy ist nicht *anders*, sie ist ... *besonders.*«

»Bjarne!«, wies Mama ihn scharf zurecht. »Du weißt, was ich meine. Amy ist lediglich ... langsamer als die meisten Kinder.«

»Mama ...«

»Der Alltag verlangt ihr viel mehr Anstrengung ab als dir, Suri, Erik oder mir«, redete Mama unbeirrt weiter.

»Ja und? Kann ich was dafür? Oder Erik oder Suri? Amy ist nicht unsere Schwester. Wir haben sie vor Kurzem nicht mal *gekannt.*«

Das war der Moment, an dem Mama nicht weiterkam und an Bjarnes Gewissen appellierte.

»Amy braucht unsere Unterstützung«, sagte sie. »Willst du ihr wirklich wehtun, indem du sie ignorierst? So tust, als sei sie nicht da? Sie nicht als Teil unserer Wohngemeinschaft akzeptierst?«

Anfangs hatte Bjarne sich mit Händen und Füßen

dagegen gesträubt, dass Mama ihr Zusammenleben als Wohngemeinschaft bezeichnete. Ihm war jedoch selbst kein passender Begriff dafür eingefallen.

»Sieh es doch positiv«, hatte Suri ihm geraten. »Eine WG ist nichts anderes als ein freiwilliges, eher zufälliges …«

»Falsch«, hatte Bjarne sie wutschnaubend unterbrochen. »Keiner von uns ist freiwillig hier. Keiner.«

»Aber wir haben zugestimmt.«

»Nachdem Mama uns unter Druck gesetzt hat. Schon vergessen?«

Keines der Gespräche verbesserte die Stimmung, die sich zunehmend aufheizte. Im Gegenteil. Beinahe konnte man sie mit Händen greifen, die Gereiztheit, die sich im Raum ausbreitete, sobald sie sich zum Essen zusammenfanden.

Das war nicht gut.

Absolut nicht.

Suri sah die Katastrophe kommen, ohne sie aufhalten zu können.

* * *

Pam hatte ihre Reitlehrerin gegen Marius eingetauscht, der neben seiner Arbeit für Klaas auch Reitstunden gab. Deshalb war sie jetzt regelmäßiger Gast – für Suri ein Grund zur Freude.

Eigentlich.

Denn nach den Reitstunden, dem Absatteln und Versorgen der Pferde hing Pam meistens noch ziemlich lange mit Amy im Stall ab. Das ärgerte nicht bloß Bjarne. Vor allem ärgerte und kränkte es Suri, die gern mehr Zeit mit Pam verbracht hätte.

Und das möglichst ohne Amy.

Weil Jammern nichts half, versuchte sie tapfer, Pam zuliebe ihre Angst vor den Pferden zu überwinden. Sie hatte sich dazu für den sanften, freundlichen Byron entschieden, der sie am wenigsten einschüchterte.

Er war, das hatte Mama ihr erklärt, nach Lord Byron benannt, einem englischen Dichter aus dem achtzehnten/neunzehnten Jahrhundert. Vielleicht war das ein gutes Zeichen.

Suri liebte Gedichte.

Wenn die Luft rein war, schlich sie zu ihm. Sie sprach ihn leise an und nahm ihren ganzen Mut zusammen, um seinen Hals zu streicheln und die Hand auf seine wunderbar weichen Nüstern zu legen.

Doch sobald er den Kopf nach ihr drehte oder auch nur einen Muskel bewegte, zuckte sie zusammen, und das Herz blieb ihr stehen.

»Irgendwas in deinem Leben«, behauptete Pam, die künftige Frau Psychologin, »muss diese Angst bei dir ausgelöst haben. Kannst du dich gar nicht daran erinnern?«

Suri war, soweit sie wusste, nie zuvor mit Pferden in Berührung gekommen. Ein einziges Mal, in den Ferien auf einem nordfriesischen Bauernhof, hatte sie auf einem Pony gesessen, das der Sohn des Bauern lustlos auf einer holprigen Wiese herumgeführt hatte. Da war sie fünf oder sechs gewesen.

Es war ein zickiges, bissiges Pony gewesen, das Suri später – unabsichtlich oder nicht – auf den Fuß getreten hatte. Sie erinnerte sich daran, dass ein paar Tränen geflossen waren, aber es war weder ein Besuch beim Arzt noch ein Verband nötig gewesen.

Konnte das der Grund für das Unbehagen sein, das sie empfand, sobald sie einem Pferd zu nah kam?

* * *

Suri hatte Angst, Pam zu verlieren. Sie nahm diese Furcht sogar mit in ihre Träume, die sie mitten in der Nacht schweißgebadet auffahren ließen.

Sie fühlte sich ohnmächtig.

Ausgeliefert.

Ein Scheißgefühl.

* * *

Pam und Amy teilten nicht nur die Leidenschaft für das Reiten, sondern ebenso die für das Tanzen. Und den Glauben an alle möglichen Erscheinungen, die man nicht erklären konnte: Geister. Außerirdische. Das zweite Gesicht.

»Okay«, gab Pam zu, »an Amy muss man sich gewöhnen. Daran, wie sie denkt und spricht. Dass sie immer gleich mit allem rausplatzt und einen mit ihren Gefühlen überschüttet. Dass man nie genau weiß, wie sie drauf ist. Ob sie gerade froh ist oder traurig oder wütend oder sonst was. Erst auf den zweiten Blick sieht man, wie unglaublich klug sie eigentlich ist. Und ziemlich stark. Findest du nicht?«

Das fand Suri auch, doch es änderte nichts daran, dass sie Amy immer häufiger in die tiefste Wüste wünschte.

»Und wie sie tanzt«, fuhr Pam fort. »Absolut nicht nach den Regeln, aber total beeindruckend. Sie scheint dabei die ganze Welt zu vergessen und ist … ein anderer Mensch. Als käme eine zweite Amy aus ihr hervor.«

»Hast du Lust auf einen Spaziergang?«, fragte Suri, die das Thema nicht weiter vertiefen wollte.

Das gesamte Universum drehte sich um Amy.

Heute nicht, hatte Suri sich vorgenommen.

Es war Freitag Nachmittag, und Klaas hatte Amy zu ihrer Mutter gebracht, wo sie das Wochenende verbringen würde. Suri genoss es, die Freundin für sich allein zu haben. Und Teddy, der sich sonst immerzu in Amys Windschatten bewegte.

Er schien jeden Tag ein Stück zu wachsen und bezirzte sogar Frau Lindhorp mit seinem Charme. Sie steckte ihm dauernd kleine Leckerbissen zu, ohne sich darum zu scheren, dass Klaas das nicht gern sah.

Er ist so dünn, rechtfertigte sie sich, sooft Suri sie ertappte. *Genau wie du. Isst du genug, Mädchen?*

Teddy, der das Wort *Spaziergang* gehört hatte, flitzte zur Tür. Er wusste, dass es in den Wald gehen würde. Dass Suri Stöckchen und Zapfen werfen würde, die er nach Herzenslust aufstöbern und aus verführerisch duftenden Laubschichten ausbuddeln durfte.

* * *

Es dauerte nicht lange und der Wald übte seinen Zauber aus.

Pam vergaß Amy und es war wie früher. Sie stapften

durch raschelndes Laub, während Teddy vorauslief und versuchte, die letzten herabfallenden Blätter aus der Luft zu schnappen.

Später setzten sie sich an den Rand der kleinen Lichtung, zu der sich Suri flüchtete, wenn sie allein sein wollte, lehnten sich an den Stamm einer mächtigen Eiche und schütteten sich aus vor Lachen, weil Pam feststellte, er sähe aus wie ein Elefantenbein.

Sie hatten lange nicht mehr so herumgealbert und gelacht. Waren einander eine halbe Ewigkeit nicht mehr so nah gewesen.

Als Suri sich japsend Tränen aus den Augenwinkeln wischte, konnte sie nicht sagen, ob es Lachtränen waren oder Tränen der Erleichterung.

* * *

Am Sonntagabend war Amy wieder da. Sie spielte mit Erik *Mensch ärgere dich nicht,* wobei beide dem Namen des Spiels keine Ehre machten und sich ärgerten, was das Zeug hielt.

Mama und Klaas waren zu einer Ausstellungseröffnung in die Stadt gefahren und wollten anschließend mit der Malerin, dem Galeristen und einigen der Besucher zu einer Party gehen. Bjarne war mit Freunden auf Achse.

Suri langweilte sich.

Das kam äußerst selten vor. Meistens war ihr Kopf voller Ideen, sodass die Zeit kaum reichte, alle umzusetzen. Nachdem sie sich zuerst in ihrem Zimmer gelangweilt hatte, dann im Wohnzimmer und danach in der Küche bei

Erik und Amy, rief sie Teddy und spazierte mit ihm die Auffahrt hinunter.

Unternehmungslustig flitzte er voraus. Er kannte Suris Ziel und freute sich. Die Lichtung schien auch zu seinen Lieblingsplätzen zu gehören. Dort gab es Erde zum Buddeln, es gab jede Menge Äste und Zweige zum Zerbeißen und wunderbar kühles Moos zum Ausruhen.

Suri ließ sich unter der hohen Eiche nieder, unter der sie vorgestern noch mit Pam gesessen hatte, und horchte in die Stille. Die nur von Teddy unterbrochen wurde, der durch das Laub raschelte, in der schwarzen Erde scharrte, und knurrend Moos ausrupfte.

Gedanken kamen und gingen. Suri betrachtete sie, ohne sie in irgendeine Richtung zu drängen.

Es war ein Wort, das sich herausschälte:

Zwischenkind.

Denn das war sie immer noch. Allerdings belegte sie nicht länger lediglich den Platz zwischen Bjarne und Erik, sondern hing zusätzlich irgendwo zwischen Pam und Amy.

Und während sie an den dickhäutigen Stamm der Eiche gelehnt dasaß, erkannte sie das Gefühl, das den stechenden Schmerz in ihrem Innern erzeugte:

Eifersucht.

Hässliche, heimtückische, gefräßige Eifersucht.

Sie war ihr hilflos ausgeliefert.

✱ Kapitel 31 ✱

Amy konnte es kaum abwarten, bis Pam wieder zur Reitstunde kam. Sie hätte sie am liebsten jeden Tag gesehen. Mit ihr konnte sie über alles reden. Pam gab ihr nicht das Gefühl, anders zu sein, wie das die meisten Menschen taten.

Ihre zweite richtige Freundin.

»Warum unterrichtest du mich und Pam nicht zusammen?«, fragte sie Marius. »Dadurch würdest du Zeit sparen und es würde einen Riesenspaß machen.«

»Unmöglich«, antwortete er wie aus der Pistole geschossen. »Ich kann mich nicht auf euch beide gleichzeitig konzentrieren, Amy. Das ist mir zu heikel.«

Obwohl sie das Wort *heikel* noch nie gehört hatte, wusste Amy gleich, was es bedeutete: *gefährlich.*

Sie wusste auch, dass es nicht Pam war, auf die Marius sich konzentrieren musste. Er lehnte ihren Vorschlag ab, weil er auf sein Sorgenkind aufpassen musste, und das hieß Amy.

»Wir sind doch schon zusammen ausgeritten, du, Pam und ich«, wandte sie ein.

»Das war eine Ausnahme«, sagte Marius. »Und dein

Vater war davon nicht gerade begeistert. Tut mir leid, Amy.«

Davon konnte Amy sich nichts kaufen. Wütend suchte sie Zuflucht im Stall und heulte Karlottas schönen, glänzend braunen Hals nass. Sie hatte die Nase voll davon, *besonders* zu sein.

SIE HASSTE ES!

Sie wollte sein wie Suri, Erik, Bjarne und Pam.

Gewöhnlich.

Denn besonders zu sein, bedeutete, mit einem Körper zu leben, der nicht so funktionierte wie der der meisten Menschen. Es bedeutete, vom Denken Kopfschmerzen zu kriegen. Laut zu reden und zu lachen, ohne es zu merken. Ungeschickte Finger zu haben und sich plump zu bewegen. Schneller aus der Puste zu kommen. Auf einem normalen Fahrrad das Gleichgewicht nicht halten zu können.

Und schlechte Tage sogar beim Reiten zu haben.

Immer musste Marius an ihrer Seite sein. Oder Papa. Der ihr eingeschärft hatte, dass sie nie, nie, wirklich *niemals* allein ausreiten durfte.

Manchmal erschien ihr die Welt als ein einziges großes Gefängnis. Mit einer hohen Mauer drum herum. Und überall Verbotsschilder von denen sie die meisten nicht mal verstand.

* * *

Wenn Amy glücklich war, brauchte ihr Glück keinen speziellen Ort. Glücklich sein konnte sie überall. Oft lief sie durch den Schlosspark, bis sie erschöpft war, warf sich dann ins Gras und guckte in den Himmel.

Der mal blau war wie Vergissmeinnicht, mal grau wie Feldstein, mal mit schneeweiß gebauschten Wolken und manchmal rosarosenrot.

Sie stellte sich vor, auf einer Wolke zu sitzen, die Beine baumeln zu lassen und auf die Erde runterzugucken. Wie winzig die Menschen wären. Ameisenklein und kleiner.

Es wär völlig egal, ob einer gewöhnlich oder besonders wär. Man könnte es von da oben aus ja sowieso nicht erkennen.

Das machte Amys Glücksgefühl noch stärker. Bis es sie von Kopf bis Fuß ausfüllte und umhüllte, dass es kaum auszuhalten war.

* * *

Es gab aber auch Tage, an denen wie aus dem Nichts das Traurigsein angeflogen kam und sich ungefragt in ihrem Kopf einnistete und in ihrem Bauch.

Im Gegensatz zum Glück hatte es Lieblingsorte: die kleine Schlosskapelle, die Gruft, den Friedhof. Dorthin zog es Amy wie von Geisterhand. Seltsamerweise verstärkten diese Orte ihr Traurigsein nicht – sie milderten es.

Als legte sich etwas schützend über sie.

So musste sich eine Wespenspinne in ihrem Winterkokon fühlen. Amy hatte schon mehrere dieser Kokons gefunden, sie jedoch unberührt gelassen.

Die Gruft war ein kalter Raum unter der Erde, den

man von der Kapelle aus betreten konnte. Darin standen steinerne Särge, die grau waren vom Staub der Jahrhunderte.

Irgendwann war man in der Vergangenheit dazu übergegangen, nicht länger die Gruft zu nutzen, sondern die Schlossherren mit ihren Familien auf dem Friedhof beizusetzen. Vielleicht, weil in der Gruft kein Platz mehr war.

Papa hatte Amy erzählt, dass die Gruft restauriert werden sollte, sobald die Renovierungsarbeiten am Schloss abgeschlossen waren. Das konnte allerdings dauern. Das Schloss verschlang unvorstellbar viel Geld. Nie blieb für die Gruft genug übrig.

In einem von Amys Träumen hatte sich das Eingangsportal des Schlosses in ein riesiges Maul verwandelt, und Papa hatte mit einer Schaufel Unmengen von Geldscheinen und Goldstücken in das hungrige Maul geschippt.

Papa hatte gelacht, als sie ihm von dem Traum erzählt hatte. Amy hingegen war bei dem Gedanken daran mulmig zumute.

In der Gruft, der Kapelle oder auf dem Friedhof senkte sich ein Gefühl von Frieden auf sie. Deshalb hieß die letzte Ruhestätte der Toten ja *Friedhof*, dachte sie, und nicht *Totenplatz* oder *Gräberfeld*.

Niemand kannte die Bedeutung, die diese Orte für sie hatten. Es war eines der wenigen Geheimnisse, die Amy für sich behielt. Niemals würde sie mit irgendjemand darüber sprechen.

Wenn sie nämlich darüber redete, würde das den Zauber zerbrechen.

* * *

Das Schloss war ein Ort, den Amy in jeder Stimmung liebte. Hier trafen Jahre, Jahrzehnte, Jahrhunderte aufeinander, und man konnte die lange Reihe der Menschen, die hier gelebt hatten, beinah *fühlen*.

Amy hatte es auch bei Suri und Pam gespürt. Das Schloss hatte sie in seinen Bann gezogen und würde sie nie wieder loslassen.

Sie klebte ein gepresstes dreiblättriges Kleeblatt in ihr Tagebuch, zeichnete darunter ein großes Herz und schrieb *Suri*, *Pam* und *Amy* hinein.

Das Tagebuch war Mamas Idee gewesen. Anfangs hatte Amy nicht gewusst, was sie damit anfangen sollte. Das Schreiben fiel ihr schwer. Sie machte zu viele Fehler. Doch es war schließlich ein geheimes Tagebuch, das niemand lesen würde. Deshalb versuchte sie es irgendwann.

Und blieb dabei.

Es tat gut, ihre Freude niederzuschreiben, ihre Hoffnung, Verzweiflung und Wut. Das Tagebuch nahm alles auf, ohne sie zu korrigieren und ohne nachzufragen, warum sie dieses Gefühl empfand und nicht jenes.

Nur – stimmte das mit dem dreiblättrigen Kleeblatt noch?

Suri war in letzter Zeit sehr sonderbar. Redete wenig, lachte ganz selten und hatte kaum noch Zeit.

Was war passiert?

Amy konnte es nicht verstehen. Sobald sie darüber nachgrübelte, ballte sich der Inhalt ihres Magens zusammen, und ihr wurde schrecklich übel.

»Suri, Pam, Amy«, flüsterte sie wie einen Zauberspruch vor sich hin. »Suri, Amy, Pam …«

* * *

Sie versuchte, mit Pam darüber zu sprechen, aber ihre Worte reichten nicht aus, um zu beschreiben, was ihr durch den Kopf ging. Ihre Hände flatterten in der Luft herum, ihre Füße wurden unruhig und wollten weglaufen. Weg, weg. Egal wohin.

Schließlich gab sie ihnen nach, sprintete los und blieb nicht stehen, bis ihr die Beine versagten. Keuchend blickte sie zurück auf das Schloss, das zu Spielzeuggröße geschrumpft war.

Pam hatte sich in Luft aufgelöst.

* Kapitel 32 *

»Wie schön, dass ich dich mal für mich habe«, sagte Mama eines Abends, als sie mit Suri in der Küche saß. »Wir haben lange nicht mehr miteinander geredet.«

Es gab diese Augenblicke wirklich selten, weil ständig irgendwer auftauchte, der irgendwas von Mama, von Suri oder vom Kühlschrank wollte.

»Bilde ich mir das ein, oder ist die Stimmung bei uns neuerdings ziemlich im Keller?«, fragte Mama, schob sich einen Kaugummi in den Mund, hielt Suri die Packung hin und legte sie auf den Tisch zurück, als Suri ablehnte. »Wenn wir alle beim Essen sitzen, fange ich manchmal an zu frieren, so kühl ist die Luft um uns herum.«

Suri zuckte mit den Schultern.

»Es scheint mir mit Amy zusammenzuhängen«, sagte Mama. »Bjarne geht ihr bereits eine ganze Weile aus dem Weg und nun fängst du auch noch damit an.«

Suri wusste nicht, was sie darauf erwidern sollte. Sie hatte in diesem Moment absolut keine Lust, mit ihrer Mutter zu reden, und über das leidige Thema Amy erst recht nicht. Sie wollte einfach hier sitzen und in Ruhe gelassen werden.

War das zu viel verlangt?

Sie bereute es, sich nicht in ihr Zimmer verzogen zu haben. Ihre Mutter würde bohren, bis sie eine Antwort rausgekitzelt hätte.

»Was hast du gegen sie?«

Sie beugte sich vor und musterte Suri so intensiv, wie nur sie es konnte.

Suri wand sich innerlich. Äußerlich spielte sie die Gelassene.

»Was soll ich gegen sie haben?«

»Gegenfragen sind immer verdächtig, Suri.«

»Hör auf, Mama. Ich stehe nicht vor Gericht.«

»Ist es wegen Pam?«

Mama ließ nicht locker. Das Schlimmste war, dass sie regelmäßig mit schlafwandlerischer Sicherheit den wunden Punkt traf.

»Wie wär dir denn zumute, wenn du deine Freundinnen bei jedem Besuch mit Amy teilen müsstest? Wenn du dich nicht mit ihnen unterhalten könntest, weil Amy das Gespräch ständig an sich reißt?«

»Ich würde versuchen, Amy zu erklären …«

»Ach ja?« Suri merkte, wie sich die angestaute Wut von Wochen Bahn brach, und sie hielt sie nicht zurück. »Hast du eine Ahnung, *wie oft* ich das versucht habe? Und weißt du, wie sie darauf reagiert hat?«

»Vermutlich hat sie es nicht verstanden«, sagte Mama sanft.

»Bingo! Hat sie nicht. Will sie auch nicht. Amy weiß

genau, was sie tut. Und sie weiß, was sie will. *Sie will Pam*, Mama. Und die bekommt sie bloß, wenn sie mich ausschließt.«

Mama lehnte sich auf ihrem Stuhl zurück und betrachtete nachdenklich ihre Fingernägel. Dann hob sie den Kopf.

»So denkt Amy nicht.«

»O doch! Das tut sie.«

»Ich halte es für unmöglich, dass sie einen so hinterhältigen Plan ausheckt und unbeirrt in die Tat umsetzt.«

»Genau das macht sie.«

»Nein, Suri.« Mama schüttelte den Kopf. »Ein solches Verhalten liegt nicht in ihrem Charakter. Glaub mir, Amy ist nicht berechnend, ganz sicher nicht. Sie handelt spontan und ohne Hintergedanken.« Mama legte eine kurze Pause ein, bevor sie fortfuhr. »Und selbst wenn es anders wäre – sie mag dich, Suri. Sehr sogar. Du bist für sie wie eine Schwester.«

»Klar, dass du das sagst.«

»Das ist Unsinn und du weißt das. Ich kenne Amy ja schon ein bisschen länger und ich möchte …«

»Amy! Amy! Amy!«, unterbrach Suri ihre Mutter erhitzt. »Wieso müssen Bjarne, Erik und ich auf Zehenspitzen um sie herumschleichen und alles verstehen? Wer versteht denn uns?«

»Suri …«

»Wir wollten nicht umziehen. Keinem von uns war klar, dass es hier neben Klaas seine durchgeknallte Tochter geben würde.«

»Jetzt ist es genug, Suri!«

Mamas üblicher Tonfall, wenn sie einen zum Schweigen bringen wollte. Als würde sie einen Hund zurückpfeifen.

»Stimmt. Das ist es längst.«

»Was ist eigentlich mit dir los?« Mama war nicht bereit, die Segel zu streichen. »Ich erkenne dich nicht wieder, Suri.«

»Logisch. Weil du ständig einzig und allein auf Amy achtest. Pech, dass nicht Bjarne, Erik oder ich das Downsyndrom haben! Dann würdest du dich um *uns* kümmern. Dann wären wir vielleicht nicht mal umgezogen. Wahrscheinlich hättet ihr euch dann auch nicht getrennt, Papa und du, und es gäbe keine Miranda und kein Baby.«

Mama schob ihren Stuhl zurück, stand auf und räumte ihre Teetasse in die Spülmaschine. Schließlich drehte sie sich zu Suri um.

»Ich kann nicht glauben, dass du das gesagt hast.« Sie schüttelte den Kopf. »Das bist nicht du, Suri.«

»Ich meine jedes einzelne Wort.«

»Hast du wirklich noch nicht begriffen, was Trisomie 21 bedeutet?«, fragte Mama. »Du siehst es doch jeden Tag.« Wieder schüttelte sie den Kopf und ging langsam zur Tür. »Offenbar hat es keinen Sinn, weiterzureden. Wir verschieben das besser.«

»Besten Dank. Null Interesse.«

Suri blieb demonstrativ sitzen. Sollte Mama ihren dramatischen Abgang haben. Wie auf einer Opernbühne. Fehlte nur noch, dass sie vorher eine Arie schmetterte.

Sie musste grinsen.

Das war ein Fehler.

»Ach, du findest das witzig?« Mama kam zurück, stützte sich mit beiden Händen auf die Tischplatte und starrte Suri in die Augen, als wollte sie sie hypnotisieren. »Was genau findest du komisch daran?«

Suri wusste, dass sie den Rückwärtsgang einlegen sollte, aber etwas wissen und etwas tun, war zweierlei. Mit Mühe hielt sie Mamas bohrendem Blick stand.

»Ich warne dich«, sagte Mama. »Treib es nicht auf die Spitze.«

Damit rauschte sie aus der Küche, in der es plötzlich dermaßen still war, dass es Suri in den Ohren dröhnte.

Sie hat es geschafft, dachte sie. Amy hat es tatsächlich geschafft, Mama gegen Bjarne und mich aufzubringen.

In gewisser Weise auch gegen Erik, der sich mit Amy ja halbwegs arrangiert hatte. Denn der würde sich im Zweifelsfall sicher auf die Seite seiner Geschwister schlagen. Das wusste Mama.

Blieb die Frage, ob sie das noch interessierte oder ob sie von Klaas und Amy bereits mit Haut und Haar geschluckt worden war.

* * *

Eine Woche später wurde Mareike geboren. Die Schwester, die Suri sich immer gewünscht hatte. Und gleichzeitig die Schwester, die sie nicht haben wollte.

Nicht so.

Papa schickte ein Foto, auf dem Miranda erschöpft

lächelnd im Bett saß und ein kleines weißes Bündel im Arm hielt, aus dem ein zerknautschtes Säuglingsgesicht herausschaute. Knopfdunkle Augen und eine winzige Knollennase.

Der Name viel zu groß für sie.

»Das war's«, sagte Bjarne deprimiert, als die Geschwister sich in seinem Zimmer trafen. »Jetzt hat Miranda Papa endgültig an der Angel.«

»Nicht unbedingt«, erinnerte Erik ihn. »Uns hat er ja auch verlassen.«

»Ich will ihn gar nicht zurückhaben«, behauptete Suri, die in Wirklichkeit nichts lieber wollte. »Im Grunde ist es seine Schuld, dass wir hier festsitzen.«

Sie hatte aufgehört, die Wochen und Tage zu zählen, bis sie wieder in ihr altes Haus ziehen konnten. Dadurch, dass man die Zeit unentwegt im Blick behielt, zog sie sich noch mehr in die Länge. Wie die Kaugummis, die Mama dauernd kaute, seit sie mit dem Rauchen aufgehört hatte.

»Ich finde es nicht so schlimm, wie ich befürchtet hatte«, gestand Erik. »Klaas ist okay, Amy eigentlich auch, und Mama tut es gut, dass sie nicht allein ist.«

Mama war in der Tat um einiges ausgeglichener, seit sie hier wohnten. Sie trällerte oft fröhlich vor sich hin. Beinah wie früher.

»Klaas ist echt okay«, gab Bjarne zu. »Und Amy lebt ja zunächst mal bloß zur Probe bei ihm, um herauszufinden, ob es überhaupt klappt. Falls nicht, worauf ich stark hoffe, sind wir sie los.«

Aber da machte er sich was vor. Amy schien sich pudelwohl zu fühlen. Über ihre Mutter redete sie selten, erst recht nicht darüber, Heimweh zu haben.

Suri spürte, dass der Widerstand ihrer Brüder zu bröckeln begann. Bald würden sie vergessen, dass das Leben im Schloss nur als Experiment gedacht war.

* * *

Sie versuchte weiterhin, die Angst vor den Pferden zu überwinden.

Byron half ihr dabei.

Betrat sie den Stall, begrüßte er sie mit einem freundlichen Schnauben, verließ sie ihn, sah er ihr nach, bis sie aus seinem Blickfeld verschwand.

Als würde er sie vermissen, wenn sie nicht bei ihm war.

* * *

Bisher hatte niemand etwas davon mitbekommen. Außer Marius, der genau wusste, was Suri hierhertrieb.

Er äußerte sich nicht dazu.

Sah sie kommen und gehen. Blieb ab und zu bei ihr stehen und wechselte ein paar Worte mit ihr. Strich mit seinen kräftigen Händen über Byrons Hals. Nannte ihn »guter Junge« oder »good old boy«, wie die Cowboys in den Western. Ließ Suri zuschauen, wie er die Pferde versorgte.

Immer blieb sie in sicherem Abstand stehen.

Und ganz allmählich spürte sie, wie ihre Angst sich zurückzog.

Kapitel 33

Kaum hatte Amy die Augen geöffnet, fiel ihr ein, dass heute ihr Geburtstag war.

Der dreizehnte!

Und obwohl die Dreizehn für abergläubische Menschen eine Unglückszahl war, durchströmte Amy von den Haar- bis zu den Zehenspitzen ein geradezu überirdisches Wohlgefühl.

Mit dreizehn war man fast erwachsen. Ein Teenager.

Wenn das kein Grund zum Feiern war.

Als sie sich hastig anzog, hörte sie die Tauben auf dem Dach um die Wette ein Ständchen gurren. Sie warf einen Blick aus dem Fenster. Der Himmel war von schmutzig grauen Wolken bedeckt, die schwer über den Bäumen hingen.

Wahrscheinlich würde es Regen geben, womöglich sogar ein Gewitter. Allerdings brauchte Amy heute keinen blauen Himmel. Sie war von ganz allein glücklich. Als würde eine eigene kleine Sonne in ihrem Bauch scheinen.

Dreizehn Jahre!

WOW!

* * *

Sie saßen alle am Tisch, der liebevoll mit Blumen und Kerzen geschmückt war, und begrüßten sie mit einem noch ziemlich verschlafenen *Happy Birthday to You.*

Amy hielt es kaum aus, still stehen zu bleiben, bis sie fertig waren. Dann fiel sie Papa und Theo um den Hals. Erik hielt ihr verlegen die Hand hin, ebenso Suri. Bjarne wandte beim Gratulieren den Blick ab und zog seine Hand schnell wieder zurück.

Es gab lauter leckere Sachen und eine pinkfarbene Geburtstagstorte mit einer schnörkeligen 13 aus Sahne. Amy verputzte drei Nutellabrötchen und ein dickes Stück Torte, ohne dass Papa ihr mit Blicken zu verstehen gab, dass sie aufhören sollte.

Nach dem Frühstück packte sie die Geschenke aus. Erik, Bjarne und Suri hatten sich zusammengetan und schenkten ihr einen dicken Fotoband über Ballett, den sie irgendwo gebraucht gekauft hatten.

Er zeigte Licht-und-Schatten-Fotos, die Tänzer und Tänzerinnen in ihren Bewegungen einfingen, so vollkommen, als wären sie nicht von dieser Welt. Amy hätte sich am liebsten sofort damit zurückgezogen und in aller Ruhe darin geblättert, doch da war noch Theos Päckchen.

Sie öffnete es mit zitternden Fingern.

Als sie die Silberkette vorsichtig aus der kleinen Schmuckschachtel zog, stockte ihr der Atem.

»Das ist ein Larimar«, erklärte Theo. »Ich habe ihn selbst für dich eingefasst. Hoffentlich gefällt er dir.«

Ob er ihr gefiel? Machte Theo Witze?

Der Stein war von einem strahlenden Sommerhimmel-eisvogelazurmeerblau, und wenn man ihn betrachtete, war es, als würde man einen Blick in eine leuchtende Unterwasserwelt werfen.

»Es ist ein Schutzstein«, sagte Theo. »Er wird dich behüten, wo immer du bist.«

Sie legte ihr die Kette an, und Amy schwor sich, sie niemals wieder abzunehmen, nicht mal beim Schlafen oder Duschen.

»Und jetzt das Geschenk von Mama und mir«, drängte Papa. »Er steht draußen vor der Tür.«

Aufgeregt lief Amy zur Haustür.

Mit Mama würde sie den Geburtstag nachfeiern. Das hatten sie so abgemacht. Es war für Amy kein Problem. Sie hatte sich daran gewöhnt, denn sie hatte schon lange nicht mehr mit beiden Eltern zusammen gefeiert.

Alle folgten ihr nach draußen.

Und da stand es.

Knallrot glänzend.

Ein Fahrrad mit drei Rädern.

Amy brauchte Bjarnes ungläubig gemurmeltes *Ein Dreirad!* nicht zu hören und nicht sein nur halb unterdrücktes Kichern, um einen dicken Kloß im Hals zu spüren.

Theo bemerkte es offenbar sofort und legte ihr die Hand auf die Schulter, wie um ihr beizustehen.

»Komm«, sagte Papa, dem das alles entging. »Probier es aus.«

Mehr hörte Amy nicht. Ihre Füße trugen sie weg von diesem grotesken Ding, das von den Leuten auf der Straße nichts als Hohn und Spott ernten würde.

Sie war nicht mehr drei.

Sie war dreizehn!

Ihr Kinderdreirad war längst verschrottet und sie hatte seither immer den Wunsch nach einem stinknormalen Mädchenrad geäußert. Wie kamen die Eltern darauf, ihr stattdessen dieses Ungetüm zu schenken?

Dann lieber gar kein Rad.

Teddy sprang ihr übermütig um die Füße. Sie bemerkte es kaum. Die Eltern hatten mit ihrem Geschenk in einer Wunde gestochert, die nie verheilen würde:

Ein mikroskopisch kleines, mit bloßem Auge nicht sichtbares zusätzliches Chromosom war schuld daran, dass es Amy unmöglich war, auf einem gewöhnlichen Fahrrad das Gleichgewicht zu halten.

Trisomie 21.

Ein Kackwort!

* * *

Sie hatte Suri, Erik, Bjarne und drei Mädchen aus ihrer Klasse zu der Geburtstagsfeier eingeladen. Und natürlich Pam.

Die es gar nicht so furchtbar fand, ein dreirädriges Fahrrad zu haben.

Im Gegenteil.

Sie stieg auf und drehte eine Runde. Dabei warf sie den Kopf zurück und streckte die Arme weit aus, wie Kate

Winslet und Leonardo DiCaprio am Bug der *Titanic*, und rief: »Freeeiiihäääändiiig!«

Amy musste lachen und beschloss, sich die Sache noch mal durch den Kopf gehen zu lassen. Zumindest im Schlosspark, an den Stellen, bis zu denen die Urlauber nicht vordrangen, konnte sie das Rad ja eventuell benutzen.

* * *

Papa hatte vorgeschlagen, etwas zu unternehmen. Freilichtmuseum vielleicht, Wildpark oder Kino.

Aber im Kino fühlte Amy sich nicht wohl. Es war ihr dort zu laut und die Bilder auf der Leinwand rückten ihr zu dicht auf den Leib. Sie hatte zwischen Freilichtmuseum und Wildpark geschwankt und sich dann für das Freilichtmuseum entschieden.

Eine gute Wahl, denn es gab nicht nur das Dorf mit seinen putzigen Fachwerkhäusern zu entdecken, sie durften auch Handwerkern zuschauen, die ausschließlich mit den einfachen, schlichten Werkzeugen arbeiteten, die es früher gegeben hatte.

Sie besuchten eine Windmühle von damals, eine Backstube, eine Tischlerei und eine Schmiede. Sie erfuhren, wie Leder gefärbt und Wolle gesponnen wurde, und eine Goldschmiedin wie Theo ließ sich beim Bearbeiten einer Brosche über die Schulter gucken.

Der Höhepunkt des Ausflugs war die Flugschau in der Falknerei.

Adler, Falken, Habichte, Bussarde und Eulen breiteten

ihre mächtigen Schwingen aus, erhoben sich vom Arm der Falkner und kehrten nach einem sanften Gleitflug über das Tal auf den Arm zurück, wo sie mit einem Fleischhappen belohnt wurden.

Amy verfolgte das Schauspiel gebannt und auch ihre Geburtstagsgäste waren mucksmäuschenstill.

Papa hatte für den Ausflug den Sprinter gewählt, der hauptsächlich dienstlich genutzt wurde. Er bot genügend Platz, und auf der Heimfahrt konnten sie sogar noch zwei große Pakete vom Baumarkt einladen, die für Papa bereitgestellt waren.

Als sie wieder am Schloss ankamen, hatten Theo und Frau Lindhorp bereits den Tisch gedeckt. Sie aßen Kuchen und Torte und redeten und lachten. Nur Bjarne stocherte wortlos in seinem Tortenstück herum, weil er vollauf damit beschäftigt war, Pam anzuhimmeln. Die offenbar nicht bemerkte, welche Wirkung sie auf ihn hatte.

Da beugte Amy sich zu ihr und flüsterte: »Bjarne ist verliebt in dich.«

Augenblicklich senkte sich Stille über den Tisch.

Es war keine gute Stille.

Es war die Stille vor dem Sturm.

Amy wurde bewusst, dass ihr Flüstern zu laut geraten war. Erschrocken hob sie den Kopf.

Bjarne war rot geworden. Einige Sekunden lang saß er da wie erstarrt, dann knallte er die Kuchengabel auf seinen Teller und sprang auf. Dass sein Stuhl dabei mit Getöse umkippte, schien er überhaupt nicht wahrzunehmen.

Er starrte Amy an. Sein Gesicht war wutverzerrt.

Pam beugte sich alarmiert zu ihm vor. Er stoppte sie mit einer Handbewegung.

Dabei hörte er nicht auf, Amy anzustarren.

»Du – bescheuerte – blöde – Kuh«, sagte er gefährlich leise und betonte jedes Wort. »Damit eins klar ist: Ich werde alles dafür tun, dass wir nicht in diesem Irrenhaus wohnen bleiben. Alles! Hast du das gerafft oder war das zu kompliziert für dein Spatzenhirn?«

Damit polterte er aus der Küche.

Er ließ entsetztes Schweigen zurück.

Amy war so betroffen, dass sie nicht klar denken konnte.

»Amy ...«

Mit ausgestreckten Armen kam Pam um den Tisch herum.

Doch Amy wehrte sie ab. Sie lief hinaus und flüchtete sich zu Karlotta.

* * *

Zusammengekauert saß sie da, Teddy auf dem Schoß, und hörte wenig später, wie Papa den Sprinter startete, um ihre Geburtstagsgäste nach Hause zu fahren.

Die Augen brannten ihr von ungeweinten Tränen. Ihr Kopf tat so weh, als wollte er gleich explodieren.

Niemand erschien im Stall, um sie zu trösten, und das war gut so.

Denn es gab nichts zu trösten. Sie musste eine Weile allein sein mit ihrem Schmerz. Mit Karlottas und Teddys

Hilfe würde es ihr schon gelingen, wieder auf die Füße zu kommen.

Es gelang ihr schließlich immer.

Und endlich füllten sich ihre Augen mit Tränen, die ihr heiß über die Wangen liefen und auf Teddys Fell tropften. Er schlief so fest, dass er es nicht bemerkte.

* Kapitel 34 *

»In solchen Momenten«, sagte Klaas, »lässt man sie am besten in Ruhe. Sie ist mit Sicherheit im Stall. Dorthin flüchtet sie sich meistens, wenn es ihr nicht gut geht.«

Er sah traurig aus. Unter der Traurigkeit schimmerte Enttäuschung hervor.

»Es tut mir so leid«, seufzte Mama. »Ich wünschte, ich könnte das, was Bjarne gesagt hat, ungeschehen machen.«

»Er hat das bestimmt nicht so gemeint«, versuchte Suri zu vermitteln. »Er … hat einfach die Fassung verloren.«

Mama und Klaas waren nicht dabei gewesen, als es passierte. Sie hatten Suri und Erik so lange ausgequetscht, bis sie erfahren hatten, was sie wissen wollten.

»Ich verstehe, dass er sich geärgert hat«, sagte Mama. »Aber seine Wut ungebremst an Amy auszulassen, die so empfindsam ist und so … ungeschützt …«

Suri konnte Bjarnes Gefühle durchaus nachempfinden. Ihr war nicht entgangen, dass ihr Bruder ständig Pams Nähe suchte und gleichzeitig vorgab, nichts für sie zu empfinden. Ihn mit seinen wirklichen Gefühlen vor aller Augen bloßzustellen, war grausam gewesen.

Nur, dass Amy nicht grausam war.

Man sah es an der liebevollen, zärtlichen Art, wie sie mit Tieren umging, und daran, wie diese auf sie reagierten. Die Pferde liebten sie und von Teddy wurde sie regelrecht vergöttert.

Nein, sie war nicht grausam.

Es hing mit ihrem … Anderssein zusammen.

Damit, dass sie vieles wahrnahm, was andere nicht einmal erahnten. Und dass sie aussprach, was sie dachte. Als gäbe es in ihrem Kopf nicht genug Speicherplatz für Gedanken. Als müsste sie ihn unentwegt leeren, um Raum für neue Gedanken zu schaffen.

Hätte sie wirklich geflüstert, als sie den Schleier um Bjarnes Geheimnis lüftete, hätte Bjarne nichts mitgekriegt. Doch Amy *merkte* oft gar nicht, wie laut sie sprach.

Suri klopfte an Bjarnes Tür und öffnete sie vorsichtig, als ihr Bruder nicht antwortete.

Er war nicht da.

Das hatte sie sich schon gedacht. Sie musste gar nicht nachschauen, ob sein Fahrrad in der Garage stand. Er war geflüchtet, um mit sich selbst ins Reine zu kommen.

Nebenan saß Erik vor Mamas PC und spielte eine Partie Schach gegen einen Freund aus dem Club. Suri beschloss, ihn nicht zu stören, und ging in ihr Zimmer. Sie schnappte sich ihr Handy, warf sich aufs Bett und rief Pam an.

* * *

»Ich weiß, dass Bjarne mich mag«, sagte Pam. »Ich mag ihn auch. Sehr sogar. Aber nicht so, wie nun alle denken.«

Sie machte eine kleine Pause, bevor sie fragte: »Wie geht es ihm?«

»Keine Ahnung«, antwortete Suri. »Er ist abgehauen. Wahrscheinlich ist er zu einem Kumpel gefahren.«

»Hoffentlich«, sagte Pam mitfühlend. »Er braucht jetzt jemanden, der ihm zuhört.«

»Und du?«, fragte Suri. »Wie kommst du damit klar?«

»Ich hab ja dich.« Wieder legte Pam eine Pause ein. »Suri?«

»Ja?«

»Wie geht es Amy?«

»Sie hat sich verkrochen. Wahrscheinlich bei den Pferden.«

»Hast du mit ihr gesprochen?«

»Nein. Klaas meint, wir sollen sie eine Weile in Ruhe lassen.«

Suri wunderte sich darüber, dass sie sich mit Pam über Amy unterhalten konnte, ohne dass sie auch nur einen einzigen Stachel der alten Eifersucht spürte. Als das Gespräch zu Ende war, riss sie ein leeres Blatt aus einem ihrer Hefte.

Wenn du mich brauchst, komm rüber, schrieb sie darauf, setzte ihren Namen darunter und legte die Nachricht gut sichtbar auf Amys Schreibtisch.

* Kapitel 35 *

Amy ließ sich von Papa in die Arme nehmen. Sie hatte alle Tränen geweint und war leer. Ihr Kopf brummte, ihre Augenlider waren heiß und geschwollen.

»Sollen wir reden?«, fragte Papa an ihrer Schulter.

Sie schüttelte den Kopf.

Es würde nicht helfen. Zu viel war passiert und es war zu schlimm.

Papa begleitete sie in ihr Zimmer, wo sie in Jeans und Pulli unter die Bettdecke kroch und stöhnend ausatmete. Wie erschöpft sie war, wie müde.

Er setzte sich zu ihr auf die Bettkante und die Matratze gab ächzend unter seinem Gewicht nach. Als wöge er zweihundert Kilo. Normalerweise hätte sie dieser Gedanke zum Kichern gebracht, heute gelang ihm das nicht.

»Reden wir morgen?«, fragte Papa leise.

Amy nickte.

»In Ordnung«, murmelte er.

Obwohl nichts in Ordnung war.

Amy war daran gewöhnt, dass Leute sie anstarrten. Über sie lachten. Ihr gemeine Wörter an den Kopf warfen.

Aber hier? In ihrem Zuhause?

Zuhause war ihr Nest. In das sie sich kuscheln konnte, ohne Angst zu haben. Zuhause waren Menschen, die sie liebte und von denen sie geliebt wurde.

In ihrem Zuhause war sie – *zu Hause.*

Eigentlich.

Amy wartete, bis Papa noch einmal nach ihr gesehen und auch Theo ihr Gute Nacht gesagt hatte. Wartete, bis der Lichtstreifen unter der Tür verschwunden war. Dann stand sie auf, schlich die Treppe runter und in den Stall zurück.

Heute Nacht würde sie bei den Pferden schlafen.

Sie sagten nichts, fragten nichts, waren einfach da.

Am nächsten Morgen fand sie Suris Zettel auf ihrem Schreibtisch. Sie hatte noch nie eine Nachricht von ihr bekommen. Es fühlte sich gut an.

Es gab ein Wort, das sie einmal in einer Geschichte gelesen hatte:

Überlebenswille.

Sie hatte oft und lange darüber nachgedacht. In diesem Wort steckte alles. Wenn sie wirklich wollte, konnte sie es schaffen, die schlimmsten Dinge zu überleben. Die Kränkungen, den Schmerz, die Ängste.

Und irgendwann hatte Amy begriffen, wie stark sie war. Zwar geriet sie immer wieder ins Straucheln, doch sie kam auch immer wieder auf die Füße.

Sie brauchte Suris Hilfe nicht, um über Bjarnes Beleidigung hinwegzukommen, aber es war gut, dass Suri da war.

Und Erik.

Und Pam.

Amy hatte nie richtige Freunde gehabt. Das war anders geworden. Jetzt hatte sie einen Freund, eine Freundin und eine Schwesterfreundin.

Nur vor der nächsten Begegnung mit Bjarne fürchtete sie sich.

✻ Kapitel 36 ✻

Niemand wusste, was Bjarne danach zu Amy gesagt hatte. Er hatte dazu offenbar einen Augenblick abgepasst, in dem er mit ihr allein gewesen war.

Anscheinend hatte er die richtigen Worte gewählt, denn Amy benahm sich wie sonst.

»Bist du ihm nicht mehr böse?«, fragte Suri.

Amy schüttelte den Kopf und beugte sich lachend zu Teddy hinunter, um mit ihm zu spielen.

Als hätte es Bjarnes Ausbruch nie gegeben.

* * *

Suri hatte sich für einen Neuanfang mit Amy entschieden. Ein Reset durchzuführen, wie beim PC. Weshalb sollte das zwischen Menschen nicht ebenfalls möglich sein?

Und doch glomm erneut die Eifersucht auf.

Pam kam zu ihren Reitstunden und hielt sich vorher und nachher ewig mit Amy im Stall auf. Sie versorgten die Pferde und führten Freundinnengespräche, und Suri, die sich ernsthaft um einen Neustart bemühte, zwang sich dazu, irgendwie mitzumachen.

Es gab Arbeiten, die sie erledigen konnte, ohne den Tieren zu nahe zu kommen. An die hielt sie sich und freute sich über Pams Lob und Amys anerkennendes Grinsen. Es fiel ihr schwer, ihr großes Geheimnis nicht auszuplaudern.

Sie hatte heimlich erste Reitstunden bei Marius genommen, um Pam zu überraschen. Noch war es zu früh, um damit herauszurücken. Das hob sie sich für später auf, wenn sie erst sicher im Sattel saß.

Den Unterricht hatte sie mit ihrem Taschengeld bezahlen wollen. Doch Marius nahm ihr Geld nicht und versprach, ihr Geheimnis zu wahren.

Sie hatten die Stunden auf die Wochenenden gelegt, an denen Amy ihre Mutter besuchte, Bjarne mit seinen Kumpels abhing und Erik bei der Feuerwehr oder im Schachclub war. Mama und Klaas waren am Wochenende meistens unterwegs und Frau Lindhorp hatte in der Regel frei.

Suri hätte gern mit Pam und Amy gequatscht und herumgealbert, aber es drehte sich alles um Pferde und Reiten und Pferdepflege und Reitutensilien, wovon sie noch nicht annähernd genug verstand. Und das wenige, das sie bei Marius gelernt hatte, wollte sie keinesfalls aus Versehen ausplaudern.

So fühlte sie sich weiter ein bisschen wie das fünfte Rad am Wagen und überlegte hin und her, wie sie das ändern konnte.

* * *

Es war ja nicht so, als ob sie sich für nichts begeisterte. Sie war süchtig nach Büchern, schrieb Gedichte und kleine Geschichten, kletterte im Sportverein und machte Judo.

Leider jedoch deckten sich Pams Interessen mittlerweile mehr mit denen von Amy.

»Du wirst keine gute Reiterin, wenn du es für jemand andern lernst. Du selbst musst es wollen«, hatte Marius ihr zu Anfang entgegengehalten. »Es funktioniert nicht, wenn du mit deiner Angst nicht umgehen kannst. Die Tiere spüren sie nämlich und werden unsicher. Das kann verhängnisvolle Folgen haben.«

Byron machte es Suri leicht. Er war gutmütig und geduldig, spürte, wie unerfahren und unsicher sie war, und nahm Rücksicht darauf.

»Schritt für Schritt«, mahnte Marius. »Nichts übers Knie brechen, Suri. Vergiss deinen Ehrgeiz, lass dich einfach auf Byron ein und pass dich seinen Bewegungen an.«

Einfach …

Er hatte gut reden.

* * *

Endlich kam Opa bei ihnen vorbei. In der Regel verließ er sein Haus und den Garten nicht ohne triftigen Grund. Selten überwand er sich zu einem Besuch, für den es keine zwingende Notwendigkeit gab.

Er kannte das Schloss von früher, aus der Zeit, bevor man es restauriert hatte. Es in seiner vollen Schönheit zu sehen, beeindruckte ihn offenbar so sehr, dass er zunächst nach Worten suchte.

Es war Suri, die ihn herumführte und ihm alles zeigte. Den Schlosshof. Den Schlosspark. Den Küchengarten. Die Nebengebäude.

Zuletzt die Stallungen.

»Du hast deine Angst vor Pferden verloren?«, fragte Opa, der seine Sprache wiedergefunden hatte.

Es wunderte Suri nicht, dass er es bemerkt hatte. Sie konnte ihm nichts vorspielen und wollte es auch nicht.

»Wer gibt dir Unterricht?«, erkundigte er sich beiläufig, während er Capo mit sicherer Hand Stirn und Nase massierte.

Wie konnte er davon wissen?

»Ich schätze, der junge Mann, dem wir draußen begegnet sind«, gab er sich selbst die Antwort.

Suri nickte.

»Du hast das richtig erkannt«, fuhr Opa fort. »Der direkte Weg zum Herzen eines Menschen führt über seine Leidenschaften.«

Er wusste es.

Allmählich wurde es gruselig. Wie leicht es für ihn war, sie zu durchschauen.

Er hob ihr Kinn an.

»Bei allem, was du tust, Suri – versprich mir, dass du nie aufhören wirst, du selbst zu sein. Du darfst dich nicht verrenken, um einem anderen Menschen zu gefallen, egal, wie sehr du an ihm hängst.«

Suris Unterlippe bebte. Gleich würde sie anfangen zu heulen.

»Wirst du dir das merken?«

Mit Mühe brachte sie ein krächzendes *Okay* heraus und er zog sie an sich. Sein Sakko roch nach den Lavendelsäckchen, die Oma immer im ganzen Haus und in den Schränken verteilt hatte.

»Du bist nämlich einzigartig«, sagte Opa. »Und außerdem genau richtig.«

* * *

Amy schien auf den ersten Blick in Opa vernarrt. Sie blieb in seiner Nähe, saß ruhig mit am Tisch und hatte ein Lächeln auf den Lippen.

Suri wusste ja, dass Opa diese Wirkung hatte. Dass er die Menschen still machte, weil er selbst in der Stille lebte und sie nicht nur aushalten konnte, sondern sogar liebte. Bloß hätte sie nicht gedacht, dass es auch bei Amy so sein würde.

Mit weit offenen Augen sah sie ihn an und kam zur Ruhe. Sie zappelte nicht herum. Ihre Hände und Füße hielten still. Sie verschüttete nichts und warf nichts um. Sie redete nicht mal.

Mein Opa, dachte Suri mit Genugtuung. *Meiner,* nicht deiner.

* * *

Er blieb zum Abendessen. Hinterher fuhr Klaas ihn im Jeep nach Hause. Opa winkte zum Abschied und neben Suri winkte Amy ihm nach.

* * *

Versprich mir, dass du nie aufhören wirst, du selbst zu sein.

Opas Worte hallten in Suri nach. Sie dachte daran, sooft sie den Stall betrat, wo Marius auf sie wartete.

Zu keiner Zeit hatte sie den Wunsch verspürt, Reiten zu

lernen. Sie fand Pferde schön, majestätisch und elegant, war aber immer der Meinung gewesen, dass es den Stolz dieser hochgewachsenen, edlen Tiere verletzen musste, wenn man sie sattelte, ihnen Zaumzeug anlegte und ihnen seinen Willen aufzwang.

Und nun tat sie das ebenfalls.

Warum? Um Pam nicht zu verlieren?

Was hieß denn Freundschaft? Musste man sich unbedingt wie ein Ei dem andern gleichen? Durfte man nicht unterschiedliche Vorlieben haben? War das nicht viel interessanter?

Es war Byron, der Suri mit seinem zärtlichen Schnauben die Antwort gab:

Er hatte sie in sein Herz geschlossen.

Und sie?

Wollte bei ihm sein.

Längst ging es nicht mehr allein um Pam.

* * *

Als Mareike sich auf der Welt schon ein bisschen eingelebt hatte, fand das erste Vaterwochenende nach ihrer Geburt statt. Mirandas Bauch war zu einem Bäuchlein geschrumpft, über das sie sich aufregte, als wäre es bloß dazu da, sie zu ärgern.

Sie wollte schnellstmöglich ihre alte Figur zurück.

»Eine fette Yogalehrerin«, sagte sie und verzog angewidert den Mund. »Grässliche Vorstellung. Ich muss gelenkig sein und darf nicht nach der ersten Übung aus der Puste kommen.«

Bla, bla, bla, dachte Suri. *Bla bla bla.*

* * *

Mareike jedoch war ein Wunder.

Klitzeklein und absolut vollkommen.

Ihre Finger waren so fein, dass Suri sie kaum zu berühren wagte. Die Nägel so winzig, dass sie vor Staunen das Atmen vergaß.

Sie durfte Mareike halten und betrachten und ihren feinen Duft einatmen, und als sich die Fingerchen um ihren Daumen schlossen, war es endgültig um sie geschehen.

Die Gedanken, die sie während Mirandas Schwangerschaft gequält hatten, lösten sich in Luft auf. Es wurde etwas in ihr wach, das die kleine Schwester mit Zähnen und Klauen gegen jegliche Gefahr verteidigen würde.

Bjarne und Erik wahrten vorsichtig Abstand. Als hätten sie Angst davor, diesem zerbrechlichen Wesen wehzutun. Auch ihre Ablehnung schmolz dahin wie Schnee in der Frühlingssonne.

* * *

Einzig an die hilflose Liebe, mit der Papa seine neue Tochter anschaute, musste Suri sich gewöhnen.

* Kapitel 37 *

Amy hatte Bjarnes Freunde feixen sehen, wenn sie auf ihren aufgemotzten Rädern mit ihm durch den Schlosspark bretterten. Sie hatte das Wort *Downie* mitgekriegt und natürlich gewusst, was es bedeutete.

Sie hörte es schließlich oft genug.

Vielleicht waren sie einfach zu blöd, um *Downsyndrom* korrekt auszusprechen, hatte sie gedacht. Und an *Trisomie 21* trauten sie sich gar nicht erst heran. Oder kannten es nicht mal.

Und ausgerechnet die machten sich über sie lustig?

Kurz hatte Amy sich diesen Vollpfosten überlegen gefühlt. Bis sie den Klumpen im Magen gespürt hatte. Sie würde nie richtig dazugehören. Würde ihr Leben lang *besonders* sein.

Achte nicht darauf, hörte sie in solchen Momenten den Rat ihrer Eltern. *Sie wissen es nicht besser.*

Ja, ja, ja, ja, ja.

Aber was Bjarne zu ihr gesagt und wie er es gesagt hatte, das tat so furchtbar weh.

Denk dich woandershin, befahl sie sich, wenn die Erinnerung sie quälte.

Sie war Weltmeisterin im Sich-woandershin-Denken.

Dann stellte sie sich etwa vor, im Schloss zu sein. Sie schlenderte an den wunderprächtigen Gemälden entlang und fühlte, wie ihr die strengen Blicke der stolzen Herren und feinen Damen folgten.

»Guten Tag, wertgeschätzter Maximilian von Klappenstein«, sagte sie höflich im Vorbeigehen. »Guten Tag, hochwohlgeborene Leonora, Herzogin von und zu Ammersbach.«

Oder sie wünschte sich ans Meer mit seinen brausenden Wellen und seiner weißen Gischt, die jeden Kummer unter sich begruben und wegspülten.

Bjarne hatte sie um Verzeihung gebeten. Und was verziehen war, war verziehen. Vergeben und vergessen.

Das Vergeben war Amy leichtgefallen.

Nun musste sie vergessen.

* * *

Suri verhielt sich neuerdings anders als sonst. Beinah liebenswürdig. *Liebensgewürzig*, wie Amy früher gesagt hatte. Damals, als die Wörter noch sehr viel schwieriger gewesen waren als heute.

Seltsam.

Hatte es mit Bjarne zu tun? Hatte Theo ihren Kindern Vorwürfe gemacht? Hatte sie von ihnen verlangt, netter zu Amy zu sein?

Falls das so war, wollte sie ihre Freundlichkeit nicht. Dann konnten sie sich die sonst wohin stecken. Erzwungene Freundlichkeit schmerzte fast mehr als Gemeinheit.

Aber Amy brachte es nicht fertig, lange misstrauisch zu sein. Es passte nicht zu ihr. Schnürte ihr die Luft ab wie ein zu enges Kleid.

War es nicht eigentlich egal, wie es zu Suris Wandlung gekommen war? Hauptsache, es passierten plötzlich erstaunliche Dinge.

Suris Angst vor den Pferden war kleiner geworden und mit Byron hatte sie sogar Freundschaft geschlossen. Sie betrat seine Box und schmuste mit ihm, ein echtes Wunder. Und neulich hatte sie sich eine Bürste geschnappt und ihn gestriegelt, als wäre es das Selbstverständlichste von der Welt.

»Das machst du doch nicht zum ersten Mal«, hatte Pam gesagt. »Hast du geübt?«

Suri hatte bloß rätselhaft gelächelt und keine Antwort gegeben.

* * *

Es dauerte nicht lange und der nächste Geburtstag kündigte sich an. Pam wurde ebenfalls dreizehn und hatte sich gewünscht, ihren Geburtstag mit Suri, Erik, Bjarne und Amy im Schloss zu feiern.

Amy hatte hin und her überlegt, was sie ihr schenken sollte.

Ein Buch? Ein Spiel? Einen Lippenstift? Glitzernagellack? Eine knallbunte Handygürteltasche?

Ihr wurde klar, dass sie herzlich wenig über Pam wusste.

Schließlich fiel ihre Wahl auf einen durchsichtigen Vier-Farben-Stift, in dem kleine blaue Kügelchen schwammen. Sie wickelte ihn in goldenes Geschenkpapier und band eine schillernde Schleife darum.

Theo war dabei gewesen, als sie ihn gekauft hatte.

»Würdest du dich darüber freuen?«, hatte Amy sie gefragt.

»Und wie«, hatte Theo geantwortet und den Kuli lächelnd betrachtet. »Er erinnert mich ein bisschen an …«

»… Winter, Eis und Schnee«, hatte Amy ihren Satz beendet.

Mitten im Laden hatte Theo sie in die Arme genommen und gedrückt. Bis ein alter Mann verärgert geschimpft und gezetert hatte, weil sie ihm den Weg versperrten.

* * *

Das zweite Geschenk, das sie Pam machen wollte, das Hauptgeschenk, hob sie sich für später auf. Es musste geheim bleiben, damit es funktionierte, und Amy war gezwungen, dafür einen geeigneten Tag abzuwarten.

GEHEIMNIS, schrieb sie in Schnörkelschrift auf ein Blatt ihres schönsten Bastelpapiers. Es war türkisfarben wie ein Sommerhimmel am Meer und hatte einen zarten blauen Rand wie der Anfang einer Sommernacht.

* * *

Pam freute sich sehr über den Kugelschreiber. Dann entfaltete sie das Papier und las das Wort. Sie sah fragend auf und Amy schüttelte unmerklich den Kopf und machte leise »Pschscht …«.

Sie feierten den Geburtstag am Samstag nach dem eigentlichen Geburtstag mit einer Sonderführung durch das Schloss, Papas Geschenk, das Pams Augen leuchten ließ.

Er erzählte Geschichten zu jedem Gemälde und jedem Möbelstück, und während Bjarne und Erik sich bald zu Tode langweilten, bekam Pam gar nicht genug davon.

Zum Glück regnete es Bindfäden, was etliche Leute von einer Schlossbesichtigung abhielt. Lediglich vereinzelte Besucher hatten sich vor die Tür getraut, die aber auf eigene Faust herumgingen und nicht störten.

Frau Lindhorp hatte es sich nicht nehmen lassen, den Geburtstagskuchen zu backen, und Theo hatte sich darum gekümmert, alles andere vorzubereiten.

Diesmal verlief der Nachmittag ohne Katastrophe. Sie redeten und hörten Musik und natürlich landeten die Mädchen am Ende wieder bei den Pferden.

»Das war der schönste Geburtstag seit Langem«, sagte Pam, als sie von ihrem Vater abgeholt wurde.

Sie verstaute die Tasche mit den Geschenken auf dem Rücksitz. Von Suri hatte sie einen Katzenkrimi bekommen, von Bjarne und Erik einen Schlüsselanhänger mit Minitaschenlampe und von Theo einen Handschmeichler aus cremefarbenem Speckstein.

Als der Wagen abfuhr, hielt Pam Amys Brief an die Scheibe und machte einen Kussmund. Amy winkte ihr nach, drehte sich um und blickte direkt in Suris fragendes Gesicht.

* * *

»Verrätst du mir euer Geheimnis?«

»Ein Geheimnis darf man nicht verraten«, wich Amy aus.

»Ich behalte es für mich.« Suri ließ nicht locker. »Ehrlich.«

»N-n-nicht mal P-P-Pam weiß Bescheid.«

Jetzt fing sie auch noch an zu stottern! Das passierte ihr oft, wenn sie unsicher war oder jemand sie in die Ecke drängte, wie Suri es mit ihren Fragen tat.

Dann geschah etwas Schreckliches: Suris Augen füllten sich mit Tränen.

Amy konnte niemanden weinen sehen, erst recht nicht Menschen, die sie ins Herz geschlossen hatte.

»Nicht weinen«, bat sie hilflos. »Bitte, nicht weinen.«

Suri wischte sich die Tränen mit dem Ärmel ihres Pullis vom Gesicht.

»Tut mir leid.« Sie schob Amys Hand weg, die sich auf ihren Arm legen wollte. »Vergiss es. Ich hätte nicht fragen dürfen.«

Damit rannte sie los und verschwand im Haus.

Verwirrt blieb Amy zurück. Sie wusste nicht, was sie tun sollte. Vielleicht wäre es ihr gelungen, das Geheimnis zu bewahren – hätte Suri nicht angefangen zu weinen.

Es musste ihr viel daran liegen, es zu lüften.

Und plötzlich erkannte Amy den Grund.

⁕ Kapitel 38 ⁕

Es war Suri äußerst unangenehm, dass sie vor Amy in Tränen ausgebrochen war. Und ihr damit schließlich das Geheimnis entlockt hatte. Es fühlte sich falsch an und es ging ihr nicht gut damit.

Amy saß vor ihr und knetete vor Aufregung ihre Finger.

»Du bist verrückt«, entfuhr es Suri.

Im nächsten Moment zuckte sie zusammen, doch Amy nahm ihr den Ausdruck nicht krumm. Sie grinste breiter, als Suri sie je hatte grinsen sehen.

»Ich weiß«, sagte sie stolz.

»Dir ist klar, dass das gegen die Regeln ist.«

»Ich pfeif auf die Regeln.«

Was war mit dem Mädchen los, das ohne großen Widerstand sämtliche Verbote befolgte? Die offenbar akzeptiert hatte, dass Regeln und Verbote zu ihrem Leben gehörten?

Bevor sie Amy kennenlernte, hatte Suri keine Ahnung von Trisomie 21 gehabt. Sie hatte das eine oder andere darüber gehört, aber es war ein Wort geblieben. Allmählich bekam sie eine Ahnung, was dieses Wort bedeutete.

Amy konnte nicht ohne Weiteres Fahrrad fahren und

nicht balancieren. Ausreiten durfte sie nur in Begleitung, selbst auf dem Schlossgelände. Klaas verlangte zu jeder Zeit zu wissen, wo sie sich aufhielt. Wildfremde Knalltüten auf der Straße starrten sie frech an und beleidigten sie mit dummen Sprüchen.

Die Einschränkungen reichten so weit, dass sie nicht mal essen durfte, was und so viel sie wollte. Obwohl sie gar nicht zu dick war.

»Amy nimmt zu, sobald sie einen Riegel Schokolade bloß anguckt«, hatte Mama erklärt. »Außerdem wird sie nicht richtig satt. Sie könnte ständig weiter und weiter essen. Leider schadet jedes Kilo zu viel ihrem Körper.«

Suri hatte die Freiheiten, die sie besaß, ihr Leben lang für selbstverständlich gehalten. Sie hatte sich über unbedeutende Kleinigkeiten ereifert und mit Mama lächerliche Kleinkriege um Verbote und Vorschriften ausgefochten.

Räum dein Zimmer auf. Spätestens um acht bist du zu Hause. Hast du für die Mathearbeit gelernt? Erledige deine Hausaufgaben. Kannst du die Vokabeln? In so einem kurzen Rock läufst du mir nicht herum. Lippenstift? In deinem Alter? Vergiss es.

Die Liste war lang und war dennoch nichts im Vergleich zu dem Vorschriftenkatalog, den Amy befolgen musste.

»Und du glaubst, dass Pam da mitzieht?«, fragte Suri.

»Klar. Es ist ein Geburtstagsgeschenk.«

»Irgendwer wird euch erwischen.«

»Nicht, wenn alle ausgeflogen sind. Außer Frau Lindhorp meinetwegen. Die kann man leicht austricksen«, sagte Amy unbekümmert. »Mach ich dauernd.«

Sie strahlte übers ganze Gesicht.

»Und Marius?«

»Ist glücklicherweise nicht von morgens bis abends hier.«

Das klappt nie, dachte Suri. Einen solchen Moment kann man nicht abpassen.

»Das klappt nie«, sagte sie.

Amy lachte. Sie hatte sich offenbar entschieden.

»Dann will ich mit«, hörte Suri sich sagen.

»Du?«

Suri nickte.

Bereits jetzt war ihr mulmig zumute.

»Marius hat mir schon ein paar Stunden gegeben«, sagte sie.

»Du lernst reiten?« Amy sprang auf und drehte sich um sich selbst. »Das ist toll, toll, toll! Wahnsinnig, wunderbar, spitzenmäßig toll!«, sang sie, stieß gegen den Schreibtisch und als Nächstes gegen den Stuhl, den sie gerade noch auffangen konnte, bevor er umkippte.

»Ich bin kein Supertalent«, gestand Suri, »doch Marius sagt immer ...«

»... Schritt für Schritt. Nichts übers Knie brechen«, ahmte Amy seine Stimme nach und wedelte mit dem Zeigefinger vor Suris Nase herum.

Suri musste lachen.

»Versprich mir, dass ich mitreiten darf, Amy.«

»Das ist viel zu gefährlich. Du fängst eben erst mit dem Reiten an.«

»Du darfst genauso wenig allein ausreiten.«

»Ich reite seit einer halben Ewigkeit.«

»In Begleitung …«

»Was reiner Quatsch ist«, stellte Amy klar. »Mir kann überhaupt nichts passieren, wenn ich langsam reite.«

»Mir auch nicht. Ich bleibe einfach hinter euch.«

Amy runzelte die Stirn. Ihr Gesicht spiegelte die Zweifel, die ihr zusetzten.

»Bitte, Amy!«

Suri erkannte es in Amys Augen, hörte es an ihrem leisen Seufzen – sie hatte gewonnen.

»Okay«, sagte Amy schließlich. »Aber wir müssen höllisch vorsichtig sein.«

* * *

Nachdem Amy eingeweiht war, gab es keinen Grund für Suri, ihren Reitunterricht weiterhin geheim zu halten. Einzig Pam sollte nichts davon erfahren.

Bjarne und Erik war es gleichgültig, dass Suri reiten lernte. Mama freute sich darüber, dass ihre Tochter allmählich die Angst vor Pferden verlor, und bestand darauf, Marius zu bezahlen, wie sich das gehörte.

Klaas bekam es wahrscheinlich gar nicht richtig mit, weil ein Termin den andern jagte. Er war Dauergast im Bürgermeisteramt, dem Amt für Denkmalschutz, dem Kulturamt und bei den übrigen wichtigen Stellen und musste sich mit den Handwerkern auseinandersetzen, die sich die Klinke in die Hand gaben.

Marius wirkte erleichtert, weil er nur noch Pam gegenüber Schweigen bewahren musste. Er hatte keine Ahnung, was Suri und Amy hinter seinem Rücken planten, und das war gut so.

* * *

Schon eine geraume Weile hatte Suri keine Eifersucht mehr empfunden. Genau genommen seit sie Amys Geheimnis teilte.

In den zahllosen Stunden, die sie miteinander im Stall verbrachten, kamen sie einander näher. Amy gab sich große Mühe, ihr beizubringen, was sie über Pferde und das Reiten wissen musste.

Es war eine Menge, doch nie verlor sie die Geduld.

Und je tiefer Suris Zuneigung zu Byron wurde, desto deutlicher verblasste ihre Angst vor den anderen Pferden. Sie wusste, sie war auf dem richtigen Weg.

✻ Kapitel 39 ✻

Ohne anzuklopfen, kam Suri in Amys Zimmer geplatzt. Und mitten in ihre Hausaufgaben. Was Amy durchaus lieb war, denn dazu hatte sie nicht die geringste Lust.

»Ich bin so weit«, sagte Suri völlig außer Atem, weil sie wohl gerannt war.

Ihre Wangen glühten, ihre Augen glänzten.

Amy sah sie verständnislos an.

»Wir können es tun«, erklärte Suri.

»Was tun?«

»Hallo? Pams Geburtstagsgeschenk? Erinnerst du dich? Es ist höchste Zeit für eine Generalprobe, damit am Tag X auch alles klappt.«

Das konnte sie unmöglich ernst meinen. Sie war längst nicht so weit. Ihre Abmachung war irrsinnig. Amy hatte es bloß nicht zugeben wollen.

Es hatte sich zu gut angefühlt, dass Suri ihre Hilfe brauchte.

In den vergangenen Tagen waren sie unzertrennlich gewesen. Sie hatte Suri unterrichtet wie eine Lehrerin. Es hatte ihr Spaß gemacht und sie hatte sich tatsächlich ein bisschen wichtig gefühlt.

Aber eine Anfängerin verwandelte man nicht im Handumdrehen in eine geübte Reiterin. Erst recht nicht ohne einen echten Lehrer wie Marius und zudem heimlich.

Papa, Frau Lindhorp, Marius, Theo – keiner von ihnen traute Amy zu, Verantwortung für jemand anderen zu übernehmen. Sie glaubten ja nicht mal, dass sie in der Lage war, auf sich selbst aufzupassen.

Und nun saß Suri da, auf Amys ungemachtem Bett, den verschlafenen Teddy auf dem Schoß, und schaute sie erwartungsvoll an.

Amys Mund wurde staubtrocken. Sie konnte nicht schlucken und fuhr sich mit der Zunge über die Lippen, die sich spröde anfühlten.

Ihre Füße wollten flüchten, doch sie erlaubte es ihnen nicht. Sie durfte nicht ständig weglaufen, sobald es schwierig wurde.

Es hatte keinen Sinn, eine Ausrede zu erfinden, das wurde ihr schlagartig klar. Um die Wahrheit führte kein Weg herum.

»Suri … es ist zu gefährlich.«

»Das ganze Leben ist gefährlich«, antwortete Suri fröhlich.

Wie verdammt, verflucht, verflixt und zugenäht schwer das war!

Amy spürte, wie sich ihr Magen zusammenzog.

»Es ist zu früh«, sagte sie. »Viel zu früh.«

Die Worte rollten ihr wie Kieselsteine von der Zunge. Es fühlte sich schrecklich an.

»Was heißt das?«

Suri saß plötzlich kerzengerade. Ihre Hände verkrampften sich um ihre Knie.

»Es war eine Schnapsidee, Suri.«

Das sagte Papa immer, wenn er Amy etwas ausreden wollte.

Es war eigenartig, seinen Ausdruck zu verwenden. Noch eigenartiger war es, dasselbe zu *tun* wie er: Sie versuchte, Suri von ihrem Vorhaben abzubringen, obwohl sie wusste, wie wichtig es ihr war.

»Was genau meinst du?«, fragte Suri misstrauisch.

»Dass du nicht ohne Marius ausreiten kannst. Tut mir leid, Suri.«

Ihr war entsetzlich übel. Konzentriert atmete sie dagegen an.

»Aber *du* kannst es, ja? Ohne ihn ausreiten.«

Amy hörte die Enttäuschung in Suris Stimme, die Angst davor, verraten zu werden. Sie hielt die Luft an und wartete auf den spöttischen Unterton, der so oft die Worte der Leute begleitete.

Er kam nicht. Stattdessen glitzerten wieder Tränen in Suris Augen.

»Versteh mich doch«, bat Amy.

Suri saß da und starrte nachdenklich in die Luft. Man konnte sehen, wie es in ihrem Kopf ratterte. Vergeblich wünschte Amy einen Ausweg herbei.

Nie war ihr eine Entscheidung dermaßen schwergefallen.

»Wenn es dir so wehtut«, sagte sie schließlich schleppend, »denke ich mir eine andere Überraschung für Pam aus.«

Suri schwieg eine Weile. Dann erhob sie sich langsam, als wäre sie gestürzt und müsste erst vorsichtig ihre Knochen ordnen.

»Was ich mir vorgenommen habe, führe ich auch aus«, sagte sie. »Ich verstehe, dass du kalte Füße bekommen hast. Das ist okay. Zieh ich's eben allein durch.«

Allein?

Was?

»Ich kann mir wirklich eine andere ...«

»Ist gut, Amy. Ich bin dir nicht böse.«

Damit verließ Suri das Zimmer.

* * *

Beim Abendessen verhielt sie sich so, als sei nichts geschehen. Sie unterhielt sich angeregt mit den andern und wirkte heiter, fast aufgekratzt.

Amy saß still dabei. Ihr war hundeelend zumute.

* * *

Kurz vorm Schlafengehen klopfte sie an Suris Tür und drückte vorsichtig die Klinke runter, als sie nicht antwortete.

Das Zimmer war leer, das Bett unberührt.

Panik züngelte in Amy auf und sie lief zum Stall.

Erleichtert stieß sie den Atem aus. Byron stand ruhig in seiner Box. Suri saß auf einem Strohballen und sah ihr gelassen entgegen.

»Wann?«, fragte Amy.

»Du glaubst doch nicht im Ernst, dass ich dir das auf die Nase binde«, antwortete Suri. »Irgendwann halt. Lass dich überraschen.«

Stöhnend gab Amy auf.

Und wieder hatte Suri gewonnen.

* Kapitel 40 *

Es war nicht einfach, einen passenden Tag zu finden. Erst nach einer guten Woche fügte sich eins ans andere. Mama war mit ihrem Chef nach Idar-Oberstein gefahren, um Edelsteine einzukaufen. Klaas verbrachte den ganzen Tag in wichtigen Besprechungen außerhalb. Bjarne und Erik hatten sich bis zum Abend abgemeldet und Frau Lindhorp war mit Arbeiten im Schloss beschäftigt.

»Falls irgendwas ist«, sagte sie zu Suri und Amy, »ruft ihr mich, verstanden?«

Sie nickten einhellig.

Kurz darauf verabschiedete sich Marius für ein, zwei Stunden, um ein paar wichtige Dinge in der Stadt zu erledigen.

»Kann eventuell ein bisschen länger dauern«, sagte er.

»Null Problemo«, antwortete Suri.

»Absoluto«, stimmte Amy zu.

Sie guckten rasch woandershin, um sich nicht zu verraten.

* * *

Sobald Marius verschwunden war, sattelten sie Karlotta und Byron. Obwohl Amy es lieber gesehen hätte, wenn

Suri sich für die bedächtige, gutmütige Jacky entschieden hätte. Doch Suri war an Byron gewöhnt, sie vertraute ihm.

Er war stark, furchtlos und geduldig. All das, was Suri selbst nicht war. Nicht in diesem Augenblick.

Damit würde er ihr helfen.

* * *

Amy war ungewöhnlich schweigsam.

Bisher hatte sie wenig mehr als das Nötigste geredet.

Der Helm und die Schutzweste vermittelten Suri ein tröstliches Gefühl von Sicherheit. Trotzdem schlug ihr das Herz bis zum Hals, als sie hinter Amy die Auffahrt hinunterritt.

»Bleib hinter mir«, hatte Amy ihr eingeschärft. »Byron läuft Karlotta automatisch nach.«

Es funktionierte tatsächlich, und Suri hoffte aus tiefster Seele, dass Byron es sich nicht anders überlegte und lospreschte, weil er spürte, wie ängstlich sie war.

Ausgerechnet jetzt fiel ihr ein, dass Marius sie genau davor gewarnt hatte. Ihre Angst könnte sich auf das Pferd übertragen, hatte er gesagt, und das könnte gefährliche Folgen haben.

Augenblicklich fühlte sie sich wie auf einem Pulverfass. Stockstarr saß sie im Sattel und wagte kaum zu atmen. So hatte sie sich das nicht vorgestellt.

Am liebsten hätte sie auf der Stelle kehrtgemacht, aber ihr Kopf war plötzlich wie leer gefegt, und die Zügel lagen schlaff und nutzlos in ihren Händen. Amy um Hilfe zu bitten, wagte sie nicht. Dazu hätte sie rufen müssen und vielleicht hätte sie Byron damit erschreckt.

Der war völlig entspannt und spürte anscheinend nicht, welcher Tumult in ihr tobte.

Gemächlich trottete er hinter Karlotta her.

»Brav«, lobte sie ihn, wie Marius es ihr beigebracht hatte. »Brav. Du bist der Beste, Byron. Dass meine Stimme dünn und zittrig klingt, täuscht. Ich hab keine Angst, echt nicht. Bitte sei so gut und verlier nicht die Nerven, ja?«

Byron hob den Kopf und schnaubte.

O Gott, dachte Suri. O Gott, o Gott, o Gott.

Sie verließen den Schlosspark und bogen auf einen schmalen Feldweg ein. Suri hatte keinen Blick für die Schönheit der weiten Landschaft. Ihr war heiß und kalt vor Entsetzen. Die Hoffnung, diesen verrückten Ausritt unbeschadet zu überstehen, lag im Clinch mit der düsteren Ahnung, dass er schlecht ausgehen würde.

* * *

Ihr war klar, was sie tun musste, um Byron zum Stehen zu bringen, bloß konnte sie sich nicht regen. Sie war wie in einem Albtraum gefangen, in dem man sich selbst dabei zusieht, wie man mit offenen Augen ins Unglück läuft.

Amy drehte sich nach ihr um.

»Alles okay?«, rief sie munter.

Der Ausritt schien ihr Spaß zu bereiten. Sie wirkte unbesorgt. Offenbar hatten sich ihre Bedenken in Luft aufgelöst.

Im nächsten Moment erblickte Suri den umgestürzten

Baum, der in einiger Entfernung quer über dem Weg lag. Voller Angst riss sie an den Zügeln und drückte die Schenkel unwillkürlich gegen Byrons Leib.

Das war ein fatales Signal. Byron warf den Kopf zurück, wieherte und galoppierte los.

Mit stampfenden Hufen schoss er an Karlotta vorbei.

»Die Zügel!«, schrie Amy aus Leibeskräften. »Die Zügel!«

Doch die hatte Suri erschrocken losgelassen. Verzweifelt krallte sie sich an Byrons Mähne fest.

Falsch. Falsch. Völlig falsch.

Obwohl Byron ein Wahnsinnstempo vorlegte, kam es Suri vor, als würden sie sich in Zeitlupe vorwärtsbewegen. Wie in einem Film.

»Suuuriii!«

Amys Stimme von weit her. Suris eigenes Entsetzen, ihre Angst, wie von fern. Nur der Baum, der den Weg versperrte, näherte sich, wurde groß und größer.

Suri kniff die Augen zu.

Byron sprang.

* Kapitel 41 *

Byron sprang und Amy sah Suri fallen. Noch nie hatte sie beobachtet, wie ein Pferd durchging. Aber sie wusste, dass sie die erregt tänzelnde Karlotta unbedingt davon abhalten musste, Byron nachzusetzen.

Es gelang ihr, sie zu beruhigen, abzusteigen und die Zügel an einem Strauch festzumachen.

Suri lag da wie tot. Sie hatte die Augen geschlossen und reagierte nicht, als Amy neben ihr niederkniete und sie ansprach.

»Suri? Hörst du mich?«

Amys Hände schlotterten, als sie die Handschuhe abstreifte, um Suri den Puls zu fühlen. Aus den Thrillern, die sie hin und wieder heimlich guckte, wusste sie, wo man die Halsschlagader suchen musste.

Es gelang ihr nicht auf Anhieb, doch schließlich spürte sie Suris Herzschlag. Sie wollte ihr Handy hervorziehen, das sie für Notfälle immer bei sich tragen sollte – und stellte entsetzt fest, dass sie es ausgerechnet heute zu Hause vergessen hatte.

Mist! Mist! Mist!

Vorsichtig betastete sie Suris Taschen.

Kein Handy.

Hektisch suchte sie den Weg ab und fand nichts als ein paar unscheinbare Feldsteine, einen eingetrockneten Hundehaufen, ein zerknittertes Bonbonpapier und zwei halbe Walnussschalen, wahrscheinlich von Vögeln abgeworfen.

»Suri?«

Amy fing an zu weinen und berührte zaghaft Suris Wange. Die linke Augenbraue war blutverklebt. Das ließ ihr Gesicht bleicher erscheinen, als es ohnehin schon war.

»Bleib ganz ruhig liegen und hab keine Angst. Ich hole Hilfe.«

Sie wagte nicht, Suris Lage zu verändern. Das hatte sie ebenfalls aus Filmen gelernt, dass man verletzte Menschen nicht bewegen durfte, weil sonst ihre Wirbelsäule kaputtgehen konnte. Und dann saßen sie im Rollstuhl und waren nicht mehr fähig, selbstständig zu essen und zu trinken.

Suri lag am Rand eines raschelnden Maisfelds. Amy hatte gar nicht bemerkt, dass es windig geworden war.

Sie hob den Kopf.

Schwere Wolken zogen über den Himmel.

Sie sollte jetzt losreiten, aber dazu musste sie zunächst Karlotta beschwichtigen, die nervös mit den Hufen scharrte.

Schwierige Entscheidungen lähmten Amy. Sie wusste genau, was zu tun war, konnte jedoch ihren Körper nicht dazu bringen, dem Kopf zu gehorchen. Als sie endlich besänftigend auf Karlotta einredete, hatte sie den Eindruck, seit Suris Sturz wären Stunden vergangen.

Ein rascher Blick auf ihre Uhr zeigte ihr, dass sie sich täuschte. Erleichtert löste sie die Zügel vom Strauch und schwang sich in den Sattel.

* * *

Für andere Reiter in ihrem Alter mochte ein leichter Trab ein Klacks sein, Amy hingegen fiel es schwer, sich Karlottas schnelleren Bewegungen anzupassen.

Marius hätte ihr jetzt wertvolle Kommandos zugerufen.

Nur war er nicht da.

Sie musste ohne seine Hilfe klarkommen.

Falls ihr jetzt auch etwas zustieß, würde es eine ganze Weile dauern, bis man Suri und sie fand. Man würde den gesamten Schlosspark durchkämmen, bevor man auf die Idee käme, die Suche außerhalb fortzusetzen, noch dazu an dieser entlegenen Stelle.

Nicht mal sie selbst hatte diesen hoppeligen Weg zuvor gekannt.

* * *

Irgendwo in ihrem Kopf glaubte sie, ein leises Stöhnen zu hören. Es lief ihr kalt über den Rücken. Was, wenn Suri so schwer verletzt war, dass jede Minute zählte? Was, wenn sie das Schloss zu spät erreichte und man Suri nicht mehr helfen konnte?

Amy fühlte sich einsam wie nie. Obwohl Karlotta bei ihr war und sie gehorsam nach Hause trug.

Zu langsam, dachte Amy. Viel zu langsam.

Sie holte tief Luft, sprach sich selbst Mut zu. Dann trieb sie Karlotta mit dem Druck ihrer Schenkel an.

Die Stute reagierte augenblicklich und galoppierte los.

In den folgenden Minuten war Amy so sehr damit beschäftigt, sich im Sattel zu halten, dass sie ihre Angst nicht mehr spürte.

❦❦❦

Die Panik kam zurück, als sie den Schlosshof erreichte. Sie führte Karlotta in ihre Box und rannte auf wackligen Beinen ins Haus. Sie stürmte in ihr Zimmer, nahm das Handy und wählte 112.

Sie erklärte der freundlichen Männerstimme, was passiert war, und beschrieb die Stelle, an der sie Suri zurückgelassen hatte. Danach versuchte sie, Papa anzurufen. Als er sich nicht meldete, hinterließ sie ihm eine Sprachnachricht auf seinem Handy.

Suri hatte einen Reitunfall. Hab 112 angerufen. Sie schicken einen Arzt.

Dieselbe Nachricht sandte sie an Theo. Schließlich informierte sie Frau Lindhorp, die völlig die Fassung verlor und ins Haus lief, um am Telefon zu bleiben.

Danach holte Amy das ungeliebte Dreirad aus der Garage, über das sie plötzlich überaus froh war, und machte sich wieder auf den Weg. Suri sollte nicht allein da draußen liegen. Sie sollte sich nicht fürchten.

Nachdem sie erledigt hatte, was zu erledigen war, meldete sich das schlechte Gewissen. Von Meter zu Meter wuchs es an, bis es dermaßen groß und drohend vor ihr aufragte, dass sie ihm kaum ins Gesicht zu gucken wagte.

Wie hatte sie sich nur auf das hier einlassen können?

* * *

Suri war blass wie ein Kissenbezug, aber wieder bei Bewusstsein, als Amy sie erreichte. Ihre Augen waren einen winzigen Spaltbreit geöffnet. Anscheinend tat ihr das grelle Sonnenlicht weh.

Sie hatte sich übergeben. Ein Teil des Erbrochenen versickerte neben ihr im Gras, der Rest hatte sich auf Kinn, Hals und Weste verteilt. Es roch übel und Amy kämpfte gegen den Würgereiz an.

»Der Arzt kommt gleich«, versprach sie mit krächzender Stimme.

Suri antwortete nicht. Vielleicht fiel ihr das Sprechen schwer oder sie hatte Amy nicht gehört.

Und wenn sie verwirrt war?

Sich am Kopf verletzt hatte?

Das konnte bei einem Reitunfall passieren. Trotz Helm. Amy hatte oft davon gehört.

Weil sie nicht wusste, ob sie Suri anfassen durfte, legte sie sich neben sie ins Gras, um ihr wenigstens nah zu sein.

* Kapitel 42 *

Suri hatte höllische Kopfschmerzen. Überhaupt tat ihr jeder Knochen weh. Eine junge Ärztin hatte ihr eine Spritze gegeben, die sie schläfrig machte.

Es war sehr still in diesem Krankenzimmer, bis auf die gedämpften Stimmen und Geräusche draußen auf dem Flur.

Ihr war entsetzlich kalt, obwohl sie bis ans Kinn zugedeckt war. Ihre Zähne klapperten wie Kastagnetten. Das war fast so unangenehm wie das innere Zittern, das sie nicht zur Ruhe kommen ließ.

Irgendwann schlief sie ein.

Wachte wieder auf.

Sah Klaas an ihrem Bett sitzen, dann Mama.

Schlief wieder ein.

Ihr Kopf war voller Watte.

Diesen Gedanken fand sie komisch. Doch ihre Lippen wollten nicht lachen.

Sie wurde wach, schlief ein.

Nichts war wichtig.

Nichts als die dunkle, sanfte Müdigkeit.

* Kapitel 43 *

Selten hatte Amy so sehnlich und gleichzeitig so ängstlich auf Papa gewartet.

»Glücklicherweise ist nichts gebrochen«, sagte er, als er müde aus dem Krankenhaus kam. »Suri hat allerdings eine Gehirnerschütterung und schwere Prellungen. Das Krankenhaus möchte sie einen Tag zur Beobachtung dabehalten.«

Theo, die auf der Rückfahrt von Idar-Oberstein lange im Stau gestanden hatte, war direkt zum Krankenhaus gefahren und hatte Papa abgelöst. Mittlerweile waren auch Bjarne und Erik zu Hause.

Frau Lindhorp hatte ein Abendessen zubereitet. Milchreis mit Zucker und Zimt und frischem Obst, eine von Amys Lieblingsspeisen. Frau Lindhorp füllte ihr eine große Portion auf den Teller und tätschelte ihr die Schulter.

»Hast du gut gemacht, Mädchen.«

Amy hatte den ersten köstlichen Löffel Reis im Mund, als Papa mit der Faust auf den Tisch schlug, dass die Gläser hüpften.

»*Gut gemacht?*«

Das Erschrecken kroch Amy bis in die Haarspitzen.

»*GUT gemacht?*«

Papa schob seinen Teller so heftig von sich, dass er bis zur Mitte des Tischs schlitterte. Bjarne und Erik zogen den Kopf ein. Frau Lindhorp stand stocksteif neben der Spüle, ein schlaffes Geschirrtuch in der Hand.

Amy ließ den Löffel sinken. Jetzt brach das Donnerwetter über sie herein.

»Wie oft habe ich dir gepredigt, dass du nicht allein ausreiten darfst?« Papa starrte sie zornig an. »*Wie oft?*«

Das wusste Amy nicht. Sie hatte nicht mitgezählt.

»Oft«, sagte sie.

Die falsche Antwort. Papa war puterrot im Gesicht.

»Warum hast du es dann gemacht?«, fragte er mit mühsam unterdrückter Wut. »Kannst du mir das sagen?«

Das konnte sie und am liebsten hätte sie es getan. Nur lag Suri im Krankenhaus, und vielleicht war sie kränker, als Papa dachte. Wie sollte sie da einen Teil der Schuld auf Suri abwälzen?

»Ja«, sagte sie leise und wagte nicht, Papa anzugucken.

»Ja was?«

»Ja«, flüsterte sie eingeschüchtert. »Ich *kann* es sagen …« Noch nie hatte Papa sie angeschrien. Noch nie war er so wütend auf sie gewesen. »… aber …«

»Aber WAS?«

Amys Beine fingen an zu zucken. Sie verschränkte die Finger, damit wenigstens ihre Hände ruhig blieben. Irgendwie ahnte sie, dass Papa sich weit mehr aufregen würde, wenn sie zitterte wie Espenlaub.

Bjarne schob seinen Stuhl zurück.

»Du bleibst hier!«, schnauzte Papa ihn an.

Bjarne sank auf den Stuhl zurück. Erik versuchte gar nicht erst, aufzustehen.

Amy starrte vor sich auf den Tisch. Sie nahm jede Einzelheit extrem scharf wahr, viel deutlicher als sonst. Die schöne Holzmaserung, die kleinen Macken hier und da, die winzige Fruchtfliege, die lautlos auf dem Rand der Schüssel mit dem Obstsalat landete.

Sie spürte, wie Teddy sich an sie schmiegte, als suchte er Schutz vor Papas lauten Worten. Registrierte, dass Frau Lindhorp ihn nicht von der Sitzbank verscheuchte.

»Aber WAS?«

»... aber ich möchte es nicht«, beendete Amy ihren Satz.

Papa hatte sie nie geschlagen. Er würde es auch niemals tun, das wusste Amy. Dennoch war ihr plötzlich unheimlich zumute. Sie sehnte sich danach, dass Theo aus dem Krankenhaus zurückkehrte.

»Du *möchtest* es nicht?«

Amy schüttelte den Kopf.

Es war absolut still. Man konnte sehen, wie Papa um Fassung rang.

»Geh in dein Zimmer«, befahl er schließlich in eisigem Ton. »Und du kommst erst wieder raus, wenn du bereit bist, mir zu erklären, WIESO, ZUM TEUFEL, DU DAS GETAN HAST!«

* * *

Amys Beine waren wie aus Pudding, als sie die Treppe hochstieg. Sie spürte einen schmerzhaften Druck in den Ohren und ihr war kotzübel.

Ihr war zum Heulen zumute, doch es kamen keine Tränen. Sie wären sowieso auf der Stelle verdampft, denn ihre Augen brannten wie Feuer.

Sie warf sich auf ihr Bett, drehte sich zur Seite und zog die Beine an.

Steckte den Daumen in den Mund. Wie früher, wenn es ihr nicht gelang, einzuschlafen.

Nie war Papa so ausgeflippt wie eben. Nie.

* * *

Es war schon dunkel, als es leise an der Tür klopfte und Theo das Zimmer betrat. Sie setzte sich zu Amy aufs Bett.

»Wie fühlst du dich?«, fragte sie und strich ihr das Haar aus der Stirn.

Theo erkundigte sich danach, wie sie sich fühlte! Dabei war Amy schuld daran, dass Suri im Krankenhaus lag.

»Wie geht es Suri?«

»Ich darf sie morgen Nachmittag wieder abholen. Mach dir keine Sorgen.«

»Theo … ich …«

»Es war nicht deine Schuld, Amy. Du hast sie nicht gezwungen, auf das Pferd zu steigen. Ich weiß, was abgelaufen ist. Sie hat es mir erzählt.«

»Trotzdem, ich hätte …«

»Es wäre wesentlich dramatischer ausgegangen, wenn

sie allein losgeritten wäre. So warst du bei ihr und konntest Hilfe holen.«

Theo beugte sich vor und gab Amy einen Kuss auf die Wange.

»Ich danke dir, Amy. Versuch jetzt zu schlafen. Du musst erschöpft sein und es ist spät.«

»Hat Suri Schmerzen?«

Theo blieb bei der Tür stehen und drehte sich um.

»Nein. Sie haben ihr etwas gegen die Schmerzen und zur Beruhigung gegeben. Während ich bei ihr war, hat sie fast die ganze Zeit geschlafen. Sie hat mir allerdings noch gesagt, ich soll dir ausrichten, dass Unkraut nicht vergeht.«

Dicke Felsbrocken kullerten Amy von der Seele.

Im schwachen Lichtschein, der vom Flur ins Zimmer kroch, war Theos Gesicht nicht zu erkennen. Doch Amy war sich sicher, dass sie lächelte.

Als Theo gegangen war und Amy die Nachttischlampe angeknipst hatte, sah sie eine Schale Milchreis neben dem Wecker stehen.

Ausgehungert fiel sie darüber her.

* * *

Es war das erste Mal, dass Papa nicht kam, um noch ein bisschen mit ihr zu plaudern und ihr eine gute Nacht zu wünschen. Das erste Mal, dass er ihr nicht verzieh und sie in ihr Zimmer verbannte. Dass sie sich nicht versöhnten.

Dabei hatten sie eine Abmachung: niemals im Streit einzuschlafen.

Du kommst erst wieder raus, wenn du bereit bist, mir zu erklären, wieso, zum Teufel, du das getan hast.

Amys Gedächtnis war oft lückenhaft. Diesen Satz aber würde sie nicht vergessen.

Es war, als hätte Papa ihn für immer in ihren Kopf gehämmert.

* * *

Sie lag im Dunkeln, dachte an Suri und wünschte sich, dass Suri es spürte.

Im Netz hatte sie nachgelesen, was bei einer Gehirnerschütterung passierte. Das Gehirn, das einer riesigen Walnusshälfte ähnelte, schwamm in einer Flüssigkeit. Bei einem heftigen Sturz wurde es durch den Aufprall gegen die Schädelwand geschleudert – häufig mit schlimmen Folgen.

Selbst bei einem glimpflichen Verlauf konnten Erbrechen, Kopfschmerzen und Sehstörungen auftreten. Und ab und zu vergaßen die Leute, was kurz vor oder nach dem Unfall passiert war.

Glücklicherweise war das bei Suri nicht der Fall, und sie würde Papa später erklären können, wie alles gekommen war.

Aber vielleicht war das auch gar nicht mehr wichtig.

* * *

»Hast du mir etwas zu sagen?«, fragte Papa am nächsten Morgen.

Er setzte keinen Fuß ins Zimmer, sondern blieb bei der Tür stehen. Wie Theo gestern Abend und doch ganz anders.

Amy schüttelte den Kopf.

Was sollte sie denn sagen? Welcher Satz, welche Wörter würden den grimmigen Ausdruck von seinem Gesicht verschwinden lassen? Bestimmt hatte Theo doch mit ihm gesprochen und ihm alles erzählt.

»Ich warte, Amy.«

In Wirklichkeit tat er das Gegenteil: Er sah auf seine Uhr und legte die Hand auf die Klinke.

»Du hast bis auf Weiteres Hausarrest«, sagte er.

Und verschwand.

* * *

Hausarrest.

Amy kannte den Begriff lediglich aus Büchern. Überhaupt erinnerte sie sich nicht daran, jemals bestraft worden zu sein. Oder hatte sie es bloß vergessen?

Sie zog sich an und ging in die Küche. Es war Samstag und alle waren ausgeflogen. Bjarne und Erik besuchten ihren Vater und würden bis Sonntagabend bleiben.

Für Amy würde das Wochenende bei Mama ausfallen.

Hausarrest.

Ein blödes Wort.

Sie machte sich ihr Müsli zurecht und gab trotzig zwei gehäufte Teelöffel Zucker dazu. Keiner beobachtete sie. Keiner zog die Stirn in Falten. Teddy lag auf der Sitzbank, den Kopf auf den Pfoten, und schaute ihr friedlich zu.

Papa war garantiert in seinem Büro. An den Wochenenden erledigte er in der Regel Schreibarbeiten, für die ihm während der Woche die Zeit fehlte.

Dummerweise hatte er aus seinem Bürofenster den kompletten Schlosshof im Blick. Er würde es mitkriegen, wenn Amy den Hausarrest nicht einhielt.

Dabei musste sie unbedingt wissen, wie Karlotta die Aufregung überstanden hatte. Und Byron, der sicherlich allein nach Hause gefunden hatte, denn er war schlau. Es war ihm schon ein paarmal gelungen auszubüxen und immer war er von selbst heimgekehrt.

Niemand da. Keine Frau Lindhorp, kein Marius und keine Theo, die wahrscheinlich in der Goldschmiede war, die samstags bis zwei Uhr geöffnet hatte.

Anschließend würde sie wohl Suri abholen.

* * *

Nachdem Amy gefrühstückt hatte, klingelte das Telefon. Es war Theo, die ihr mitteilte, dass sie bis zum Abend unterwegs sein würde.

»Sie wollen Suri noch bis morgen dabehalten«, erklärte sie. »Deshalb möchte ich ihr nach der Arbeit Gesellschaft leisten.«

Amy wagte kaum zu fragen, doch dann gab sie sich einen Ruck.

»Ist es schlimmer geworden?«

»Nein, nein, keine Angst. Das ist eine reine Vorsichtsmaßnahme.«

* * *

Amy fragte sich, ob sie Theo glauben konnte. Sie fragte sich auch, ob der Weg über den Schlosshof zu Papas Büro gegen den Hausarrest verstieß.

Sie beschloss, es darauf ankommen zu lassen.

Papa sah zerstreut von seinen Unterlagen auf.

»Theo hat angerufen«, sagte Amy. »Suri muss bis morgen im Krankenhaus bleiben.«

»Ich weiß. Wir haben gerade miteinander telefoniert.«

»Wie lange dauert der Hausarrest?«, fragte Amy.

»Das weißt du genau.«

Darauf ging sie nicht ein.

»Ich möchte Suri besuchen.«

»Sobald du mir erklärst, warum du bei dieser idiotischen Sache mitgemacht hast.«

»Hat Theo nicht mit dir darüber gesprochen?«

»Theo hat damit nicht das Geringste zu tun. Ich möchte es von dir hören. Also …?«

Amy fühlte sich so sehr in die Enge getrieben, dass sie nur zwei Möglichkeiten hatte: in Tränen auszubrechen oder wütend zu werden. Sie entschied sich für die Wut, die schon eine Weile in ihr brodelte.

»Das ist Erpressung!«

Papa musterte sie eine Weile, schüttelte wortlos den Kopf und widmete sich wieder seiner Arbeit.

Er übersah sie.

Als wäre sie urplötzlich durchsichtig geworden.

Amy flüchtete aus seinem Büro und knallte die Tür hinter sich zu.

* Kapitel 44 *

»Klaas spricht nicht mit Amy.« Mama wirkte niedergeschlagen. »Er besteht darauf, dass sie ihm selbst beichtet, wieso sie sich auf diesen verrückten Ausritt eingelassen hat.«

»Hast du ihm denn nicht gesagt, dass sie sogar versucht hat, mir das Ganze auszureden?«, fragte Suri. »Bevor das Beruhigungsmittel mich ausgeknockt hat, hab ich dir doch …«

»Natürlich habe ich es ihm gesagt. Aber er verlangt, dass Amy es ihm selbst erklärt. Er will es aus ihrem Mund hören.«

»So ein Quatsch.« Suri konnte sich nicht vorstellen, dass Klaas sich dermaßen kindisch aufführte. Er war erwachsen. Musste er nicht hinter die Dinge schauen können? »Er ist Amys Vater. Er sollte Vertrauen zu ihr haben.«

»Und Verständnis, ich weiß.«

Mama war in diesem Krankenzimmer irgendwie fehl am Platz. Ihr Parfüm biss sich mit dem Geruch nach Desinfektionsmitteln und Medikamenten, ihre leuchtend rote Bluse wirkte wie eine Mohnblüte zwischen lauter Eiskristallen.

»Habt ihr Krach?«, erkundigte sich Suri.

»Nicht direkt«, antwortete Mama. »Ich begreife einfach nicht, was in ihn gefahren ist. Er weiß, wie die Geschichte abgelaufen ist. Ich glaube, der Vorfall hat ihn einfach furchtbar erschreckt.«

»Ich kann ihn anrufen.«

»Das würde nichts ändern, fürchte ich.«

Sie stand auf und wanderte unruhig im Zimmer umher. Die federleichte Plastikfolie, mit der das unbenutzte zweite Bett bedeckt war, knisterte leise in dem Luftzug, den ihre Bewegungen verursachten.

»Dann rufe ich Amy an.«

»Gute Idee.« Mama griff nach ihrer Handtasche, die sie auf einem der beiden grün gepolsterten Stühle abgestellt hatte, und wandte sich zur Tür. »Ich genehmige mir inzwischen einen Cappuccino in der Cafeteria. Soll ich dir etwas mitbringen?«

Suri schüttelte den Kopf. Sie hielt ihr Handy schon in der Hand.

* * *

»Hi, Amy.«

»Suri …« Amys Stimme klang dünn und unsicher und war voller Tränen. »Wie geht's dir?«

»Bin noch ein bisschen neben der Spur, weil mein Schädel brummt wie ein alter Kreisel, sonst ist alles okay. Und das verdanke ich dir. Wenn du keine Hilfe geholt hättest …«

Suri hörte, wie Amy tief Luft holte.

»Ich bin so froh, dass du nicht … dass dir nicht … du könntest tot sein, Suri!«

Tot.

Das Wort hallte in Suri nach. Sie hatte wirklich ein Riesenglück gehabt.

»Bin ich aber nicht, Amy.«

»Nein …«

Amy fing an, leise zu weinen.

»Hey. Für Tränen gibt es nicht den geringsten Grund. Ich bin putzmunter.«

»Ich … heul ja bloß, weil … ich wahnsinnig … froh bin.« Amys Worte wurden von kleinen Schluchzern unterbrochen. »Und weil Papa …«

»Mach dir nichts draus«, sagte Suri. »Ich rufe ihn gleich an und erkläre ihm, was passiert ist.«

Amy schnäuzte sich und holte tief Luft. Als sie weitersprach, hatte sie ihre Stimme wieder im Griff.

»Ich hab nicht gewusst, dass er … so sein kann.«

»Stur? Das sind die meisten Eltern. Glaub mir, ich weiß, wovon ich rede. Ständig wollen sie ihren Willen durchsetzen.«

Es entstand eine Pause. Suri hörte Amy leise atmen.

»Ich darf dich nicht besuchen«, sagte Amy nach einer Weile. »Ich hab Hausarrest.«

»Mama hat's mir erzählt. Wenn sie nach Hause kommt, wird sie garantiert dafür sorgen, dass dein Vater ihn sofort aufhebt.«

Plötzlich war das Gespräch weg.

An Suris Handy konnte es nicht liegen. Es war frisch aufgeladen. Sie wählte Amys Nummer, erwischte allerdings nur die Mailbox.

Etwas an Amys Art zu sprechen beunruhigte sie im Nachhinein. Sie konnte nicht sagen, was es war, doch ihre Nackenhärchen richteten sich auf.

* * *

Als Mama ein Glas Tee und ein Stück Kuchen ins Zimmer balancierte, hatte Suri sich bereits angezogen.

»Dieser Kuchen ist ein Traum. Er …« Verdutzt starrte sie Suri an. »Was hast du vor?«

»Ich möchte nach Hause.«

Suri fiel auf, dass sie das Schloss zum ersten Mal als ihr Zuhause bezeichnet hatte.

»Vor morgen werden die Ärzte dich nicht entlassen.« Mama stellte Kuchen und Tee auf dem Tisch ab. »Wir können nicht einfach gehen.«

»Dann sag Bescheid. Ich warte so lange.«

»Warum die Eile, Suri? Du bist immer noch reichlich blass. Ein bisschen Ruhe täte dir wirklich gut.«

»Irgendwas ist mit Amy. Irgendwas stimmt nicht. Lass uns nach Hause fahren, Mama, bitte!«

Während ihre Mutter einen Arzt suchte, um über die Entlassung zu verhandeln, trank Suri den Tee und versuchte, den Kuchen zu essen.

Stachelbeerbaiser.

Allein beim Gedanken daran lief ihr normalerweise das Wasser im Mund zusammen. Heute nicht. Ihr Magen rumorte und sie legte die Kuchengabel beiseite und trat ans Fenster.

Irgendwas stimmte nicht. Sie war sich absolut sicher.

* Kapitel 45 *

Suri ging es gut. Das war das Wichtigste. Ihre Stimme hatte kräftig und zuversichtlich geklungen. Amy brauchte sich um sie keine Sorgen mehr zu machen.

Sie packte Pulli und Jeans in ihren Rucksack, Handy, Ladekabel, eine Banane, zwei Äpfel, eine Tafel Schokolade, ein paar Käsesandwiches und eine Flasche Wasser. Dann raffte sie ihr Erspartes zusammen, siebzig Euro und fünfunddreißig Cent, und zog zwei Bücher aus dem Regal. Sie dachte auch an eine Taschenlampe und ihr Taschenmesser.

Zunächst hatte sie überlegt, Teddy mitzunehmen, doch schließlich hatte die Vernunft gesiegt. Sie wusste nicht, was sie erwartete. Dem konnte sie Teddy nicht aussetzen. Er war hier besser aufgehoben.

Als sie sich von ihm verabschiedete, leckte er ihr treuherzig das Gesicht.

»Ich hab keine Wahl«, flüsterte sie, und es brach ihr das Herz. »Ich kann nicht weiter für dich sorgen.«

Sie ließ ihn in der Küche zurück und schlich aus dem Haus. Vorsichtig hielt sie sich im Schatten der Nebengebäude, bis sie das Tor erreichte, durch das sie gestern mit Suri geritten war.

Kaum war sie hindurchgegangen, hörte sie aufgeregtes Bellen hinter sich. Sie drehte sich rasch zu Teddy um, bückte sich und hielt ihm das Maul zu.

»Pscht!«

Wahrscheinlich hatte er ein offenes Fenster entdeckt oder eine nur angelehnte Tür. Auf jeden Fall schien er nicht bereit, sich diesen Spaß entgehen zu lassen.

Es drängte sie, nach Karlotta und Byron zu sehen, bevor sie ihr Zuhause für immer verließ. Doch das Risiko, entdeckt zu werden, war zu groß.

Leb wohl, Karlotta, sagte sie in Gedanken, *leb wohl, Byron.*

Und als hätten sie es gehört, folgte ihr ein leises Wiehern aus dem Stall.

* Kapitel 46 *

Amy war nirgends zu finden. Trotz ihrer hämmernden Kopfschmerzen hatte Suri überall nach ihr gesucht. In jedem Raum, in den Stallungen, auf dem kleinen Friedhof, in der Kapelle, sogar in der Gruft, in der es dunkel, kalt und schaurig war.

»Du darfst dich nicht anstrengen«, hatte Mama sie gewarnt. »Das haben die Ärzte ausdrücklich betont.«

Also hatte Suri sich brav hingesetzt – und war nach zwei, drei rastlosen Minuten erneut losgezogen, um den Schlosspark zu durchforsten.

Vergeblich.

Amy war wie vom Erdboden verschluckt. Ebenso wie Teddy, den sie anscheinend mitgenommen hatte.

Aber wohin?

Je länger ihre Suche andauerte, desto stärker wurden die Schmerzen in Suris Kopf. Wieder zu Hause, schluckte sie eine von den Tabletten, die sie von den Ärzten im Krankenhaus mitbekommen hatte.

Klaas saß in der Küche, sein Handy vor sich auf dem Tisch. Zuerst hatte er mit Amys Mutter telefoniert und sie gebeten, unbedingt zu Hause zu bleiben, um da zu sein, falls Amy dort auftauchte. Danach hatte er Frau Lindhorp angerufen, Marius und sämtliche Angestellten.

Nichts.

Er war total neben der Spur und beschimpfte sich abwechselnd als hirnverbrannten Idioten, kompletten Schwachkopf und saublöden Trottel.

Im Wohnzimmer arbeitete Mama die lange Liste der Lehrer und Mitschüler Amys ab, ohne etwas über ihr Verschwinden in Erfahrung zu bringen.

Es war deprimierend.

* * *

Die Besichtigungszeit war vorbei. Die Mitarbeiter, die heute Dienst getan hatten, waren bald nach dem letzten Besucher gegangen. Die Tablette wirkte und der Nebel in Suris Kopf verzog sich allmählich.

Sie bat Klaas um den Schlüssel zum Schloss.

»Du willst im Schloss nach ihr suchen?« Er schüttelte den Kopf. »An der Kasse kann sie sich unmöglich vorbeigemogelt haben.«

Er hatte keine Ahnung, wozu seine Tochter fähig war.

Der Ersatzschlüssel befand sich, wie Suri festgestellt hatte, nicht an seinem Platz. Was nicht bedeuten musste, dass Amy ihn heute an sich genommen hatte. Vielleicht hatte sie ihn an einem der vergangenen Tage benutzt und bloß vergessen, ihn an seinen Haken in der Diele zurückzuhängen.

Es war nicht der geeignete Zeitpunkt, um mit Klaas darüber zu reden. Nachdem die Telefonate kein Licht ins

Dunkel gebracht hatten, wurde er von Minute zu Minute unruhiger. Bis es ihn förmlich vom Stuhl riss.

»Ich fahre zur Polizei«, sagte er.

Doch zuvor löste er den Schlüssel zum Schloss von seinem Bund und gab ihn Suri.

* * *

Sie durchstreifte das Schloss vom Keller bis zu den Turmzimmern. Ihr war unheimlich zumute, weil es hier drinnen bereits dämmrig wurde und das Licht ihrer Taschenlampe nicht allzu weit reichte.

Keine Spur von Amy.

Sie war nicht hier. Nicht mal in ihrem Lieblingszimmer, in dem die Glasvitrinen mit den kostbaren Schmuckstücken standen.

Als Suri eine halbe Stunde später den Schlüssel auf den Küchentisch legte, wurde ihr endgültig bewusst, wie gefährlich die Situation für Amy war. Der junge, tollpatschige Teddy würde ihr kaum helfen können, wenn sie in eine Notlage geriet.

* * *

Erst jetzt hatte sie Zeit, um nach Byron zu sehen. Er legte die Stirn an ihre, als wollte er sie bitten, ihm zu verzeihen. Dabei gab es nichts zu verzeihen.

»Es ist einzig und allein meine Schuld«, sagte sie. »Du hast nichts falsch gemacht.«

Offenbar hatte er sich nicht verletzt und er schien nicht verstört zu sein. Auch Karlotta wirkte entspannt. Das erleichterte Suri sehr.

Sie setzte sich auf einen Strohballen, lehnte sich mit dem Rücken an die Wand und schloss die Augen. In Byrons und Karlottas Nähe ging es ihr ein wenig besser. Hier würde sie darauf warten, dass Amy zurückkam.

Falls sie sich nicht verlief. Oder in Panik geriet.

Oder sie überhaupt zurückkommen *wollte.*

Oder. Oder. Oder.

Suri konnte die Einwände endlos auflisten. Bis ihr die ganze Welt wie ein einziger gefährlicher Ort erschien.

Sie wünschte sich, Teddy wäre erwachsen und erfahren genug, um ohne Führung nach Hause zurückzufinden. Doch das war er leider nicht.

Die Kopfschmerzen ließen nach. Dafür rauschte und klingelte es in Suris Ohren. Sie war dermaßen erschöpft, dass sie sich nur noch wünschte, lange, lange zu schlafen.

* * *

Es war Mama, die sie weckte.

»Da bist du ja«, rief sie. »Mein Gott, ich habe dich überall gesucht. Außer hier natürlich. Den Stall hast du ja immer gemieden wie der Teufel das Weihwasser.«

»Jetzt nicht mehr«, murmelte Suri und rappelte sich stöhnend auf.

Jeder Knochen im Leib tat ihr weh. Sie hätte heulen können. Humpelnd folgte sie Mama ins Haus.

Klaas war zurück, sein Gesicht grau vor Sorge.

»Die Polizei wollte ein Foto von Amy haben und wissen, welche Kleidung sie trägt.« Er rieb sich hoffnungslos übers Gesicht. »Das Foto habe ich ihnen gegeben, aber an das, was sie anhat, erinnere ich mich nicht. Ich habe sie heute gar nicht richtig angeguckt.« Seine Stimme ließ ihn im Stich, und er räusperte sich, um sie wiederzufinden. »Sie wollen, dass einer von uns hierbleibt, für den Fall, dass Amy nach Hause kommt.«

»Das übernehme ich«, bot Mama an.

»Nein, ihr müsst nach ihr suchen«, widersprach Suri. »Die Polizisten kennen Amy nicht. Ihr findet sie eher als die.«

Sie schwor, sich nicht anzustrengen, sondern lediglich ihr Handy und das Telefon im Auge zu behalten. Dann fiel die Haustür zu und sie war allein.

* Kapitel 47 *

Teddys Begeisterung hatte merklich nachgelassen. Er war nicht daran gewöhnt, so lange zu laufen. Er wurde müde.

Auch Amy taten die Füße weh. Sie schaute sich um. Nichts war ihr vertraut. Nicht die Häuser, nicht die Vorgärten und nicht der kleine Park, in dem schon die Laternen angegangen waren.

»Da können wir ein bisschen ausruhen«, erklärte sie Teddy, der ihr vertrauensvoll die Hand leckte.

Der Park war menschenleer. In den hohen Bäumen hatten die Vögel ihr Abendkonzert angestimmt. Die Dämmerung kroch heran und streckte ihre grauen Hände aus.

Allein hätte Amy jetzt vielleicht Angst gehabt, doch Teddy war ja bei ihr. Außerdem steckte ein Taschenmesser in ihrem Rucksack. Damit würde sie jeden, der ihnen etwas Böses wollte, in die Flucht schlagen.

Sie hatte nicht geplant, wohin sie sich eigentlich wenden wollte. Das fiel ihr jetzt auf. Aber brauchte man nicht ein Ziel, wenn man von zu Hause weglief? Und musste man nicht vorher überlegen, wo man übernachten und aufs Klo gehen konnte?

Teddy lief voraus und fing an zu bellen.

Mit klopfendem Herzen folgte sie seiner Stimme und fand ihn auf einer Bank. Als hätte er für sie beide entschieden, hier Rast zu machen.

»Ein guter Vorschlag«, lobte Amy ihn. »Hast du Hunger?«

Während sie etwas Wasser in ihre gewölbte Hand schüttete und Teddy trinken ließ, fuhr ein Auto mit flackerndem Blaulicht langsam auf der Straße vorbei, die durch die Büsche schimmerte.

»Pscht …« Sie hielt Teddy die Schnauze zu. »Das ist die Polizei.«

Er hielt still. Als hätte er sie verstanden.

* * *

Sie hatten sie nicht entdeckt. Amy atmete auf. Sie teilte die Sandwiches mit Teddy, der einen Happen nach dem andern mit Feuereifer verschlang. Es war ihr ein Rätsel, wo sie die nächste Mahlzeit hernehmen sollte. Sie konnte Teddy schlecht mit Obst und Schokolade füttern.

Mit der Zeit wurde es empfindlich kalt. Amy war heilfroh, dass sie die dicke Jacke angezogen hatte. Sie verstaute die Wasserflasche und das Butterbrotpapier im Rucksack, schnallte ihn sich um und marschierte los.

Als sie sich nach Teddy umdrehte, saß er mitten auf dem Weg. Ein Häufchen Elend. Fix und fertig.

»Komm«, lockte sie ihn. »Wir müssen weiter.«

Er rührte sich nicht von der Stelle.

Sie kehrte um, hob ihn auf und trug ihn. Weich sank sein Kopf gegen ihren Hals.

Von Minute zu Minute wurde er schwerer in ihren Armen. Je schwerer er wurde, desto schleppender wurden Amys Schritte. Bis ihre Füße über den Sandweg schlurrten wie die Füße einer sehr alten Frau.

Als sie Teddy absetzte, legte er sich platt auf die Erde und weigerte sich, wieder aufzustehen.

Es hatte keinen Sinn.

Nichts hatte mehr einen Sinn.

Sie trug Teddy zu der Bank zurück.

Ihre Füße brannten. Ihre Waden schmerzten.

Aber selbst zum Weinen war sie zu müde.

***

Noch immer saß sie auf der Bank. Teddy lag neben ihr, den Kopf auf ihrem Schoß. Amy kraulte ihn unablässig und ab und zu knurrte er behaglich.

Er besaß ein Fell. Das vereinfachte die Sache für ihn. Amy hingegen fror und klapperte mit den Zähnen.

Sie wusste nicht genau, wo sie waren. Das Handy hatte den Geist aufgegeben und ohne die Powerbank konnte sie es nicht zum Leben erwecken. Doch an die hatte sie dummerweise nicht gedacht. Klar.

Im Stillen schimpfte sie mit sich selbst, was es nicht besser machte.

***

Ihr blieb nichts übrig, als loszuziehen und zu hoffen, dass sie sich an irgendeine Straßenecke, irgendein Haus erinnern würde.

Teddy folgte ihr, ohne sich zu sträuben. Die Pause hatte

ihm gutgetan und er sprang übermütig umher und jagte Gespenster.

Es war dunkel geworden. Die Laternen warfen goldgelbe Kreise auf die Wege. Ab und zu schob sich der volle Mond durch die Wolken und goss sein kaltes Licht auf die Erde. Dann waren die Blätter an den Bäumen wie mit Silber bestäubt, und Amy musste an die Märchen denken, die Mama und Papa ihr früher vorgelesen hatten.

Mama und Papa.

Mama hätte sie jetzt in die Arme genommen und getröstet und ihr danach einen schmatzenden Kuss auf den Hals gegeben, um sie zum Lachen zu bringen.

Und Papa?

Amy wünschte, sie könnte den Ausdruck auf seinem Gesicht vergessen, als er so wütend geworden war.

Es gelang ihr nicht. Die Erinnerung ließ sich nicht verscheuchen.

Was passiert war, war passiert.

* Kapitel 48 *

Die Zeit tröpfelte dahin. Niemand rief an. Suri blieb beim Telefon, wie sie es versprochen hatte. Sie war gleichzeitig todmüde und hellwach.

Ein seltsamer Zustand.

Sie zappte durch die Fernsehprogramme, ohne sich für eine Sendung entscheiden zu können. Hörte Musik, ohne sie zu hören. Versuchte zu lesen, ohne den Sinn der Sätze zu begreifen. Aß einen Joghurt, ohne ihn zu schmecken.

Sie überlegte, Pam anzurufen, und entschied sich dagegen. Weil … ja, warum?

Weil es keine Worte gab für die Angst, die ihr die Luft abschnürte. Eine Angst, die sie nie für möglich gehalten hätte: Angst um Amy.

Komm zurück, dachte sie und versuchte, alles andere auszublenden, sich voll und ganz auf Amy zu konzentrieren.

Komm zurück!

Amy sah Dinge, die für andere Menschen unsichtbar waren. Sie nahm wahr, was andere nicht bemerkten. Vielleicht spürte sie auch Suris Gedanken.

Bitte. Komm nach Hause.

* Kapitel 49 *

Schon von Weitem erblickte Amy das Licht der Laternen, die entlang der Auffahrt standen. Als wollte es ihr den Weg weisen.

Das dezent angestrahlte Schloss war überwältigend schön.

Die Wandlampen an den Nebengebäuden waren eingeschaltet, und der Teil, in dem Amy mit Papa wohnte, war hell erleuchtet. Teddy regte sich in ihren Armen, wurde jedoch nicht wach.

Am liebsten wäre sie in den Stall zu Karlotta geschlichen, um endlich zu schlafen.

Und zu vergessen.

Aber dann würden sie sie entdecken.

Und Papa wartete immer noch auf ihre Antwort. Und wenn sie ihm nicht gefiel, würde er …

Was tun?

Die Erschöpfung gaukelte Amy Schauerbilder vor, die sie sich nicht ausmalen wollte.

Sie hatte nicht vorgehabt, zurückzukommen.

Ihre Füße waren den Weg allein gelaufen. Sie hatte nichts dagegen tun können.

Und nun war sie hier und wusste nicht, wo sie sich verstecken sollte.

Eine Nacht, schwor sie sich. Nur eine Nacht schlafen und einen Plan austüfteln, der nicht gleich zu Beginn wieder scheiterte.

Eine einzige Nacht.

Um Kraft zu tanken.

⁕ Kapitel 50 ⁕

Zum dritten oder vierten Mal kontrollierte Suri den Stall in der Hoffnung, Amy hätte sich zwischenzeitlich bei Karlotta verkrochen. Denn das würde sie vermutlich tun, falls sie sich besann und nach Hause kam. Falls.

Die Pferde befanden sich im Halbschlafmodus und drehten bloß träge den Kopf nach ihr.

Suri konnte einfach nicht glauben, dass Amy ihr Zuhause aufgeben würde. Das passte nicht zu ihr. Sie brauchte ihren vertrauten Alltag und die Nähe zu den Menschen, die zu ihr gehörten.

Das gab ihr Halt und Zutrauen in ihre eigene Stärke.

Und stark war sie wirklich.

Stärker als Suri selbst oder irgendjemand, den sie kannte.

Amy würde an einem ihrer Lieblingsplätze Zuflucht suchen, davon war Suri überzeugt. Und deshalb würde sie mit ihren Kontrollgängen fortfahren, egal wie lange es dauern mochte.

***

Als Nächstes nahm sie sich die Zimmer beider Häuser vor, ließ auch die Kellerräume nicht außer Acht.

Nichts.

Sich im Dunkeln auf den Friedhof zu wagen, kostete sie Überwindung. Der Lichtstrahl der Taschenlampe zoomte unheimliche Einzelheiten aus der Finsternis heran.

Einen von Efeu umsponnenen Grabstein. Das von Grünspan und Moos entstellte Gesicht einer Heiligenfigur. Den gebrochenen Flügel eines Engels.

Das Mondlicht verwandelte die Gegenstände für einige Sekunden in fahle Gespenster. Bis die nächste Wolke dem Spuk ein vorläufiges Ende bereitete.

Nichts. Nichts. Nichts.

Es war zum Verzweifeln.

* * *

Die größte Herausforderung stellte das Schloss dar. Es gelang Suris zitternden Fingern kaum, die Tür aufzuschließen.

Mittlerweile war es stockfinster in den Räumen, die ihre Schönheit verloren hatten. Die Stille war so dicht, dass Suri das Wispern der Geister zu hören meinte. Ab und zu knarrte eine Diele, seufzte der Wind vor den Fenstern.

Sie zwang sich, den Lichtstrahl der Taschenlampe auch in die entlegensten Winkel zu richten, hielt vor Anspannung den Atem an und stieß ihn erleichtert aus, wenn nichts Schlimmes zutage trat.

Keine Spur von Amy.

Nirgends.

* * *

In der Kapelle setzte sie sich kurz auf eine Bank. Auf dem Altar brannte seit jeher ohne Unterlass ein flackerndes Windlicht.

Damit Gott keine Angst hat, hatte Amy ihr erklärt. *Und damit er nicht traurig ist, all die vielen Jahre allein hier drinnen.*

Suri sah auf ihr Handy. Die Suche hatte sich zu lange hingezogen. Sie musste sich beeilen, um zum Telefon zurückzukehren.

Die Schmerzen in ihrem Kopf waren dermaßen stark geworden, dass ihr schlecht war und selbst der matte Schein des Displays sie blendete. Sie dachte an Mamas Bitte, sich nicht zu überanstrengen, und verbiss sich ein bitteres Lachen.

Leicht gesagt, wo bereits das Wachbleiben zu einer immer größeren Anstrengung wurde.

* * *

Sie schreckte davon auf, dass ihr der Kopf auf die Brust sackte. Verwirrt versuchte sie, sich zurechtzufinden.

Wie lange hatte sie geschlafen?

Das Handy zeigte ihr, dass es lediglich knappe zehn Minuten gewesen waren.

Gott sei Dank …

Auf dem Weg zur Tür blieb sie abrupt stehen. Da war ein Geräusch gewesen. So leise, dass sie es sich vielleicht nur eingebildet hatte.

Suri zögerte.

Horchte.

Das Geräusch wiederholte sich nicht. Wahrscheinlich hatte die Müdigkeit ihr einen Streich gespielt.

Mit voller Wucht schlugen die Schmerzen zu. Das Atmen fiel ihr schwer. Sie hatte Mühe, einen Fuß vor den andern zu setzen. Ihr lädierter Körper rebellierte gegen ihre Weigerung, ihm Ruhe zu gönnen.

Sie war schon bei der Tür, als sie zum zweiten Mal ein Geräusch hörte. Anders als vorhin, eine Folge von Lauten, die rasch deutlicher wurden.

Das war … das war ein Trippeln … ein Tapsen. Wie von einem Tier …

Eine Ratte, schoss es Suri durch den Kopf, und ein eisiges Erschrecken packte sie.

Sie verharrte mitten in der Bewegung und konzentrierte sich auf das Geräusch, obwohl sie entsetzliche Angst davor hatte, zu erkennen, wer – oder was – es verursachte.

Ihr fiel gerade ein, dass Rattenpfoten nicht so laut sein konnten, als ein vertrautes Bellen sie erlöste.

»Teddy!«

Er sprang an ihr hoch, fiepte und winselte. Lief Sekunden später in die Richtung zurück, aus der er gekommen war, blieb stehen, drehte sich nach ihr um und kläffte auffordernd.

Suri setzte sich mühsam in Bewegung.

Teddy lief erneut los, und Suri begriff, wohin er sie locken wollte.

Die Gruft.

»Bitte nicht«, flüsterte sie. »Nicht in die Gruft.«

Wenn Amy sich dort versteckt hielte, hätte sie doch auf Teddys Bellen reagieren müssen.

Suri riss sich zusammen und folgte Teddy die ausgetretenen alten Steinstufen hinunter.

* * *

Hinter dem letzten Sarg lag Amy auf dem staubigen Boden zusammengerollt, die Arme um den Körper geschlungen. Ihren Rucksack benutzte sie als Kopfkissen. Sie schlief tief und fest und hatte offenbar von Teddys stürmischer Rettungsaktion nichts mitgekriegt.

Er stupste sie ungeduldig an und sie öffnete träge die Augen.

»Suri …«, sagte sie verschlafen.

Und fuhr auf.

Suri ließ sich neben ihr auf dem Steinfußboden nieder und augenblicklich kroch ihr die Kälte in den Körper.

»Alles okay«, sagte sie. »Hab keine Angst.«

Amy schüttelte heftig den Kopf.

Suri legte ihr die Hand auf die Schulter.

»Sie suchen nach dir. Und glaub mir, dein Vater ist nicht mehr sauer. Im Gegenteil. Er ist am Boden zerstört vor Sorge um dich.«

Amys Mund verzog sich, als wollte sie anfangen zu weinen.

»Er hat … er … ich hab solche Angst vor ihm gehabt.«

Sie hauchte ihre Finger an, um sie zu wärmen.

»Gib ihm eine Chance, Amy. Sprich mit ihm. Hier kannst du doch nicht bleiben.«

»Ich verschwinde sowieso wieder.« Schwerfällig rappelte Amy sich auf. »Ich brauch nur etwas zu essen. Besonders für Teddy. Ich …«

***

Lautlos sank sie zu Boden.

Suri rannte los, um Hilfe zu holen. Als sie über den Hof lief, kamen gerade Mama und Klaas von ihrer Suche zurück. Klaas bewegte sich langsam und gebeugt. Als hätte man ihm einen Sack voller Steine auf die Schultern geladen.

»Amy ist in der Gruft!«, rief Suri.

Im nächsten Moment stürmte Klaas los.

* Kapitel 51 *

Amy hatte sich auf dem Wohnzimmersofa eingerichtet, eine Wärmflasche auf dem Bauch. In ihrem Bett war es ihr zu einsam. Sie hatte es gern, mitten im Trubel zu sein.

Und Trubel gab es zur Genüge.

Sie müsse eine Weile liegen bleiben, hatte die Notärztin gesagt, als sie mitten in der Nacht vorbeigeschaut hatte, um sie zu untersuchen. Mit einer Unterkühlung sei nicht zu spaßen.

Seitdem hatte Amy Unmengen von heißem Tee getrunken und sich bei Theos und Papas Pflege rasch erholt.

Jetzt hatte sie einen fetten Schnupfen und Fieber.

Davon abgesehen, ging es ihr recht gut.

Auch Suri sollte eigentlich das Bett hüten, aber sie hatte sich lieber einen der Sessel herangezogen, die sich mit ein paar Handgriffen in ein Gästebett verwandeln ließen.

Sie dösten, quatschten und lachten.

Stundenlang.

Obwohl Suris Prellungen ihr jedes Lachen übel nahmen.

* * *

Bjarne und Erik waren von ihrem Vaterwochenende zurück.

Erik setzte sich häufig zu ihnen und versuchte, Amy Schach beizubringen, leider mit mäßigem Erfolg. Sie fühlte sich noch immer ein wenig benommen und konnte nicht klar denken.

Selbst Bjarne kam ab und zu und erkundigte sich, ob sie irgendwas brauchte. Darüber freute sie sich fast mehr als über alles andere.

»Du hast mich zu Tode erschreckt«, hatte Papa gesagt. »Du bist für mich doch das Wichtigste auf der Welt.«

Er hatte sich bei ihr entschuldigt, und es war Amy leichtgefallen, ihm zu vergeben.

Suri hatte ihm versichert, dass Amy sie nicht zu dem Ausritt angestiftet hatte, sondern sie im Gegenteil sogar davon abhalten wollte. Und dass sie letztlich bloß mitgeritten war, um Suri zu beschützen.

Er redete nicht gern darüber.

Wahrscheinlich hätte er es am liebsten vergessen.

* * *

Mama hatte angerufen und am Telefon mit Papa gestritten, dass die Fetzen flogen. Danach hatten sie sich wieder vertragen.

Nächstes Wochenende würde sie etwas Tolles mit Amy unternehmen, hatte Mama versprochen. Amy hatte sich einen Ausflug in einen Centerpark gewünscht. Zusammen mit Suri.

Und Pam.

Suri hatte gegrinst und einen Daumen in die Luft gestreckt.

* * *

Teddy lag bei Amy auf dem Sofa und niemand störte sich daran. Frau Lindhorp steckte ihm tatsächlich verstohlen Leckereien zu.

»Wie gut, dass er bei dir war«, sagte sie gerührt. »Wenn ich mir vorstelle, was sonst hätte passieren können …«

Teddy.

Über Nacht war er in seinen richtigen Namen reingewachsen.

Die ganze Zeit war er an Amys Seite geblieben. Hatte sie nach Hause geführt, als sie nicht weiterwusste. Und Suri zu Hilfe geholt, als Amy so tief eingeschlafen war, dass sie in der Kälte beinah nicht mehr aufgewacht wäre.

»Du hast mich gerettet«, sagte sie zärtlich. »Du hast mir wirklich und wahrhaftig das Leben gerettet … *Ted* …«

Nein. Es war noch nicht so weit.

Teddy war nicht *Ted*.

Weil in *Teddy* all die Liebe mitschwang, die Amy für ihn empfand.

* Kapitel 52 *

»Das halbe Jahr ist um«, sagte Bjarne.

»Ging verdammt schnell«, sagte Erik.

»Stimmt«, sagte Suri.

Sie sahen sich an.

Kein weiteres Wort war nötig.

Sie kamen nie wieder darauf zurück.

Nachwort

Noch nie bin ich einem Kind begegnet, das nicht auf seine ganz eigene Art besonders gewesen wäre. Und manchmal, sehr selten, treffe ich auf Erwachsene, die besonders geblieben sind. Für diese Menschen erzähle ich meine Geschichten.

Monika Feth

© Matthias Jung

Autorin

Monika Feth wurde 1951 in Hagen geboren, arbeitete nach ihrem literaturwissenschaftlichen Studium zunächst als Journalistin und begann dann, Bücher zu verfassen. Heute lebt sie in der Nähe von Köln, wo sie vielfach ausgezeichnete Bücher für Leser aller Altersgruppen schreibt. Der sensationelle Erfolg der »Erdbeerpflücker«-Thriller machte sie weit über die Grenzen des Jugendbuchs hinaus bekannt. Ihre Bücher wurden in mehr als 24 Sprachen übersetzt.

Von der Autorin sind ebenfalls bei cbj erschienen:

Die »Kater«-Reihe:

Weihnachten steht vor der Tür (16371, Band 1)
Armer schwarzer Kater (17895, Band 2)

Tante Mila macht Geschichten (17637)
Das blaue Mädchen (30207)
Fee – Schwestern bleiben wir immer (30010)
Die blauen und die grauen Tage (30935)

Die »Erdbeerpflücker«-Thriller:

Der Erdbeerpflücker (30258, Band 1)
Der Mädchenmaler (30193, Band 2)
Der Scherbensammler (30339, Band 3)

Der Schattengänger (30393, Band 4)
Der Sommerfänger (30721, Band 5)
Der Bilderwächter (30852, Band 6)
Der Libellenflüsterer (30957, Band 7)
Die Julibraut (30958, Band 8)

Die »Romy«-Thriller:
Teufelsengel (30752, Band 1)
Spiegelschatten (30922, Band 2)
Blutrosen (31232, Band 3)

Mehr zu cbj auf Instagram unter @hey_reader

Monika Feth

Fee – Schwestern bleiben wir immer

192 Seiten, ISBN 978-3-570-30010-7

Als Fee mit 19 Jahren stirbt, ist Claire nicht vorbereitet. Sie und Fee, das war Licht und Dunkel. Eine Nähe, die keine Worte brauchte. Ohne die Schwester ist das Haus plötzlich zu groß, zu still, zu leer. Um zu vergessen, bricht Claire mit ihrem Freund Jost zu einer Motorradreise nach Schottland auf. Dort, in der Einsamkeit der Highlands, will sie von Fee Abschied nehmen.

www.cbt-buecher.de

30037

Monika Feth

Du auf der anderen Seite

ca. 256 Seiten, ISBN 978-3-570-30934-6

„Ich darf nicht zweifeln", schreibt Jana in ihr Tagebuch, als sie sich innerlich schon längst von der Sekte gelöst hat, der sie angehört. Dann verliebt sie sich in Marlon, einen Jungen aus dem Dorf. Kontakte zur Außenwelt sind den „Kindern des Mondes" jedoch strengstens untersagt. Jana muss sich entscheiden: absoluter Gehorsam wider das eigene Gefühl oder lebensgefährliche Flucht.

30212

www.cbt-buecher.de

Monika Feth

Die blauen und die grauen Tage

256 Seiten, ISBN 978-3-570-30935-3

Voller Ungeduld hat Evi auf diesen Tag gewartet. Heute wird ihre geliebte Oma ins Haus der Familie einziehen. Evis ältere Schwester Vera ist von der neuen Familienperspektive weniger begeistert. Die Vorstellung, ihr Leben umkrempeln zu müssen, um mit einer alten, dazu noch verwirrten Frau zusammenzuleben, ist ein Horror für sie. Als Oma endlich da ist, kann Evi überhaupt nicht verstehen, warum sie „verwirrt“ sein soll. Oma ist der gute Geist des Hauses. Seit sie sich um den Haushalt kümmert, ist alles viel schöner, gemütlicher und freundlicher geworden. Aber eines Abends ist es soweit: Oma ist plötzlich verschwunden. Bei der nächtlichen Suchaktion findet Evi sie verloren und in sich zusammengekauert in der Bahnhofshalle. Am nächsten Tag kann Oma sich an nichts mehr erinnern …

30139

www.cbt-buecher.de